以爱启蒙

“鲁迅外婆家”十年教育实践与感悟

郑国娟 著

SPM 南方传媒 广东人民出版社
·广州·

图书在版编目（CIP）数据

以爱启蒙 / 郑国娟著 . -- 广州：广东人民出版社，
2024. 9. -- ISBN 978-7-218-17953-7

I. G612

中国国家版本馆 CIP 数据核字第 2024DW6795 号

YI AI QI MENG

以爱启蒙

郑国娟　著

出 版 人：肖风华

责任编辑：唐　芸　　宁有余
责任技编：吴彦斌

出版发行：广东人民出版社
地　　址：广州市越秀区大沙头四马路 10 号（邮政编码：510199）
电　　话：（020）85716809（总编室）
传　　真：（020）83289585
网　　址：http://www.gdpph.com
印　　刷：长沙市精宏印务有限公司
开　　本：710 毫米 × 1000 毫米　1/16
印　　张：13.5　　　字　　数：255 千
版　　次：2024 年 9 月第 1 版
印　　次：2024 年 9 月第 1 次印刷
定　　价：89.80 元

如发现印装质量问题，影响阅读，请与出版社（020-87712513）联系调换。
售书热线：（020）87717307

序

结识郑国娟老师源于2021年“浙派名园长”班的课堂，在当时的一次课后讨论时，郑老师问我：能否将近十年在实践中撰写并发表的文章整理出版？我不假思索：当然可以啊！我以为郑老师是随便说说的，不会当真！且我心中稍存疑虑的是：作为来自学前教育实践一线的老师，真有那么多发表过的作品可以结集出版吗？没过多久，郑老师拉出了长长的一列自己发表的文章目录发给我，并要和我讨论如何将这些文章整理分类。我这才发现：郑老师在《中国教育报》《浙江教育报》《学前教育》《早期教育》《幼教园地》等报章杂志上发表了70多篇论文、案例，将其整理出版的计划是靠谱的。在随后的多次讨论中，我建议从“实践—反思”的专业发展的角度整理书稿，郑老师欣然认同。2023年下半年，郑老师以《以爱启蒙》为题，将整理好的文稿陆续发给我，并给了我写点文字的任务。缘于此，我有幸成为这本著作的最早读者之一，写点心得，自然也是以实际行动向勤于笔耕的郑老师学习了。

书稿主要收录郑国娟老师2012年开始在绍兴市越城区孙端镇中心幼儿园工作十年间的思考、实践、研究的成果。孙端镇是“鲁迅外婆家”，有独特的乡韵乡情“泥”味儿和厚重的鲁迅“百草园”文化印记，但在郑老师刚到这所幼儿园时，呈现的是“矮、小、破”的形象，在政府部门和社会各界支持下，郑老师和幼儿园老师一起，将幼儿园建设成为有24个班级的省一级幼儿园。难能可贵的是，郑老师能结合幼儿园建设和发展中不断出现的阶段性问题，展开思考和研究，并能撰写成文公开发表，这既记录了幼儿园成长的历程，又保存了郑老师和幼儿园老师们专业成长的视野和路径。如“游戏篇”聚焦幼儿园结合当地资源设计实施“三点式”玩泥游戏和“竹编长簸箕”民间游戏的探索与思考。“生活篇”聚焦幼儿园一日生活活动，开展“小鬼晨检”的实践与总结，对幼儿午睡、剩菜剩饭、分餐方式、用餐环节等存在的问题分析与解决策略的思考。“学习篇”聚焦幼儿绘画、数学、书写、音乐等学习领域，展现了郑老师和她的伙伴们围绕范画教学、注意力培养、前书写、流行音乐在幼儿音乐活动中的运用等开展的探索和经验总结。“专业篇”聚焦教师专业能力成长，包括跟踪观摩提高教师破解幼儿等待现象和提高幼儿园教学管理效能探索和总结、探索提高幼儿体育游戏兴趣的教研案例、落实幼儿每天2小时及以上的户外活动时间实践、三步线上教学法的探索以及“百味·趣乐”园本课程的建设与实践探索等，记录了郑老师和她的伙伴们，在探索保教实践中提升教育智慧的历程。“家庭教育篇”主要是郑老师自己参与和体验的家庭教育案例和经验，对入小学孩子“原生态”表现的接纳、家庭教育环境创设和家庭“欣赏力”游戏的案例、家庭环保教育策略、“聊”与亲子关系、解决孩子餐桌“吃相”的探索等，沉淀了可贵的家庭教育的经验。“合作篇”聚焦家园共育等课题，记录了郑老师和幼儿园在赋予孩子选择班级的权利、优化新生家长培训、家园共话儿童学习与发展《指南》、“家园共眠”、“家长品幼儿园伙食”、“家庭教育环境评估”等方面的探索历程和经验。

翻阅全书，书稿内容丰富，话题接地气，资料生动，文笔流畅，读来很受启发。呈现在我眼前的，不仅是郑国娟园长十年来学前教育丰富实践和研究的成果文本，也是一首郑老师在孙端镇中心幼儿园不懈探索与思考的恢弘进行曲，更是幼儿园一线教师依托实践反思成长、参与学前教育知识生产的生动样态。

一是幼儿园教师如何立足“实践—反思”模式促进专业成长。在科技理性和专业信心面临挑战的背景下，美国学者唐纳德·舍恩提出了专业教育的“反思性实践者”改革构想；美国心理学家波斯纳进一步提出了“经验 + 反思 = 成长”的教师成长模式。

因此，“实践—反思”成为专业工作者的幼儿园教师发展的必然路径。但幼儿园教师能否以及如何反思成长，依然需要循证。郑国娟老师在孙端镇中心幼儿园十年“实践—反思”，不仅促成幼儿园得到发展，也助力郑老师个人得到专业发展。

二是幼儿园一线老师能否参与学前教育知识生产。从实践认识论的角度看，实践出真知，作为实践者的幼儿园老师参与知识生产在逻辑上是成立的；从知识生产的模式来看，正转向卡拉雅尼斯等学者提出的知识生产模式Ⅲ，即知识的生产不再仅仅依靠大学或研究机构研究的殿堂模式，而是“大学、企业、政府、公民社会”全方位参与模式，知识不再是象牙塔里面的博弈，公民社会成为知识生产的不可或缺的要素。因此，在学前教育这个社区，知识的生产也绝不仅仅是象牙塔里的学者的责任和职能，广大幼儿园一线老师自然也可以是学前教育专业知识的生产者。郑国娟老师十年的实践所积淀的这本研究成果，虽然有些还块头瘦小，不乏稚嫩，但也足证幼儿园老师参与学前教育专业知识生产具有可能性和朗朗前景！

以上两点，既是我的一点阅读心得，也是一种专业期待！是为序。

朱宗顺

浙江师范大学儿童发展与教育学院教授、博士生导师

浙江省学前教育研究会第三届理事会理事长

目录

致教师——专业篇

家园篇

致家长——家庭教育篇

致家园——合作篇

忆中感恩，汇篇传情

——写在前面的话

2012年，我带着领导的信任与个人的一丝“不愿意”，来到“鲁迅外婆家”——孙端工作，一干就是十年。当时的这个“不愿意”主要是两方面原因：一是不方便。因为这一年的4月，我在培训中腿部意外受伤，之后就没去单位上班，一上班就换了个单位，还是瘸着腿到了新单位。二是不看好。因为早就听说孙端镇的幼儿园“散、小、旧”，而且民办园的实力大大超越了公办园……但很庆幸，在越城区教体局、孙端镇政府的关心和支持下，在全体教职工的齐心拥护下，我以专业发展的“实践——反思”模式，立足于“鲁迅外婆家”——孙端的故乡实践，在努力让自己成长的同时，也积极引领教师、孩子、家长及园所实现了共同成长！

2022年，在局领导的信任下，我从孙端调到了绍兴市阳明幼教集团。在“鲁迅外婆家”——孙端整整十年，有很多成长故事，也时常在回忆中感恩。

记得第一天来到孙端，开车找中心园就找了好长时间。在村子里兜兜转转、停停问问，最后车子驶入一条类似“弄堂”的小马路，有个村民告诉我——这就是中心园，但我还是不敢相信。然而，我稍抬头确实看到了“孙端镇中心幼儿园”这几个字。眼前的中心园可以用“矮、小、破”来形容。大门就是两扇陈旧的铁门。走进大门，一眼就能看到两边仅有的二层建筑：一边是5个班级的教学楼，一层是3间教室，二层是2间教室和2间办公室；另一边一层是1间午睡室和1间多功能室，二层是2间午睡室，这些就是中心园所有的“室”。没有食堂、没有专用室等，且这些教室和午睡室也没有配套的设施设备，户外场地自然很小，因为整个中心园占地面积也就3亩。中心园是这样的，那下面的村幼和教学点呢？因为心切，于是第一时间瘸着腿任性地走遍了所有的村幼和教学点。发现比中心园好点的只有一所村幼——皇甫幼儿园，且刚好在暑期进行安全工程改造。我疑惑地问皇甫幼儿园负责人：这些园所都这么小，可以容纳孙端所有孩子以及外来务工子女吗？负责人告诉我，在孙端有两所民办园，规模都比中心园大，其中一所是9个班级的，还有一所是5个班级的。另外还有不少在村子里租房进行非法办园的……

面对这样的现状怎么办呢？我首先将这些情况梳理并撰写成报告，然后主动向上级反映该镇学前教育的实际情况以及与周边姐妹园的差距，上级领导很重视且采取了有效行动：给予经费对目前的园舍先进行适宜、有效的改进，主要围绕“园舍加固”“墙面刷新”“布局调整”和“设备添置”

等方面加以落实，促使园舍面貌焕然一新，一定程度上促进了保教活动的开展。与此同时，大力推进镇村联动，携手取缔非法办园。

看到上级领导如此重视且支持，我们自然不得不努力改进提升。根据当时的幼儿园现状以及教师和家长的整体水平，最有效的做法就是把活动搞好并宣传好，让孩子、教师和家长在活动中感知，在感知中转变和提升。如每年11月开展“田园畅想”，孩子们穿戴亲子合作自制的服饰，再自主选定哪个“老农具”作道具表演，孩子们非常喜欢，老师们耐心指导，家长们又积极配合，并在一届又一届的“田园畅想”中更新，让活动在传承中创新、在创新中闪亮，还亮上了《中国教育报》头版头条。

著名教育家陶行知先生的“生活即教育”，从定义上说：生活教育是给生活以教育，用生活来教育，为生活向前向上的需要而教育。从效力上说：教育要通过生活才能发出力量而成为真正的教育。对此，我们加强对幼儿一日生活各环节的关注。本着“源于生活，高于生活，让幼儿教育回归生活”的原则，我们就从这些生活环节中存在的问题为切入口，去讨论酝酿改进的策略，于是有了“小鬼”晨检。在午餐环节，老师们更是群策群力，在对《3—6岁儿童学习与发展指南》的贯彻与推进中，能正确对待幼儿的“剩菜剩饭”，同时，分年段讨论“分餐中的问题及解决策略”。循序渐进中，通过践行“自助式分餐提升幼儿自理能力”“优化环节管理让幼儿快乐进餐”和“支持并鼓励幼儿参与餐后收拾”，合力创建了以幼儿为本的用餐文化。并对幼儿园餐文化给予全新的诠释：不仅仅指需要营造良好用餐环境和氛围，更应关注幼儿午餐的每个细节，它包涵了用餐情绪、用餐环境、用餐习惯、幼儿用餐时间、幼儿分餐、幼儿用餐、餐后整理及伙食质量等诸多元素，让每个幼儿主动积极地用餐，养成良好的用餐习惯，在这样“餐文化”的熏陶下，孩子们自然是幸福的。

孩子在园快乐幸福，家长自然高兴满意。于是，幼儿园推出的家园活动，家长参与率达到了180%。对此，我们精心酝酿家园合作内容，从“优化新生家长培训的四要素”着手，在“家园共话儿童学习与发展《指南》”活动中对话，将配合要求、注意事项等融入讲座及活动，让家长知晓“孩子有选择班级的权利”“幼儿园使用家校通应注意的点”……其间，还邀请家长入园观摩孩子在园的表现情况，并品尝幼儿园伙食。为了形成更融洽更有效的家园互动，老师们在做好常规的上门家访外，毕业班的老师还会在暑期上门，为即将要迈入一年级的孩子，进行家庭教育环境评估。

这些活动孩子喜欢、家长满意、社会认可，一定程度上影响了民办园的招生工作。规模最大的民办园生源在一年时间内，从500多个减少到200多个，于是，该民办园创办人主动申请，让中心园收购该民办园。为了让孙端的学前教育更好发展，中心园在教体局和孙端镇政府的大力支持帮助下，于2013年年底顺利将该民办园收购。

2019年，我们搬入了异地新建的24个班级规模的新中心园。“这是你们幼儿园？不会吧”“好气派”“我以为是别墅区”……很多人第一次看到新的中心园外观，都会如此惊讶和赞叹，但这就是孙端街道异地新建的中心园。新中心园投资3500万建造，是欧式的三层建筑，总用地面积11223平方米，总建筑面积10000平方米，规模为24个班级，按省一级幼儿园标准配备。各班均有单独成套的一流的教学与生活设施，同时园内还设有共享的各类专用室和场所，光专用室就有16间，如早教室、资源教室、生活馆、科探室、异想苑、陶艺坊、棋奕吧、建构室等，满足幼儿自主生活、快乐学习的需要。新中心园又称花园中的幼儿园。在幼儿园的前面，有近100亩地，是根据季节的不同，种植不同品种的花，如油菜花、百日菊等，让新中心园增添了亮丽的风采，成为“鲁迅外婆家”——孙端一道亮丽的风景。

新园在硬件一流的情况下，如何提升软实力就成了我们思考与践行的主题。那时主要围绕“环创”和“一日活动”两方面开展工作并提升内涵。环创由专人负责、研定实施。各班教室、专用室的环境布置，由各班教师和专用室负责人自主设计，确定建构方案后，分别经年段、业务骨干群研讨认定后实施，并在实践中根据需要作调整和跟进，努力使各室“环创”更科学、更有效。尤其是各专用室的打造，老师们根据孩子们的兴趣和操作，进行变更。室外的公共区域，如户外场地、大厅、楼梯等的设计与建构，则是根据教师和孩子们的意愿，然后由师幼共参与进行主题式研讨，再合作进行建构，让这些公共区域好看又好玩，如“楼梯上的红色小故事”等。一日活动重在“跟踪观摩诊断”。关注幼儿在园一日生活的各个环节，发现问题就科学剖析问题的根源，并理性制定改进的方法，在循序渐进的观摩诊断跟踪中，梯度推进并提升“教”与“学”的质量。

为了更好地响应从“活动”到“课程”，做有根的园本课程，幼儿园抓住美丽乡村建设契机，知道街道计划通过节点串联，突出鲁迅童年、农耕文化特色主题，打造四季缤纷、观花赏果、采摘体验的美丽乡村景观带，形成特色精品带，实现“醉美鲁迅童年路”，对此，我与街道主动对接，把将要开发的课程与街道领导沟通交流，让领导知晓幼儿园即将要做的课程，就是结合地域文化的、且与街道打造的“醉美鲁迅童年路”不谋而合……于是，得到了街道领导的认可，并投资70万元用于这块地的打造，作为培养一代又一代“小鲁迅”的课程实践基地。对此，幼儿园结合地域环境，以趣味体验·快乐自主·和谐共生为理念，努力挖掘孩子感兴趣并有利于孩子发展的课程。开发与实施的“百味·趣乐”课程，尊天性、贵自然，从孩子自身特点和兴趣出发，力求凸显“四化”：目标梯度化、内容多样化、环创趣味化、践行自主化，通过四合一，推进并提升“百味·趣乐”的内涵，呈现自主的、百态的、多元的幼儿教育态势，让幼儿园真正成为百味趣乐园，让幼师在趣乐园幸福教学，给孩子更幸福的童年。

幸福的“教”与“学”让投入使用两年的新中心园，顺利创建成为省一级幼儿园。“创等”不是终极目标，而是为了通过创建推进更好的教育。

习近平总书记以“十个更”回应人民关切，“更好的教育”，排在首位。给孩子更好的教育，自然离不开幸福教学。从“低小旧”到“高大上”的园舍变迁、从“活动”到“课程”的实践提升……其间，有太多太多的成长故事，这些故事自然离不开幸福教学。尽管我们做得还不够好，加上本人写作水平有限，但出于感恩和激励，我还是将其梳理撰写成书，全书分为两大篇章：幼儿园篇和家园篇。其中幼儿园篇又分为四个小篇章：致孩子——游戏篇，致孩子——生活篇，致孩子——学习篇和致教师——专业篇；家园篇分为两个小篇章：致家长——家庭教育篇和致家园——合作篇。每篇都是在省级及以上报刊发表过的，按照分篇进行梳理，并附上相关实践简介和感悟。

将此书献给幼教工作者，并以此激励姐妹们不断奋进，共同推进学前教育更好发展。当然这也是我们探索学前教育服务实现教育共富、助力乡村振兴的尝试！

幼儿园篇

致孩子——游戏篇		
序号	题目	备注
1	篇首语：游戏点亮快乐童年	
2	“外婆家”的孩子“秀”上了《中国教育报》	
3	孩子们携手踏上“创意天地”	
4	“秀”实践简介与感悟——挖掘活动更多的价值	
5	泥乐中绽放智慧——小班幼儿“三点式”玩橡皮泥的实践与思考	
6	玩泥乐——小班创意作品	
7	“泥乐”实践简介与感悟——让问题在课题研究中逐步解决	
8	串联式区域游戏设计	
9	“串游”实践简介与感悟——更新源于孩子的兴趣	
10	楼梯上的红色小故事	
11	“红色小故事”实践简介与感悟——他山之石，可以攻玉	
12	创玩趣评让民间游戏不再“熟而俗”	
13	“民间游戏”实践简介与感悟——“四重奏”让民间游戏更亮	
14	“老农具”释放强大游戏功能	
15	“农具创玩”实践简介与感悟——巧用地域资源	

篇首语：游戏点亮快乐童年

孩子天生喜欢游戏，因为游戏能让孩子感到快乐！

为了让孩子们能在游戏中健康快乐成长，几乎所有的幼儿园都注重对游戏的设计与组织，原本认为是游戏的，想方设法让它更自主更好玩；原本不是游戏的，千方百计让它以游戏的形式践行，这与儿童心理学家让·皮亚杰提出的“玩中学、学中玩”的教育理念相吻合。

“鲁迅外婆家”——孙端的幼教工作者专业水平不是很高，但他们以爱心为基、使命为责，扬起智慧的风帆，群策群力、师幼携手，以游戏的形式让孩子们“秀”上了《中国教育报》、携手踏上“创意天地”，在“泥乐中绽放智慧”：采取目标“细化式”、内容“生活式”、指导“趣味式”的“三点式”玩泥方式，让每个孩子对玩泥更有兴趣、作品更为丰富，达到自主玩、主动学习、促进发展的目标。同时，为了给孩子们创设更为丰富的教育环境，最大限度地支持和满足孩子发展的需要，孙端街道皇甫幼儿园的老师们还打破常规和定势，关注孩子学习与发展的整体性，为其精心设计并组织“串联式区域游戏”，它是一种从所在班级到平行班的区角，最后发展到各年段“串联玩赏我做主”的区角游戏。

在党建促园建思想的引领下，围绕立德树人根本任务和红色教育从娃娃抓起的理念，在建党 100 周年之际，响应“红润童心·助梦成长”主题，以图文并茂的形式、点扫出声的设置，将孩子们感兴趣的“红色小故事”呈现在楼梯等公共区域，便于孩子们在观看表达的基础上，进行合作游戏表演。

在不断的游戏中，孩子们还创玩了民间游戏，让民间游戏不再“熟而俗”。在实践中主要采用“内容海选”“玩中更新”和“评价激趣”三点提升民间游戏的亮度。为了让民间游戏更好玩，在“玩中更新”方面，老师们更是智慧践行“巧加道具”“适时介玩”和“辅以音效”等策略，促使孩子们对民间游戏更感兴趣，而兴趣激发了孩子们创玩，创玩升华了趣评，从而让民间游戏更新发亮。同时，在“鲁迅外婆家”——孙端成长的孩子们，巧用周边资源——“老农具”，将其简单加工改造后投放到户外活动中，尤其是大班孩子，无论是独自玩还是合作玩，玩出了很多种意想不到的玩法：踩尾巴、抬西瓜、小牛拉车、滑冰健将……因自主而生发的创玩，让“老农具”释放了强大的游戏功能，孩子们游戏的照片、案例等，都上了《中国教育报》和《浙江教育报》等报刊。

“游戏”不仅好玩，还具有发展性功能。当然游戏的好玩度以及蕴含的价值，是可以不断提升和挖掘的，那就让我们幼教工作者将理念先行，助力孩子们“真游戏”，让游戏点亮快乐童年！

“外婆家”的孩子“秀”上了《中国教育报》

绍兴市越城区孙端镇中心幼儿园的孩子们利用绿叶、瓜果蔬菜等自然物，在老师的引领下，智慧拼搭，并戴着自己喜欢的“装饰”走上舞台，开心地进行游戏式表演！

备注：该照片于2014年3月30日刊登在《中国教育报》头版头条。

孩子们携手踏上“创意天地”

绍兴市越城区孙端镇中心幼儿园的孩子们合作开展田园采集，巧手制作，创意装饰，然后带着自信与喜悦，进行激情表演。

备注：梳理孩子们在2013年和2014年“秀”场中的风采，以及那一刻孩子们的心声，瞧！孩子们携手踏上了《山东教育（幼教园地）》“创意天地”栏目。

“秀”实践简介与感悟
——挖掘活动更多的价值

每年的11月，在“鲁迅外婆家”的孙端镇中心幼儿园内，就会开展“秀”活动。活动主要包括：拼盘秀、粘贴秀、搓捏秀和田园秀，而最亮眼的就是“田园秀”。

一、为什么要开展“秀”活动

开始的想法很简单，就是为了丰富孩子们的在园生活，然后结合农村幼儿园的地域特色，就开展了“田园畅想秀”活动。

这个活动孩子们很喜欢，在田园采集、巧手制作、创意装饰中，都表现得积极主动，穿戴上自己亲手制作的“装饰”走上舞台表演的那一刻，孩子们的脸上更是散发着满满的自信与喜悦……

对此，幼儿园每年的11月就会一如既往地开展这项活动。

二、“秀”活动中存在的问题

本着在活动中提升，我们聚焦“秀”活动，发现还存在不少问题，主要表现在两个方面：

（一）活动基本在重复进行。“秀”活动在每年的11月开展，但其内容基本雷同，参与的对象和表演的形式也和往年基本一样。

（二）价值认知在活动表层。教师对这项活动的组织与开展，基本停留在单一的活动层面，关注的也就是活动开展的时间、地点、内容等，没有从“项目化”“课题式”去多维度地思考和改进。

三、如何改进“秀”中的问题

在改进中方能提高，面对上述两个问题，我们主要围绕“更新”和“拓展”两个关键词落实。怎么更新、拓展呢？

首先要更新、拓展教师的思想与理念，要让老师们带着“项目化”和“课题式”的思维去组织活动、引导孩子，挖掘活动中隐藏的教育资源和价值，促使孩子们在活动中能更好地成长。

其次要更新、拓展活动的形式和内容。如拓宽参与对象，打破班级固化表演和个体走秀为主的形式，加入“亲子秀”和“串秀”等，让家长和孩子组合表演，让大班的哥哥姐姐邀请小、中班的弟弟妹妹合作表演；再如丰富辅助道具，不局限于“跟着音乐走秀”的惯例，结合孩子们的才艺特长，让孩子用乐器进行现场演奏，为其他表演的孩子伴奏；又如将孩子们喜欢的角色，如孙悟空、猪八戒等，融入“秀”中，也可以巧用“老农具”作为道具，让孩子们在“秀”中表演和游戏。

泥乐中绽放智慧

——小班幼儿“三点式”玩橡皮泥的实践与思考

以前，很多儿童都是玩泥巴长大的。橡皮泥作为社会发展的产物，其色彩鲜艳，可塑性强，清洁卫生，深受幼儿喜爱，逐渐作为现代玩具代替了泥巴。但在幼儿园教育实践中，由于教师指导随意盲目，缺乏有效推动，导致孩子玩橡皮泥时基本处于胡乱捏的状态。如何更好地发挥橡皮泥的益智功能，促进幼儿通过手的活动，促进其大脑发育，则有待幼教工作者研究和实践。我们通过聚焦小班孩子在玩橡皮泥中存在的问题，采取目标“细化式”、内容“生活式”、指导“趣味式”的“三点式”玩泥方式，让每个孩子对玩泥更有兴趣、作品更为丰富，达到自主捏玩、主动学习、促进发展的目标。

聚焦问题——现状与解析

1. 作品单一：不是“小圆子”就是“面条”

镜头：区角游戏或午餐后，小班孩子喜欢自主地拿起橡皮泥捏玩。孩子们是这样操作这些橡皮泥的：有的用工具，直接在圆柱形的橡皮泥上压印出和模型一样的“爱心饼干”等；有的先把圆柱形的橡皮泥搓、捏，其形状基本可以归为两种——圆的、长的，而且制作也很粗糙，上面布满了裂痕。问孩子们这是什么，答案大都统一：圆的是“小圆子”，长的是“面条”。

分析：出现这种情况，主要是因为教师没有考虑孩子的年龄特点，对孩子身心发展规律不清楚，心中没有明确的目标，不知道该怎样一步一步、循序渐进地对幼儿进行指导，致使孩子捏得单调、空洞、雷同。

2. 经验脱节：不是“老一套”就是“不会”

镜头：配合“汽车嘟嘟”的主题，老师在孩子们操作橡皮泥的桌上提供了好几辆汽车玩具，想让孩子参考着制作各种汽车。只见孩子们拿着汽车玩具看呀玩呀，很起劲、很开心。老师提醒孩子：看了，玩了，请宝宝们动手用橡皮泥制作一辆汽车吧。结果出来的还是简简单单的圆片或长条，也有不少孩子仍旧利用工具进行印制。老师问：这是汽车吗？有的孩子指着圆片说：这是汽车的轮子；有的指着长条说：这是汽车的身体；还有的就盯着老师看，一脸茫然……

分析：静下心来想想，用橡皮泥制作这些汽车，不要说孩子不会，就是教师一下子也难以捏制。孩子缺少对汽车实物的观察、感知、体验等，不清楚汽车的复杂结构，不知道如何分步捏制再加以组合。最后还是回到了自己的已有经验，搓一些“圆圆”，或是“长长”。

3. 指导无效：不是“随意”就是“盲目”

镜头：水果是孩子们经常接触的事

物，以水果为创作题材符合孩子的生活经验。老师让孩子们制作各种水果，如苹果、香蕉、菠萝、西瓜等，而且提示孩子尽可能和旁边的小朋友不一样。其中一个孩子拿着黄色的橡皮泥，兴高采烈地走到老师跟前，说："老师，我的香蕉做好了。""有这样的香蕉吗？这么直直的。"孩子不悦，转身就走了。又一个孩子见老师走过来，想寻求帮

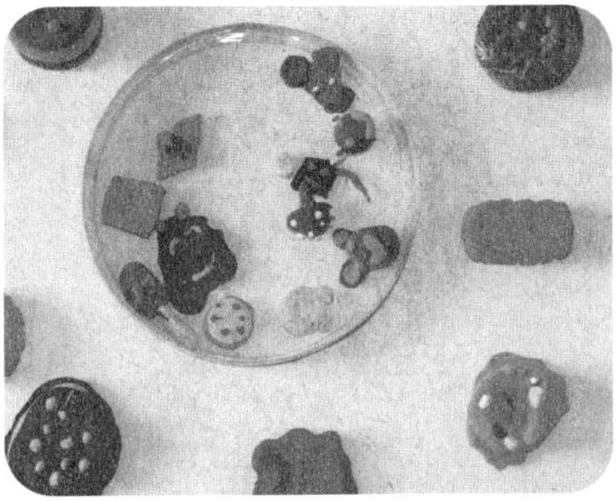

助："老师，帮我做一下菠萝上面的好吗？"老师拿着孩子的作品看了一下，又递给孩子，说："自己做吧。"只见孩子回到座位努力尝试未果后，无奈地将橡皮泥捏成了一团。

分析：显然，老师给第一个孩子泼了"冷水"，随意说出让孩子丧失信心的话。第二个孩子希望老师进一步指导、帮助的时候，老师自己也不明白怎么制作菠萝上面的部分，没有准备好可能发生的系列问题，而无法给孩子积极有效的指导，导致孩子捏玩橡皮泥的水平始终处在原地，甚至倒退。

如何提升孩子玩橡皮泥的兴趣，使其作品更丰富并具创造性？我们带着这个问题，在实践中进行尝试和探索。

改进策略——做法和经验

我们主要通过阶梯式推进的"三点式"思路，对幼儿玩泥中出现的作品单一、经验脱节、指导无效等问题加以改进，从而充分调动孩子玩泥的兴趣和主动性，激发孩子玩泥的创造性。

1. 目标"细化式"

幼儿的发展是一个持续、渐进的过程，同时也表现出一定的阶段性特征。因此，根据观察并结合经验，对照幼儿在玩橡皮泥过程中呈现的状态、水平，我们制定了小班幼儿玩橡皮泥的活动总目标，并将其分解到各个阶段，拟定分支目标。

总目标：

(1) 喜欢捏玩橡皮泥，感受橡皮泥的可塑性。

(2) 学习"团、压、揉、捏、搓、黏合"等制作技能，初步感受平面与立体的区别，掌握立体制作的初步方法。

(3) 用橡皮泥对生活中常见物品进行大胆想象与创造，感受创造过程中带

来的乐趣。

目标制定来源于孩子，但需要在实践中不断调整（如附表一阶段三、五中的加线处）。实践中发现，寻找相应的“儿歌”一方面比较费时，另一方面针对性不强。于是，我们将第三阶段细化目标中的“儿歌”改成了更易懂的“顺口溜”，如制作“鸭子”时这样说：“搓个大圆做脑袋，搓对小圆做眼睛，捏只小船做身体，捏对铲子做嘴巴。”因为顺口，孩子边做边念，开心的同时让顺口溜引领其制作。

在第四阶段的“主要目标”栏中，我们增加了“简单添加辅助材料”。之前没有考虑到在孩子的创作中投放一些辅助材料，如牙签、雪糕棍、种子等，更没有想到有些孩子会自发、自主地把身边的一些工具和材料运用在创作中。如用黑色的彩色笔在搓好的圆球上点两下，就是“眼睛”。有的将“自然角”的“种子”拿来往搓好的圆球上一按，“眼睛”就出来了。为此，我们就调整了目标。同样，在第五阶段的“主要目标”中，我们也增加了“能自主利用提供的材料”目标，让孩子能利用投放的牙签等材料，帮橡皮泥制作的物体更好地站起来。

2. 内容“生活式”

在目标的指引下，本着开放、灵活、整合、递进的原则，将小班幼儿生活中感兴趣的事物作为主要制作内容。考虑到每个孩子的兴趣点有所不同，我们推出多种“生活式”制作内容，供孩子按照自己的意愿进行菜单式选择。

（1）以孩子生活为基点，安排制作内容

根据经验，小班孩子生活中感兴趣的事物主要可以归为四类。一是玩的，如男孩子喜欢的手枪、飞机、火车等，女孩子喜欢的娃娃、饰品等。二是吃的，主要以糖果为主，如QQ糖、巧克力、苹果、梨、西瓜、香蕉、菠萝以及汉堡、比萨等孩子喜欢和接触频率较多的食物。三是看的，主要有动物、植物。动物如乌龟、花花金鱼、小白兔、小鸡、小鸭等；植物如树、草、花等。四是用的，主要有自身穿戴的和家用的。穿戴的如太阳帽、手套、鞋子等；家用的如电话、冰箱、桌椅、小床等。

针对附表一拟定的各阶段目标，并根据孩子的兴趣、经验，我们将对应的各阶段内容进行调整（见附表二，添加下划线的为实践中调整的内容），使制作难度呈螺旋式上升，并能切合孩子的兴趣点，让孩子自主、自乐的同时，促使他们从原有水平向更高水平发展。

（2）以梯度推进为支点，激发孩子的创造欲望

“重复做事”是儿童的一种自然而然的活动特点，心理学家把它称为幼儿特有的“常同行为”。蒙台梭利将其称为“重复练习”现象。的确，孩子对自己感兴趣的事情会反复进行。因此，在激发兴趣的同时，为了让孩子在每次制作中都有提升，我们就同一个内容，拟定了梯度推进计划，主要是对应附表二第二至第五的四个操作阶段拟定了附表三。

附表一：

小班幼儿玩橡皮泥各阶段目标（添加下划线的为实践中调整的目标）

阶段名称	发展水平	主要目标	细化目标
第一阶段：基础阶段	随意捏、压、团	初步感知泥的特性，对该活动感兴趣	1. 积极主动参与玩橡皮泥活动，兴趣浓厚 2. 欣赏各种橡皮泥作品：照片、PPT 以及教师制作的实物作品，激发孩子制作的欲望 3. 了解玩橡皮泥的活动规则
第二阶段：学习阶段	捏、团、搓“圆圆”和“长长”，用工具压印模型	学习捏、团、搓、压等捏泥技能 尝试两种及以上橡皮泥混合捏	1. 观察、感知实物的上下、左右、前后的形象特征 2. 学习捏、团、搓、压等技能 3. 知晓两种颜色混合捏会出现什么色
第三阶段：模仿阶段	欣赏、模仿	看简单的实物或教师的范例进行制作	1. 伴随着儿歌进行模仿学习，便于幼儿接受（注：在具体践行中将“儿歌”改成“顺口溜”） 2. 初步学习黏合的技能
第四阶段：平创阶段	平面创作	有目的运用各种技能及简单添加辅助材料进行橡皮泥版画创作	1. 会用辅助材料捏出水果、蔬菜等，并放置在活动区 2. 选择合适颜色的橡皮泥制作自己感兴趣的东西，如蜗牛、娃娃等，并粘贴在较硬的版面上，用保鲜膜塑制成一幅画，布置活动室
第五阶段：立创阶段	立体尝试	学习让物体站起来的制作方法，能自主利用提供的材料	1. 观察、发现平面制作与立体组合的区别，探索让平面物体站起来的方法 2. 了解多种站起来的方法，初步尝试三维制作

附表二：

阶段	内容安排	经验准备
第一阶段	各种橡皮泥作品欣赏	认识橡皮泥，尝试玩橡皮泥
第二阶段	饼干、五彩 QQ 糖、大树改：糖葫芦	1. 有这些物品的感性经验 2. 有初步的捏、团、搓、压等技能
第三阶段	胡萝卜、桌椅、拖鞋	了解这些物体的大致外形特征
第四阶段	蜗牛、水果蔬菜大聚会	1. 有这些物品的感性经验 2. 玩过将橡皮泥粘在纸上的游戏
第五阶段	毛毛虫、快乐城堡、火车	了解让平面物体站起来的方法

附表三：

阶段内容	梯度	具体内容	主操作与经验提升
阶段二 饼干	一度	印饼干	运用模具进行压印，将多余的橡皮泥用工具切掉
	二度	做饼干	用搓、压等方法自制圆的、方的饼干
	三度	不一样的饼干	尝试用两种及以上橡皮泥混合捏各种形状的饼干
阶段二 QQ 糖	一度	五彩 QQ 糖	学习用捏、团、搓等技能制作橡皮泥原色 QQ 糖
	二度	七彩 QQ 糖	将两种及以上橡皮泥混合制作成 QQ 糖
	三度	漂亮 QQ 糖	在 QQ 糖上面进行创意点缀
阶段二 糖葫芦	一度	学做糖葫芦	学习用搓、粘等技能制作糖葫芦，并将其串起来
	二度	糖葫芦加工	搓个细长条，用工具切些小点粘在圆球上，提高黏力
	三度	奇特糖葫芦	跳出红色、圆形的糖葫芦固有模式，进行大胆创作
阶段三 胡萝卜	一度	欣赏胡萝卜	观看实物胡萝卜，并和同伴讨论怎么制作
	二度	制作胡萝卜	边看边制作，注意对胡萝卜比例的感知与把握
	三度	切开的胡萝卜	观看横切、竖切的胡萝卜，进行创作
阶段三 桌椅	一度	我家的桌椅	用捏、压等方法制作自己家中的桌椅
	二度	我想要的桌椅	根据自己的意愿设计自己想要的桌椅
	三度	装饰	用各式线条、图案进行简单装饰
阶段三 拖鞋	一度	我的拖鞋	学习搓成球再压、擀成片状
	二度	创意拖鞋	根据自己的意愿设计拖鞋
	三度	点缀	为朋友设计的拖鞋进行加工、点缀
阶段四 蜗牛	一度	蜗牛	按意愿选择不同颜色的橡皮泥制作蜗牛的各个部位
	二度	蜗牛站起来了	能借助辅助材料让蜗牛站起来
	三度	蜗牛想干什么	发挥想象，让蜗牛做点事情
阶段四 水果蔬菜	一度	水果	熟练运用团、压、捏等技能进行自主制作
	二度	蔬菜	
	三度	果蔬聚会	在展销、欣赏中，改进自己的作品
阶段五 毛毛虫	一度	毛毛虫	熟练运用搓、捏等技能，并能有序黏合毛毛虫的身体
	二度	毛毛虫起来了	用牙签等工具，让毛毛虫站起来
	三度	毛毛虫跳舞	发挥想象并借助工具，让毛毛虫舞起来

（续表）

阶段内容	梯度	具体内容	主操作与经验提升
阶段五 快乐城堡	一度	平房	用三角形、方形等制作而成
	二度	高层	运用辅助材料进行双层架构
	三度	城堡	运用辅助材料加宽、升高的同时，构建新式城堡
阶段五 火车	一度	单层火车	用椭圆形、圆柱体、圆形、三角形等制作而成
	二度	双层火车	运用辅助材料进行双层组合
	三度	多层火车	运用辅助材料在双层的基础上进行加高与拓宽

3. 指导“趣味式”

《幼儿园教育指导纲要（试行）》指出：教育活动内容的组织应充分考虑幼儿的学习特点和认识规律，各领域的内容要有机联系，相互渗透，注重综合性、趣味性、活动性，寓教育于生活、游戏之中。为了让孩子在创作前、创作时、创作后都能兴趣盎然，我们主要从三方面着手，提供积极有效的支持与引导。

（1）创作前：情景建构，激发兴趣

小班孩子的学习是在一定的情景中进行的，为此，我们努力创设、建构情景，激发孩子学习的兴趣。如在学习搓、团、压等技能时，我们创设“小猴来做客”的情景：“今天动物园的小猴子要来我们幼儿园做客，拿什么招待呢？”小朋友结合去动物园的经验，讨论决定给小猴子做饼干。孩子们拿出橡皮泥，有的借助模型压印，有的搓、压、团，可认真了，一会儿就做出来各种各样的饼干。老师以小猴子的身份介入，参与情景游戏，激发孩子制作的热情。在学习立体创作时，为了让孩子们更投入地制作“快乐城堡”，我们创设了“好朋友一起过六一”的情景：请每个孩子自主选择一个动物头饰戴上，接着激趣：“看谁搭的城堡高大又漂亮，动物朋友就到他的城堡过六一。”孩子们的兴趣可浓了，努力制作，在情景中游戏，在游戏中制作。

（2）创作时：多方助力，推动进程

考虑孩子们在制作中会碰到困难，我们在教师、家长、大班幼儿中进行了一次调查，先把有兴趣并有制作橡皮泥经验、特长的对象找出来，然后和他们进行座谈、交流。以自愿为原则，将其建成一个“助力团”，在基本不影响其工作、学习的前提下，每次提前选定并通知2~3名“助力员”，以便在孩子创作的过程中充分发挥助力，落实指导工作。助力员主要在孩子制作有困难时，适时介入帮一把，积极鼓励并支持其主动提出问题或寻求帮助。也可以让助力团成员露一手，展示才艺，吸引孩子朝着这个目标迈进。

在这些助力员中，我们发现小班孩子更喜欢大班的哥哥姐姐，他们彼此交流更频繁(见下图)，语言互动更丰富，合作也更密切与有效。

(3) 创作后：展销赏评，提升兴趣

每个幼儿在沿着相似进程发展的过程中，各自的发展速度和到达某一水平的时间不完全相同。我们充分理解和尊重幼儿发展进程中的个别差异，我们珍视每个孩子的作品，因为不管孩子制作的效果如何，都是其思想与操作的结晶。首先，进行作品展示。为了体现尊重和公平，同时保持孩子对制作橡皮泥的兴趣并持续升温，我们尝试以展销会的形式，对其作品进行欣赏、评价。展销台的建构形式多样，可以直接用幼儿桌子将橡皮泥作品有序摆放，也可以用大积木和纸板箱搭建，其高度以幼儿看得见为宜，搭建的“形”要美观并适合橡皮泥作品摆放。场地一般设在外走廊或孩子较少活动的地方，减少干扰。孩子们可以按照自己的想法放置作品。

其次，进行恰当点评。教师会对每个孩子的作品进行拍摄，包括成品、半成品，选择典型的作品制作成PPT，或直接以图片的形式供幼儿集体欣赏、评价。可以先挖掘作品的亮点，然后有针对性地对作品提出改进意见和建议，让孩子在快乐的赏评中知晓怎样制作更好。有时也请小创作者们结合作品图片进行介绍，包括制作了什么内容，哪个部分自己最喜欢，哪个部分做得还不是很好……在这个基础上，让其他小朋友也发表意见，进行他评，促使孩子们在简单的自评、互评中，感受创作的美与乐。

最后，进行成果归档。一开始我们就在电脑里为每个孩子创建了一个文件夹，保存孩子每一操作阶段的作品，以及根据这些作品进行的观察记录。这样做不仅可以随时开展作品欣赏、互评活动，而且能通过活动，提升幼儿的创作兴趣与制作水平。此外，我们在每个操作阶段，会选择每个孩子的一两幅作品照片发给家长，让家长分享孩子的成果，感受孩子的喜悦，激发孩子从现有水平向更高水平发展的愿望。

渐出成效——收获与提升

1. 作品丰富且具有创造性

通过一系列的实践探索，我们发现，小班孩子在玩橡皮泥中表现出来的潜力和创造力是超乎我们想象的。我们从孩子的现有制作水平出发，制定详细明确的目标，多角度、多层次地安排孩子感兴趣的制作内容，让孩子根据自己的意愿进行快餐式选择，并梯度推进同一内容，适时介入和按需指导，促使小班幼儿的制作能力从原有水平向更高水平发展，作品更丰富且具有创造性。

2. 动手益脑且带动全面发展

小班幼儿在玩橡皮泥的过程中，不仅锻炼了双手，活动了大脑，而且实实在在带动了众多方面的发展。如在“趣味式”创作中，不仅提高了孩子的制作水平，而且优化了他们与同伴的交流与合作。在展销赏评中，不仅拓宽了孩子“赏”的角度，而且提高了其“评”的层次，发展了孩子的思维能力和语言能力。

3. 指导有效且具有借鉴性

每个孩子的观察记录不仅为该研究提供了第一手原始资料，促使教师在关注孩子作品的基础上做出指导策略的调整与跟进，而且也为下一届小班甚至中、大班教师研究该课题提供有效参考，促使其研究不断发展、拓宽。

备注：该文章于2016年5月发表在《幼教博览》“专题策划”栏目。

玩泥乐

——小班创意作品

备注：孩子们的橡皮泥作品于2015年9月刊登在《山东教育（幼教园地）》“创意天地”栏目。

“泥乐”实践简介与感悟

——让问题在课题研究中逐步解决

为什么可以将《泥乐中绽放智慧——小班幼儿“三点式”玩橡皮泥的实践与思考》长篇大论，因为这是我们的一项课题研究。

当我们在巡视或跟踪观摩孩子们玩橡皮泥的时候，总是会发现孩子们“昨天”捏的和“今天”捏的是差不多的，无论是形状还是水平，也就是说孩子们在一次又一次的捏玩橡皮泥中，几乎处于原地踏步的状态。在我们看来，这个“状态”是有问题的。

问题在哪里？

主要是教师指导既随意、盲目，又缺乏推动，导致孩子们捏玩橡皮泥基本处于胡乱捏的状态。与此同时，幼儿园也没有重视这个问题，更没有把它推到研讨层，让老师们一起讨论碰撞。大家看了似乎觉得这是个常态，或者看了觉得有问题，但没有想办法跟进解决等。

怎么解决呢？

我个人认为解决教育教学中普遍存在的问题，比较有效的途径就是在课题研究中逐步解决。对此，我网上查找了相关资料，那时国内外各园就幼儿玩橡皮泥方面，能搜索到的基本都是谈论制作内容，以及如何长时间保存作品或软化橡皮泥。但如何提升孩子玩橡皮泥的兴趣，使其作品更丰富并具创造性的研究基本处于空白，于是，我们拉开研究的序幕，在实践中探索方法。通过聚焦小班孩子在玩橡皮泥中存在的问题，进行针对性的解析，实施目标“细化式”、内容“生活式”、指导“趣味式”的“三点式”玩泥，在分阶段推进的过程中，让每个孩子对玩泥更有兴趣，作品更为丰富，以达到自主捏玩、主动学习、促进发展的目标。

问题的解决是个循序渐进的过程，且是无止境的。尽管我们在践行中，孩子们的作品相比之前更丰富了，也显现了一定的创造性，并通过手的活动推动了大脑的发育和益智，更值得一提的是——玩泥让孩子们快乐，但因为只有更好没有最好，所以要想获得更多更好的转变与提升，唯有持续地研究跟进。

串联式区域游戏设计

“区角游戏中依然有不少‘冷’现象，我们该如何应对？”

“想要提高孩子的积极性，首先要善于发现孩子感兴趣的地方。”

“找到原因才能对症下药。”

……

近日，在绍兴市越城区孙端镇皇甫幼儿园的会议室里，几位教师你一言我一语地聊开了。之所以进行这次探讨与交流，是因为他们最近向区里的同行展示了区域游戏活动。让孩子在串联式区域游戏中自主玩赏的形式获得了观摩者的好评，也得到了专家的认可。

串联式区域游戏打破了班级与班级、年段与年段的界限，让小、中、大班的孩子分别通过参加过滤式区角活动、邀请函以及“门票”，自主选择参与游戏活动。它是一种从所在班级到平行班的区角，最后发展到各年段“串联玩赏我做主”的区角游戏。

孙端镇皇甫幼儿园每周有1~2次串联式区域游戏。串联前，教师进行摸底调查，初步统计园内多少孩子有意向、有兴趣参加串联活动，然后再设计一定量的邀请函及“门票”。邀请函发送的对象是中班孩子，“门票”发送的对象是大班孩子，他们凭此参加串联活动。而小班则是以过滤式区角的形式加入串联活动，如乘坐旅游观光车，大班孩子当司机，将“游客”即小班孩子“送”到相应的串联区。

在孩子们刚加入串联活动时，串联区的范围并未覆盖全园，而是从孩子的所在班级到平行班，循序渐进地拓展参与面。每个班级的区角都有进区卡，孩子根据自己的意愿参加区角活动，当孩子不想在该区角活动时，就可以放回进区卡，到别的区角参与活动。每次参与区角活动后，教师和孩子一起评价每个孩子参与区角活动的情况，表现好的孩子就可以优先获得参加串联活动的权利。串联活动结束时，参与其中的孩子都要发表“感言”：说说自己最喜欢哪个区角或简单谈谈串联活动好玩的地方。除了自我评价和同伴评价，教师也要结合自身的观察，在“串联活动记录表”上对孩子进行评价记录，挑战成功的孩子可以进入串联的下一个环节——参加平行班的串联活动。如此环环相扣，一步步拓宽了孩子们参与串联式区角游戏的范围和空间。

相比日常开展的区域活动，串联式区域游戏为孩子们创设了更为丰富的教育环境，最大限度地支持和满足幼儿发展的需要。具体而言，孩子的角色发生了变化，不再是单一的参与者，而是集“参与、观察、评价”三位一体。尤其是观察者这一角色，孩子们将看到的与自身参与区域游戏的经历形成对比、碰撞，这成为无痕的学习与借鉴。

串联式区域游戏从“班班串”到打破班级的“同年段串”，然后打破同年段发展到上下年段的纵串，最后到“全园串”，使得孩子们在幼儿园有了更多交往的对象。与此同时，“感言”与评价环节还发展了孩子们的语言组织与表达能力。

备注：该文章于2016年3月25日发表在《浙江教育报》。

“串游”实践简介与感悟

——更新源于孩子的兴趣

孩子喜欢游戏，更喜欢自主游戏。区域游戏作为自主游戏之一，如何拓宽孩子们玩的内容、区域等，一直是孙幼人思考和改进的重点。

一次偶然的机会，一个中班小朋友手持纸板箱做的“车厢”，到就近的一个中班去上厕所，没想到班上好几个小朋友围向他，无论是对这个“车厢”还是他这个人，都比较感兴趣。时不时抚摸着“车厢”，说这是什么呀？另一个说让我也玩玩吧。还有几个小朋友问他叫什么名字，还拉着他一起玩……老师看在眼里，于是在研讨会的时候，简单分享了这个案例，并提出自己的观点——年段整合玩区域游戏。

年段整合玩区域游戏就是打破班级的界限，让同一个年段各班级老师根据孩子们的兴趣和需求等，整合平行班的区域资源，统筹融合安排实施，研讨组成员主要出于拓宽孩子们的交往对象以及活动区域的目的，都一致认可了这个点子，并策划更新实践。

实践时，还邀请我现场观摩。瞬间，我被孩子们的自主、喜悦感动，因为有更多的玩伴、区角可以选择，孩子们表现出极大的积极性，在玩的时候，也更加投入，而在投入中又玩出了好多新花样。在观摩中看到成效后，我们研讨组又围绕“大带小”“混龄玩”和“全园串玩”等，展开了大讨论。根据各年龄段孩子的特点，以及汇总梳理各班区域设置与推进情况，合理安排“全园串玩”。当然在开设“全园串玩”前，也是实践了“同年段串”“大小混串”的做法，在梯度推进中让孩子们更能接受和喜欢。

在充分认可孩子们“串玩”的基础上，我们为孩子们搭建展示的平台，区级开放——现场观摩孩子们“串玩区域游戏”，孩子们积极、自主、投入、喜悦地融入“串玩”，其间遇到问题及困惑，又能主动向同伴或老师寻求帮助，又或和小伙伴讨论并合作解决，得到了观摩老师们的“大拇指”和“五角星”。

在看到“串玩”亮点的同时，我们也聚焦存在的问题，以及进一步思考——根据孩子们玩的现状以及生发的兴趣点，如何改进并推进，让更新源于孩子的兴趣，并助力“串游”真好玩，促使孩子们在“串游”中更好成长。

楼梯上的红色小故事

绍兴市越城区孙端镇中心幼儿园在2021年建党100周年之际，为了推进“红润童心·助梦成长”，将孩子们喜欢的“红色小故事”，以图文并茂的形式呈现在楼梯墙面上，大班的孩子们边听故事边提问，还合作游戏表演等。

备注：该照片于2021年3月15日刊登在《浙江教育报》。

“红色小故事”实践简介与感悟

——他山之石，可以攻玉

围绕立德树人根本任务和红色教育从娃娃抓起的理念，幼儿园党支部结合“红润童心·助梦成长”这个主题，组织党员教师和业务骨干积极讨论“红润童心”系列活动。

其中“楼梯上的红色小故事”就是点子之一。因为新的孙端镇中心幼儿园是24个班级规模的，全园楼梯就有四道，大家想把“红色小故事”展示在其中一道楼梯上，一方面是这道楼梯靠近行政办，且楼梯的转角已经做了红色文化的相关环境布置；另一方面是在老园的时候，为了教体局党建室组织的“红色小故事”视频制作评比，我们就已经围绕“红色小故事”在践行了。而参与这个“红色小故事”视频制作评比活动，我们则是在第二届才开始参与的，因为第一届的时候，幼儿园还没有成立党支部。值得骄傲和开心的是，在第二届、第三届“红色小故事”视频制作评比中，我们均获得了一等奖。

为什么我们做得迟、始于第二届，却取得了一等奖的好成绩、超越了参与第一届的大多数？我觉得主要是两方面的原因：

一是重学习和思考。我们首先查阅了第一届关于“红色小故事”视频制作评比获奖的通知，然后向获得一等奖的单位要了视频（在这也向这些单位表示感谢），之后组织大家观看学习。看后大家简单围绕“好在哪”“什么地方需要改进”开展讨论，交流后普遍认为：该“红色小故事”的内容选得好——“红”中带趣；制作视频的形式定得妙——熟中带新。

二是善策划和落实。学习后，我撰写了第一部“红色小故事”剧本——《步枪打飞机》，并进行试讲录音。同时定下了制作的方式，就是用橡皮泥来制作”红色小故事“中的人物，在拍摄的时候，根据场景需要，绘制不同的背景以及投放一些辅助物，如“飞机”“树枝”“石块”等，在前期准备工作基本到位后，我就把制作团成员叫过来，和她们详细讲述了该剧本内容以及怎么合作拍摄的事项，之后，大家就分工落实。接下去其他几个“红色小故事”剧本，就让她们参考这个剧本去选定孩子们感兴趣的“红色小故事”，以及能够吸引孩子们眼球的制作与拍摄方式，在策划审核通过后，大家再合作落实。

就这样，在师幼合作的基础上，不少小故事“红”了，如孩子和保安演拍的《小兵张嘎》，用废旧布料制作的《水缸的秘密》，还有绘本与玩偶结合的《大阅兵之黑猫警长》等。于是，在老师们的建议下，就在之前已经“红”了的“红色小故事”中选了三个小故事，将其上了一道楼梯，孩子们可以观看讲述，且在每个“红色小故事”适宜的位置，还张贴了二维码，扫一扫，就可以观看这个“红色小故事”的视频。

上述第二点也是在第一点的基础上，才会让策划落实更加科学有效。再往上推，就是“他山之石可以攻玉”，站在前人的臂膀上前行——事半功倍。

创玩趣评让民间游戏不再“熟而俗”

摘要：民间游戏是我园在践行的一个市级课题，这个“熟而俗”的项目，怎样让它出新好玩呢？在实践中主要采用“内容海选”“玩中更新”和“评价激趣”三点提升民间游戏的亮度。为了让民间游戏更好玩，在“玩中更新”方面，更是智慧践行——“巧加道具”“适时介玩”和“辅以音效”等策略，促使民间游戏的组织与开展更轻松更有效，同时，自然生发吸引力，让孩子们爱玩、创玩、乐玩。

关键词：民间游戏　创玩　趣评

民间游戏不少幼儿园都在开展，但看看这些民间游戏，基本就是之前熟悉的那个样，爸爸妈妈小时候玩过的游戏，玩到现在还是这样玩的，甚至爷爷奶奶都会玩，为什么？因为基本没变。没变自然就缺乏新意，也就很难让孩子爱上，那如何让孩子爱上民间游戏呢？

一、内容海选

要让孩子喜欢这些民间游戏，那这些民间游戏的选定就要依据孩子的兴趣。为了收集孩子感兴趣的民间游戏，我园积极发动教师和家长提供。引导教师和家长根据已有的经验，提供自认为孩子感兴趣的民间游戏：有的是以文字的形式把“游戏的玩法”撰写好发给各年段长的，其中，有爷爷奶奶口述、爸爸妈妈记录提供的；也有提供和孩子玩的短视频的，然后，组织各年段业务骨干以及家长代表进行海选。海选主要从孩子喜欢的角度入手，并根据民间游戏组织的难度和强度，进行适宜的年段划分。

二、玩中更新

有了内容，就组织孩子玩起来。然而再好玩的民间游戏，在一次又一次的重复玩、一样玩中，必然会减少孩子的积极性和喜欢度，于是，我们勤思考：怎样在这些民间游戏的原有玩法上出新？当孩子们在某个阶段重复该游戏的时候，教师又该如何适时介入和引领，以梯度推进游戏的难度和趣味……在思考中慧实践。

（一）巧加道具

一些徒手玩的民间游戏，如“老鹰捉小鸡”，尽管孩子们也比较感兴趣，游戏中的角色“母鸡”“小鸡”和“老鹰”，孩子们都比较喜欢，而且在玩的过程中可以打破年段界限，进行混龄玩，由大班孩子做母鸡和老鹰，小、中班孩子做小鸡，孩子们玩得开心。几次玩下来，孩子们玩得劲头显然不足了，有孩子说：老师，老鹰来抓了，能不能让我们找个地方躲起来？这句话生发了一个点子——巧加道具。

加的道具是教师根据“就地取材”“使用方便”的原则，再结合孩子的兴趣点进行拿来投放或制作投放的。

拿来投放，如上述孩子提到的找个地方躲起来，教师便顺势引导——想躲到哪里？有孩子说到了“箩筐”，还有几个孩子干脆就把装皮球的“箩筐”抬了过来，于是，老师就把“箩筐”投放到了“老鹰捉小鸡”的民间游戏中，孩子们绕着“箩筐”自主走、跑、跳，并根据需要，改变“箩筐”摆放的位置，当“老鹰”来抓的时候，进行多样躲：有缩成一团躲在“箩筐”里的，一个或多个；也有把“箩筐”倒过来罩着自己的……玩得自主、玩得积极。

制作投放是根据孩子们在玩中的合作共商，如孩子们在玩“踩尾巴”的游戏时，投放的道具是简单加工的“竹编长簸箕”，但孩子们却玩着玩着，聚在一起商量，围绕“踩谁的尾巴”展开讨论，有孩子说到踩老鼠的吧，今年鼠年。大家拍手叫好，还主动请老师帮忙参与，还特别强调“尾巴”要长一点的，一踩就会掉下来，还可以长上去的……然后，师幼合作制作“老鼠”，并把制作好的“老鼠”放到户外，孩子们玩得真开心！

（二）适时介玩

为了切实提升民间游戏开展的成效，研讨组推行“适时介玩”。一方面更好地知晓创新民间游戏的难度以及组织孩子们玩的时候要注意的点，如民间游戏“接新娘”，认可并采用师幼的意见和建议，尝试在玩中加“梯子”和“手绢”等。然而这些增加的元素，孩子们在喜欢的同时，在玩的过程中又会出现哪些问题呢？对此，研讨组成员“介玩”。通过实践体验，知晓该游戏在合作上有很高的要求，且“新娘”坐在梯子上，对大班的孩子难度过高，若两边抬新娘的孩子，在跑的过程中，因速度不一样有放手的，则会导致两边用力不等，这样“新娘”就很容易从梯子上掉下。因此，组织孩子们游戏的时候，就让“新娘”站在梯子的格子内，以此确保好玩又安全。

另一方面是迎合孩子们生发的点子以及示范的需要。孩子们利用“簸箕”在创玩“老鹰捉小鸡”时，不约而同把“母鸡”这个角色指向老师，老师欢喜地接受了这个角色，双手拿起“簸箕”对准“老鹰”，如同盾一样，在左跑右闪中保护身后的“鸡宝宝”，“鸡宝宝”在“鸡妈妈”尽心尽责的保护下，玩得更起劲，躲得更灵敏。

（三）辅以音效

音效就是指由声音所制造的效果，是指为增进场面之真实感、气氛等而加上的杂音或声音。孩子们在玩“老鹰捉小鸡”“炸碉堡”“接新娘”等民间游戏时，有孩子说：我怎么没有听到“老鹰”的叫声；我在电视里看到，轰炸的时候有“飞机”“炸弹”的声音；结婚的时候是有乐队的……结合孩子们说的，老师们去寻找最适宜的“音”，如“老鹰”的叫声，有单声的也有双声的，甚至很多声连在一起的，根据游戏需要加以辅助播放，孩子们听到“老鹰”的叫声，有种身临其境的感觉，于是跑得更快，躲得更妙。

为了辅以最佳音效，老师们在选择“轰炸音效”和“喜庆音效”时，还在大班年段选了几位代表，让其参与倾听选定。游戏时，让参与选定音效的孩子担任“音控师”，在适宜处以及高潮点按下，有了这些音效，孩子玩得更投入、现场气氛更活跃。

三、评价激趣

评价很重要，它有利于孩子知晓自己玩的状况和水平，并有助于孩子在创玩中挑战他人、超越自我，那怎样的评价才能吸引孩子倾听并参与呢？

首先，聚焦亮点、图文结合。

老师要善于捕捉孩子游戏中的亮点，玩得新的、玩得高的，以及玩不起的、玩得败的等，以照片或视频的形式拍下，评价的时候，将其投放到“一体机”，在循环播放观看中或叠放选择聚焦中，让孩子们自主评价，可以是单独评价，也可以自行组建团队，进行讨论后评价。对孩子们的评价，教师进行概要式记录，然后让孩子们集体评选“最佳评论员”，获得“最佳评论员”的孩子，不仅要善于发现游戏中的闪光点和不足点，还要针对不足点，简单说出改进的意见或建议，当然，说的意见和建议，要被大多数的孩子举手认可，而最关键的还要得到老师的支持和赞同，这样不仅可以提升孩子们的游戏水平，还可以提高孩子们的倾听与表达等能力。

其次，设计易新、参评简趣。

上述重在“他评”，现在主讲“自评”。让孩子们根据自己参与游戏的情况进行自评，自评的形式多样，根据游戏内容和孩子的年龄特点进行设计，如把中班孩子玩过的民间游戏以漫画的形式出示，如“老鹰捉小鸡”就在屏幕上出示“老鹰”捉“小鸡”的画面，在其旁边出示三行五角星，分别是“五星”“四星”和“三星”的排列，让孩子们举手表决，把自己归属到相应数量的五角星中，然后在同一个集合中，找代表说说自己是怎么玩的、玩得怎样，让孩子们在听的过程中进行对比，在对比中“摘星星”，确定自己是几星级的就摘几颗星，然后带着这些“星星”，回家把自己玩的民间游戏以及玩的情况等讲给爸爸妈妈听，新颖的设计、简单的操作，激发了孩子们参与游戏和评价的兴趣。

兴趣激发了孩子们创玩，创玩升华了趣评，从而让民间游戏更新发亮。

参考文献：

［1］中华人民共和国教育部.3—6岁儿童学习与发展指南［M］.北京：首都师范大学出版社，2012.

［2］中华人民共和国教育部.幼儿园教育指导纲要（试行）［M］.北京：北京师范大学出版社，2011.

［3］霍力岩，孙冬梅.幼儿园课程开发与教师专业发展［M］.北京：教育教学出版，2006.

［4］郭元祥.教师的课程意识及其生成［J］.教育研究，2003（6）:33-37.

备注：该文章于2022年9月发表在《教育学文摘（学前教育）》。

“民间游戏”实践简介与感悟

——“四重奏”让民间游戏更亮

教育的首要功能是传承文化，幼儿园教育是传播文化的重要途径，而游戏又是孩子最喜欢的方式方法。同时，在新一轮课改中，不少幼儿园将优秀的地域文化作为一种重要的课程资源进行开发和利用。

民间游戏资源的开发与实践，是我园自2015年开始实践的一个项目。从起初单一的“活动”开始，到与“老农具”有效结合，拓宽了民间游戏的创玩形式和渠道。但践行中，出现了不少问题，如“哪些民间游戏孩子更喜欢”“怎样在这些民间游戏的原有玩法上出新”“重复玩中如何梯度推进”“如何评价才能推进孩子们创新玩”等，同时，在新一轮课程改革的推进过程中，怎样将“课程”意识有效融入“民间游戏”研究中，系列问题的生成以及带着挑战解决的愿景，并在专家的引领下，将“幼儿园民间游戏课程资源开发与实践研究”立项，以便更系统、更有效地践行，在切实解决上述问题的同时，让孩子们在玩亮民间游戏中更好地发展，提高保教质量，提升办园内涵。

首先，成立课题组，组织课题组成员以理论学习和经验交流相结合的方式，座谈关于民间游戏活动开展中存在的问题。安排上一轮已践行该课题研究的教师谈经验和困惑，在这基础上，观摩各年段优秀的民间游戏课例及研讨，给新践行者（主要成员不变）一个理论结合实践的学习和借鉴。

其次，为了提高参研者的理论认识，我们不仅要求各参研者自学《3—6岁儿童学习与发展指南》（以下简称《指南》）《幼儿园教育指导纲要（试行）》，而且还集聚共话《指南》。并进一步学习了已结集在《绍兴县幼儿园民间体育游戏选编》中的“民间游戏”，同时，组织大家学习国内外前瞻的做法、经验，如《民间游戏在幼儿园教育教学中的价值和运用》，以此拓宽参研者认知与思考的深度。另外，在集中学习“课题方案”的基础上，让各年段围绕总方案，再根据各班的实际情况，制定课题践行“子方案”，促使课题落实更具实操性。

在课题推进中，幼儿园根据课题方案切实做好顶层的统筹与引领，各年段围绕“子方案”有条不紊地推进。

1. 以“学习共享”的方式去展示和切磋。定期让参研者在研讨群推荐自学的关于民间游戏的理论知识，又或与民间游戏相关的资源，让大家学习借鉴。成员学习或观看后，也会及时表达自己的意见和建议，尤其是对推荐的民间游戏，会结合自己已有的经验和思考，与大家碰撞交流，促进思考更深入、践行更有效。

2. 以“研讨交流”的形式去学习并推进。实行“主题式研讨”为主，“常规性研讨”为辅。主题式研讨是根据阶段，拟定一个主题，如“哪些民间游戏孩子更喜欢”“怎样在这些民间游戏的原有玩法上出新”等，围绕主题提前制定研讨方案，让参研者早准备、早落实，以提高研讨的实效。常规性研讨主要针对跟踪观摩中发现的主要问题，如创玩民间游戏“老鹰捉小鸡”中，教师用了“纸筒”作为教玩具，观摩者就质疑为什么要投放“纸筒”，有没有比“纸筒”更适宜的……参研者利用中午或空班时间以及休息时段，借助QQ研讨群积极交流，在思想的不断碰撞中，切实提升民间游戏的亮度。

3. 以“系列活动”的开展去感知并提高。围绕“幼儿园民间游戏课程资源的开发与实践”，推出民间游戏四重奏：“民间游戏环创”“民间游戏自制教玩具”“展板上的民间游戏”和“好玩的民间游戏”。其中，结合民间游戏环创，利用公共区域廊厅、走廊等进行合理、科学创建，为民间游戏活动开展做了有力铺垫；通过民间游戏教玩具制作评比等，收集更多孩子喜欢的、有新意的助力民间游戏开展的玩教具；另外，还制作了一批又一批展板上的民间游戏，向孩子们宣传、介绍、推荐好玩的民间游戏、又或熟悉的民间游戏新玩法；在收集或推送“好玩的民间游戏”中，师幼、亲子积极合作，无论是线上还是线下，都能将民间游戏玩亮。如线下的“看老师玩游戏”，线上的如“玩亮爸爸妈妈小时候玩过的游戏”，在合作共商下，经创玩趣评，让民间游戏不再“熟而俗”。

四重奏有机结合，让孩子在活动中感知民间游戏的好玩，在感知中提高玩亮民间游戏。

“老农具”释放强大游戏功能

一次偶然的机会，一位爷爷肩上背着一个竹编长簸箕来园接孙子，孙子在户外玩游戏，爷爷就放下簸箕看孙子玩。谁知，孩子们不约而同地围向簸箕，看啊、玩啊……于是，这个簸箕就成了教师和孩子们玩具加工的原材料。

一、师幼共商促成巧加工

孩子们喜欢观看、摆弄竹编长簸箕，是因为其新鲜少见，而且通过摆弄，确实具有玩的功能。《3—6岁儿童学习与发展指南》建议：鼓励孩子选择自己喜欢的材料开展活动。

如何趁热打铁，让农具真正好玩呢？教师抓住契机，针对如何巧加工竹编长簸箕，和孩子们一起探讨起来。孩子们都想让簸箕动起来，觉得动起来更好玩，于是讨论有了结果：在它下面装上轮子。善于观察和思考的孩子发现，簸箕是竹编的，之间空隙比较大，轮子不能直接在其下面安装，在教师的介入和引领下，孩子们决定，先在簸箕下面装上一块木板，再在木板四个角装上轮子。

装上轮子后，孩子们争着站在簸箕上或坐在里面，而同伴则会蜂拥着去推动、配合着搬动。这时，有的孩子提出，要是有根绳子可以拉动就省力了，于是又生发了在簸箕上加绳子的点子。孩子们纷纷表示，绳子要粗一点才牢固，否则很容易断掉……

就这样，竹编长簸箕的加工，在孩子们的观察和思考下不断生发，又在操作互动中改进。同时，依靠教师的适时介入和引领加以推进，师幼共商与合作促成了巧加工。

二、自然生发多种玩法

竹编长簸箕经过简单加工后，被投放到户外活动中，孩子们尤其是大班孩子，想出了好多意想不到的玩法。

教师用手轻推簸箕，四个轮子带动簸箕跑起来了。孩子们很兴奋，跑上前试着推动簸箕。他们在自由自在的追逐玩耍中，经过各自玩法的碰撞、摩擦，生发了更多新的玩法。有的孩子独自玩，如：把双脚踩在簸箕里面，双手扶住簸箕挑担的地方，左右尽情摇晃。过了一会儿，变换脚的动作，一脚踩在上面，另一脚用力蹬。还有的孩子趴在簸箕里，头颈和四肢都在簸箕外面，用双手划动前行……

有些孩子合作玩，如：合作将簸箕抬起，一个幼儿趁机盘腿坐在里面。还有的两两用力，把簸箕倒过来，罩在头顶，双手举着簸箕蹲着往前走……孩子们在教师的鼓励下，经过彼此协商，就这么自然、自发地形成了多样玩法，合作玩得自主自乐。

三、玩中出现问题自主解决

孩子们在玩的过程中，碰到了一些问题与困难，教师鼓励他们积极思考并协商解决。如：有的幼儿坐在簸箕里面，让同伴拉动，同伴在拉跑的过程中，发现在水泥地上拉动簸箕要比在地胶上轻松。于是，当有人坐在簸箕里面时，尤其是比较重的孩子坐在里面时，他们会商定到水泥地上玩，这无疑是孩子们通过直接感知、实际操作和亲身体验获取的经验。

你想玩、他也想玩，人多了怎么办？孩子们协商决定由合作伙伴自主选择。有了伙伴，玩什么，怎么玩，也由他们自主协商。孩子们不停尝试不同玩法，还给玩法取了好听的名字。如：孩子们把“一名幼儿坐在簸箕里，其余几个合作抬”取名为“老鼠嫁女儿”，也有的取名为“运西瓜”。经孩子们自主协商确定的“玩什么”“怎么玩”，他们不但清楚、认同，而且参与的积极性更高，遵守规则的意愿更强。

孩子们在游戏中玩得怎样，也由他们自主评价。如：同一组的孩子们会从“遵守规则”评价其是否犯规，从“参与的积极性”评价其是否开心，从“合作的度”评价其是否好好配合等。不同组的孩子们会从“哪个游戏更好玩”出发，去比较评价自己组和别的组开展的游戏，从而推动大家想出更好玩的游戏。

简单加工的竹编长簸箕，在创意玩中，发展了孩子们的“投掷”“奔跑”“躲闪”等能力，锻炼了臂力、腿力，提升了灵敏性、协调性，促进了平衡机能的发展，提高了合作意识。能力的提升均在玩中自然达成，“老农具”释放了强大的游戏功能。

备注：该文章于2017年5月14日发表在《中国教育报》。

“农具创玩”实践简介与感悟

——巧用地域资源

《“老农具”释放强大游戏功能》和《农具也可以这样玩》是我们市级课题——《让“老农具”释放强大游戏功能的实践研究》践行的经验及案例。那我们为什么会研究这个课题呢?

幼儿园地处农村，随着经济的发展和拆迁的推进，现在生活在农村的孩子也很少见到农具了，这些农具不是束之高阁就是被随手丢弃。

有一天，一位爷爷肩上背着一个竹编长簸箕来园接孙子，孙子在户外玩游戏，爷爷就放下竹编长簸箕看孙子玩。谁知，孩子们不约而同地围向竹编长簸箕看啊、玩啊。孩子喜欢观看、摆弄竹编长簸箕，是因为其新鲜，缘于少见或没有见过。同时，通过摆弄，它确实具有玩的功能。《3—6岁儿童学习与发展指南》建议：鼓励孩子选择自己喜欢的材料开展活动。于是我们趁热打铁，师幼合作巧加工——让这农具更好玩。加工主要在孩子的观察和思考下生发，又在操作互动中改进，同时依靠教师的适时介入和引领加以推进。

竹编长簸箕经过简单的巧加工后，将其投放到户外活动中，孩子尤其是大班孩子，想出了好多意想不到的玩法，无论是独自玩还是合作玩。另外，在玩的过程中，若碰到问题与困难，孩子们会积极主动讨论或是向老师寻求帮助。如有人坐在簸箕里面，让同伴拉动，孩子们在拉跑的过程中，发现在水泥地上拉动要比地胶上轻松。于是，当有人坐在簸箕里面时，尤其是比较重的孩子会选择在水泥地上玩，这无疑是孩子通过直接感知、实际操作和亲身体验获取的经验。也就是说，有创意的、孩子喜欢的玩具，更能吸引孩子去操作和感知，从而获得有利的经验。

而在农村，类似于“竹编长簸箕”这样的农具很多。将它们收集很方便，收集后，在考虑安全的基础上，根据孩子的兴趣，筛选一批农具，再师幼合作进行巧加工或简单组合成土家玩具，并将其运用到孩子的游戏中。而这些农具，除了师幼合作巧加工或直接组合，投放到户外让孩子们趣味玩外，还蕴含着哪些教育资源?巧加工在什么时段、什么场地组织孩子开展更适宜更有效?“加工”这道程序，哪些可以让孩子实际操作?当孩子对有些农具感兴趣的时候，想进一步认识和了解，那么以怎样的方式讲解或介绍，能更好地吸引孩子以及拓宽其知识面？当孩子在某个时段重复某种玩法时，教师又该如何适时介入和引领，以便孩子对该玩法不生厌时滋生点新意，并梯度推进该游戏的挑战性，持续提升孩子的兴趣？如何才能有效助推孩子们在加工和组合中的创意等？这些问题成为了我们的困惑，阻碍我们有效挖掘或推进农具隐藏的教育资源以及释放的教育功能。

对此，我们就将其作为一项课题进行研究。在研究的过程中，为了节省人力和物力，将该课题与另一项市级课题《幼儿园“民间游戏”课程资源开发与实践研究》有效融合推进，依据《3—6岁儿童学习与发展指南》并根据孩子的兴趣，将农具巧妙运用到民间游戏，推进两课程践行的进程和质量，为民间游戏的创新拓宽渠道，更助力“老农具”释放强大游戏功能。

生活篇

致孩子——生活篇		
序号	题目	备注
1	篇首语：生活照耀快乐童年	
2	“小鬼”晨检	
3	“小鬼”晨检实践简介与感悟——孩子能做的尽可能让其参与	
4	正确审、思幼儿午睡环节中的“另态”	
5	“午睡管理”实践简介与感悟——尊重孩子的个体差异	
6	如何减少幼儿剩菜剩饭	
7	正确对待幼儿的“剩菜剩饭”——《指南》的推进与贯彻	
8	大班幼儿分餐中的问题及解决策略	
9	怎样创建以幼儿为本的用餐文化	
10	“餐文化”实践简介与感悟——适时打破定势和习惯	
11	雪中情	
12	“雪中情”实践简介与感悟——用心捕捉日常生活中的教育资源	

篇首语：生活照耀快乐童年

著名教育家陶行知先生的“生活即教育”，从定义上说：生活教育是给生活以教育，用生活来教育，为生活向前向上的需要而教育。从效力上说：教育要通过生活才能发出力量而成为真正的教育。

聚焦幼儿在园一日生活各环节，发现其中存在着不少问题：在“晨检”环节，晨检工作者操作不规范、不到位；孩子对晨检的兴趣不高，缺乏主动参与的热情；家长对晨检的认可度不够，觉得有点走形式、浪费时间等，没有去进一步思考解决和改进。

本着“源于生活，高于生活，让幼儿教育回归生活”的原则，我们就从这些生活环节中存在的问题为切入口，去讨论酝酿改进的策略，于是有了“小鬼”晨检。午睡中，老师比以往更尊重孩子的个体差异，会从“生活作息”“自理能力”等多角度去考虑孩子的差异，然后个别化地去合理有效应对。在午餐环节，老师们更是群策群力，合力创建了以幼儿为本的用餐文化。它包涵了用餐情绪、用餐环境、用餐习惯；幼儿用餐时间、幼儿分餐、幼儿用餐、餐后整理及伙食质量等诸多元素，让每个幼儿主动积极地用餐，养成良好的用餐习惯，在这样“餐文化”的熏陶下，孩子们自然是幸福的。

幸福是每个人生活的一生追求，为孩子的幸福奠基是我们每个幼教工作者的职责。于是，在大雪纷飞时家长来接孩子，看到一老一小共撑一把伞，彼此依偎，蹒跚前行；妈妈骑着电瓶车，身上全是雪，但仍颤抖着双手解开外套，让孩子钻进自己怀里……这种在生活中散发着满满幸福味和正能量的言行及片段，我就会习惯性用随身携带的手机拍摄下来，并及时梳理记录在本子上或保存到电脑里。

一方面，可以逐渐丰富自己的教育资源，同时，也方便日后涉及相关教学内容时，可以作为参考的教学资料，甚至是可以拿来直接用的教辅材料；另一方面，可以作为宣传用。美好的事物需要共享，无论是以照片还是文字的形式将其宣传，让这些美好的人与事更坚定地去这样做，同时，去带动和影响身边的人与事向阳生长及发展，促使全社会全人类更加和谐与温暖。

用心关注孩子生活中的每个环节，让幼儿教育回归生活，并高于生活，促使幼儿的生活照耀其快乐童年，为其追求一生的幸福奠基。

“小鬼”晨检

晨检是每个幼儿园都在开展的一项常规工作，是一项重要的保健措施，但仔细聚焦晨检环节，还是发现了不少问题，主要表现在：晨检工作者操作不规范、不到位，这源于对晨检工作的不够重视；孩子对晨检的兴趣不高，缺乏主动参与的热情，这也就减弱了其配合的密切度；家长对晨检的认可度不够，觉得有点走形式、浪费时间，这一方面与晨检工作者落实晨检的态度有关，另一方面与幼儿园缺乏对家长进行晨检工作重要性的宣传有关。

如何让晨检工作者更重视、参与晨检的幼儿更感兴趣、家长的认可度更高呢？带着思考我们展开了观察与调查。

观察中，发现有个晨检教师旁边站着一名幼儿，而且已经站了好久，我过去一看，原来是这个教师的儿子，幼儿园的一名中班孩子。“怎么不进去？”我问。老师说：“孩子喜欢帮我一起晨检，给小朋友发晨检卡。”只见孩子很投入，认真地分发着晨检卡。刚开始是听妈妈的指令分发晨检卡的，渐渐地，会根据自己的观察，提早拿好对应的晨检卡……该发现告诉我，孩子对参与晨检工作感兴趣，并有能力承担晨检中的部分环节、项目的工作，为了进一步知晓该孩子的兴趣是否具有普遍性，我们开展了调查。

本着能者先上的原则，我们对幼儿园大班90 名孩子分批进行了“座谈式”调查，问题主要是：是否喜欢晨检、想不想像老师一样帮小朋友晨检……结果，98% 的孩子都是向往与喜欢的。依据《3—6 岁儿童学习与发展指南》中提出的“要充分尊重和保护幼儿的好奇心和学习兴趣，帮助幼儿逐步养成积极主动、认真专注、不怕困难、敢于探究和尝试、乐于想象和创造等良好学习品质”，积极响应陈鹤琴先生的“教育的本身是一种生活，而生活的本身也是一种教育”精神，我们坚定地推出——“小鬼”晨检。

1. 哪些“小鬼”晨检

在调查、交谈中，虽然发现中班的很多幼儿也喜欢并向往参与晨检工作，但根据幼儿的年龄特点，并结合晨检中参与工作的需求，还是考虑面向大班幼儿。那么，大班哪些幼儿可以参与晨检工作呢？

首先，以幼儿自愿为主。兴趣是最好的老师，而自愿是提升兴趣的基础。在自愿参与晨检工作的大班幼儿中，寻找并确定参与晨检工作的志愿服务者。其次，以家长支持为辅。参与晨检工作有一定的要求，如作息要求、晨检要求等，这些只有得到家长的大力支持、配合，孩子才能更好地参与其中。最后，以能者为先。面对众多大班幼儿想参与晨检工作中，助力教师、服务同伴，我们本着“能者先上”的原则，让能力强的幼儿先参与其中，这些孩子学会了，再去示范、带动一批幼儿，最终实现人人都能自愿、自主、快乐地参与晨检工作。

2. “小鬼”怎么晨检

幼儿晨检自然有别于成人，无论是承担晨检的具体项目还是记录，都应从孩子的角度出发，加以分析与精心设计，促使其有兴趣的同时，完全有能力接受并完成。

首先，拟定可以让幼儿承担的晨检项目。晨检的目的在于防止将传染病及危险物品带入园所，即具有维持健康、保障安全的双重意义。那么就从“安全”和“卫生”两方面加以罗列分析。安全方面，一般来说，晨检教师会关注幼儿是否带药，也会发现手里是否拿着小物件，但是其口袋里若藏着不安全的小玩意，就很少甚至没有查询。该工作可以交给参与晨检的“小鬼”来执行。开展“入园安检”，让幼儿以游戏的形式，对同伴进行口袋安全检查。卫生方面，小手是否干净、指甲有无剪短等，完全可以交给幼儿检查。

其次，设计可以让幼儿记录的晨检登记表。以班级为单位，一班一份登记表。中、大班以学号代替幼儿姓名。尽管大班孩子基本都能认识并书写自己的姓名，但是负责晨检的幼儿未必认识每个幼儿的名字，同时，这样也方便晨检幼儿快速查找并登记。小班可以用不同

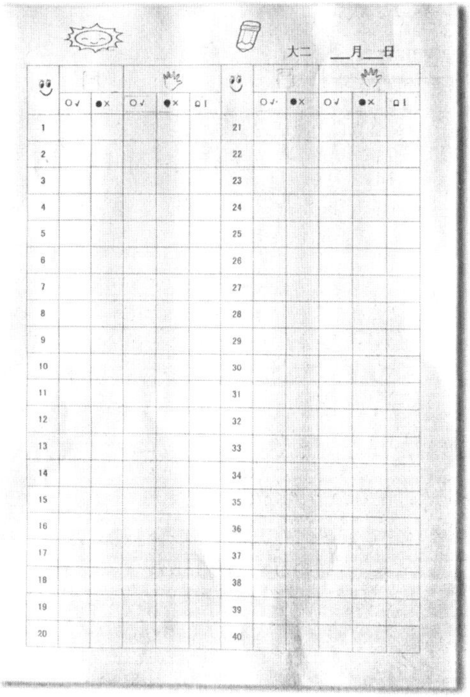

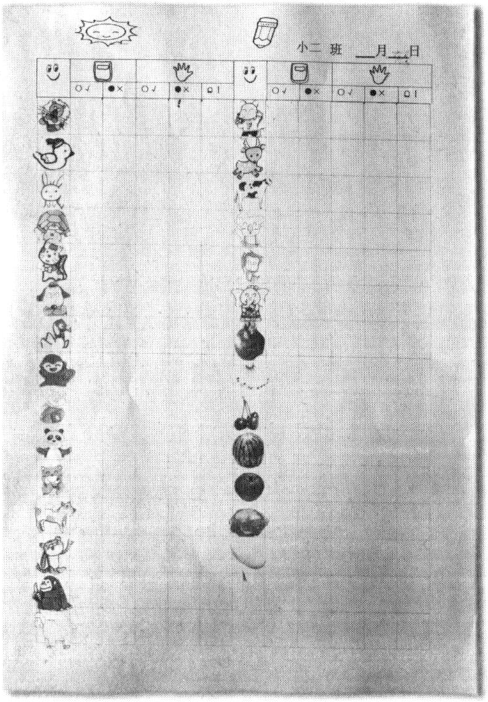

的动物、植物等简笔画或图案代替幼儿姓名，以便小班孩子记住，检查的时候能主动告知负责晨检的幼儿。幼儿晨检记录主要涉及安全方面的“口袋藏物”检查和卫生方面的小手检查，于是，登记表就可以从“口袋”和“小手”两个项目进行记录。发现“口袋”中有小玩意的，就在对应栏打“×”，没有发现的就打“√”。检查“小手”干净的打“√”，脏的打“×”，若指甲长的就在“小手”第三栏用画“线段”的方式表示，并根据指甲的长短适当控制所画线段的长短。（记录表见图）

最后，跟进可以让幼儿“提趣”的晨检辅助点。为了让参与晨检工作的幼儿对该工作更感兴趣，并引以为豪，我们专门为其量身定制了漂亮的“晨检服”以及“晨检小老师”的礼带。幼儿穿上晨检服、挂上礼带，精神状态更饱满，工作热情更高，促使其检查与记录更认真、到位，同时，滋长了其他幼儿对参与晨检工作的向往与热爱之情。其中还自然而然地提升了配合晨检的切合度。

3.“小鬼”晨检注意点

为了保障参与晨检幼儿的安全，建议晨检教师先落实自己负责晨检的项目，在确保没有传染病的前提下，再让这些孩子参与晨检幼儿处的晨检。

保教者应加强对参与晨检幼儿工作的指导，促使其更有效地落实负责的晨检项目。也要尊重幼儿的个体差异，根据其能力强弱以及同一幼儿处在的不同参与阶段，适当调整让其参与晨检的项目与要求，支持和引导他们从原有水平向更高水平发展。

践行“小鬼”晨检，不仅能助力教师、服务同伴、提高自我，而且得到了家长、社会的认可，拉近了家园的距离。同时，为幼儿自发形成新的角色游戏提供了经验。确实，幼儿通过参与真实的晨检工作后，时常会自发、自乐地和同伴玩关于“晨检”的社会性区角游戏，通过游戏进一步学习与发展。

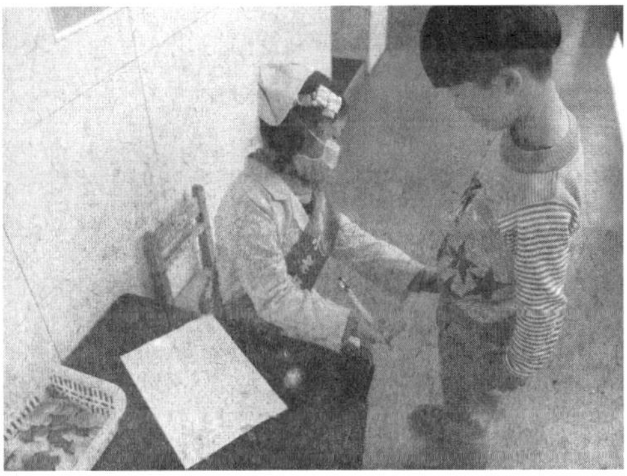

备注：该文章于2016年2月发表在《学前教育（幼教版）》。

"小鬼"晨检实践简介与感悟

——孩子能做的尽可能让其参与

"小鬼"晨检尽管是在孙端老园实践的且持续时间不长的一项内容，但让我深深地感受到，孩子能做的要尽可能创造条件让其参与。

孩子良好的自理习惯和服务能力，只有在不断的、长期的实践中才能培养起来，对此，教师也不要为孩子包办一切。在幼儿园，只要孩子有兴趣的、可以做的，都要积极支持让其尽可能参与。正如《3—6岁儿童学习与发展指南》中提到的：为孩子创设丰富的教育环境；在《幼儿园教育指导纲要（试行）》中也指出：幼儿园应为幼儿提供健康、丰富的生活和活动环境，满足他们多方面发展的需要。当然，在为孩子创设丰富的教育环境和满足他们的需求中，肯定会面临不少挑战和新的问题，那又如何应对呢？

首先，要知晓是否可行。对此，需要查阅更多的文献、思考更多的问题，如晨检的内容和意义、孩子能否参与晨检、晨检中应注意的事项等，以此知晓让孩子参与晨检的可行性。

其次，要明确怎么落实。如当确定可以让孩子参与晨检工作的一部分时，为了让落实更有效，还要精心酝酿让孩子如何参与其中，因为这是真实践。尽管其中还是倡导孩子在"游戏式"实践中完成，但与日常孩子参与的区角游戏是有质的区别的。对此，就应考虑更多实际问题，如"小鬼"参与晨检中，让哪些"小鬼"晨检、"小鬼"怎么晨检以及"小鬼"晨检中应注意的问题等，只有充分考虑并明确了这些问题，那么晨检教师在与"小鬼"晨检的时候，才能更好合作，并在"小鬼"晨检中遇到问题时，适时介入引导，让孩子在晨检教师引导性的示范中，将晨检工作完成得更快更好。

孩子能做的尽可能让其参与，这一倡导不仅需要教育者理念的支撑，同时，更需要教育者态度的支持。因为让孩子参与其中，为其思考和准备需要花费很多时间和精力，很多时候确实还是包办更快捷，但教育不能图简单方便，又或省时快捷，教育只能围绕"孩子的发展"去思考和实践，对此，只要孩子适宜参与，并能得到更多发展，我们幼教工作者就应该为孩子们去积极营造和搭建良好的环境，并有效落实与指导。

正确审、思幼儿午睡环节中的“另态”

没有对照，我们或许会觉得自己做得很对。在学习、贯彻《3—6岁儿童学习与发展指南》（以下简称《指南》）的行动中，我们发现在我们的保教工作中，存在着某种不合理、不科学的定势与习惯。聚焦幼儿午睡环节中的“另态”，让我们以科学、客观的态度和方法，对幼儿的这种“另态”进行观察、记录和解读，从而修复和更新我们的保教行为。

一、聚焦幼儿午睡环节中的“另态”

《指南》中提到：为有效促进幼儿身心健康发展，应保证幼儿充足的睡眠。并建议：保证幼儿每天睡11~12小时，其中午睡一般应达到2小时左右。还要帮助幼儿形成正确的睡觉姿势。那么现实中，幼儿保质保量地午睡了吗？

镜头一：不参加午睡

早上乐乐到园后和往常一样跟妈妈再见。没等妈妈转头，他就跑上去拉着妈妈的手，用祈求的眼光望着妈妈：“妈妈，中午来接我。”“好的。”午餐后，乐乐妈妈就准时接回了孩子。

镜头二：没到达睡眠状

那些参与午睡的幼儿都到达睡眠状态了吗？巡视中，不难发现：有的睁开双眼，目不转睛地盯着天花板；有的趁老师不注意，碰碰旁边的小伙伴或说上那么几句话；也有的找个上厕所的理由，去溜达一圈……这些幼儿尽管躺在床上，但没有到达睡眠状态。

镜头三：睡中的错姿

仔细观察幼儿的睡姿，那真是百态：有的趴着睡，有的仰天睡，有的蒙头睡，也有的蜷缩成一团睡，还有的枕着自己的手臂睡……睡姿多样，处于一种“误态”。

镜头四：穿脱顺序颠倒

不少幼儿习惯脱鞋后，就脱上衣，然后脱裤子、袜子（有的袜子也不脱的）。穿的时候，往往先穿裤子再穿衣服，最后穿鞋子。检查幼儿的穿着：有的裤子前后反了，有的衣服扣子上下搭错了，还有的鞋子左右穿反了……

二、解读幼儿午睡环节中的“另态”

为什么幼儿午睡环节会出现以上这些“另态”呢？

（一）片面关注幼儿学习与发展

幼儿的发展是一个整体。在幼儿午

睡环节，我们保教人员更多关注的是：幼儿午睡时，有没有玩弄小物件，以防事故；被子是否盖好，以防感冒。应该说这些关注的点是很重要，但若强化了该两点，而弱化了其他方面如幼儿的睡姿、穿脱衣服的自理能力、是否达到2小时左右以及是否睡着等，则不能完全体现《指南》精神。

其实，有时保教人员对照“一日生活常规要求”，或许也知晓在午睡环节如何实施科学、合理的保教，但经过践行似乎觉得提醒无效或一个个去指导、帮助显得麻烦，没有更好的应对策略，也就渐渐地远离了《指南》，使得实践与理念脱节。

（二）忽视幼儿发展的个体差异

首先，每个幼儿在成长发展的过程中，由于自理能力、行为习惯、体质状况等方面存在着差异，各自的发展速度和到达某一水平的时间不完全相同，而保教人员通常用统一标准、用一把“尺子”衡量所有幼儿。集中体现在：定点、定时让每个幼儿参加午睡。对不想参加午睡的，则简单告知家长，让家长接回家。

其次，在幼儿穿脱衣服过程中，对小班幼儿，保教人员往往包办代替，很少实施耐心指导。而对大班的幼儿，在保教人员看来，该年龄段的幼儿应该具备穿脱衣服的能力，于是很多时候就看着其穿脱衣服，但没有考虑同年龄段的也有能力强弱之分，同时能力相仿的，在家锻炼的情况也不同，因而不能对每个幼儿落实同一要求。

三、修复和更新践行的保教行为

（一）关注幼儿学习与发展的整体性

幼儿午睡环节中蕴含着丰富的学习资源，并渗透、整合在各领域间、目标间。为促进幼儿身心全面协调发展，我们应充分挖掘幼儿午睡中的教育契机，全面提高幼儿的自理能力。

1. 健康领域

（1）帮助幼儿养成良好的生活与卫生习惯

首先我们老师应帮助幼儿养成良好的生活与卫生习惯。如：让幼儿坚持每天午睡，并关注幼儿的体态，调整幼儿趴着睡、蒙头睡等不健康睡姿。全程循序渐进地帮助幼儿形成正确的睡姿。其次，结合午睡中存在的安全隐患，对幼儿进行必要的安全教育，如：告诉幼儿不允许别人触摸自己的隐私部位，不带小玩物上床，以此提高幼儿的自我保护能力。

（2）培养幼儿基本的生活自理能力

我们要培养幼儿基本的生活自理能力，鼓励幼儿做力所能及的事情。如：小班的幼儿在老师的帮助下能穿脱衣服和鞋袜，老师就不能包办代替。其次，指导幼儿学习和掌握穿脱衣服的基本方法，如按顺序脱去外衣裤：先解开上衣扣子，再脱鞋、袜子、裤子，最后脱上衣，积极创造条件和机会，让幼儿在提高自理能力的基础上，促进其手部动作灵活协调发展。

2. 其他领域

从语言发展方面来说，在午睡环节，我们保教人员应该培养幼儿认真倾听的习惯，所以尽可能多地以语言提示幼儿穿脱的顺序、方法，让幼儿根据听到的，做相应动作或调整相关行动。从社会发展方面来说，午睡环节可以帮助幼儿体会规则的重要性，如：要上厕所，应该轻轻地和老师说，不影响别的小朋友睡觉。从科学发展方面来说，午睡环节可以让幼儿感知形状与空间关系，在穿脱、叠放衣物的过程中，帮助幼儿运用并感知上下、前后、里外、中间、旁边等方位词，而不是让幼儿随意将衣物杂乱地堆放在自己床上。在艺术方面，可以将午睡室布置得温馨宁静，张贴星星、月亮等装饰画，让幼儿感受环境氛围的熏陶；同时，建议用适宜的音乐作为起床的铃声，丰富幼儿对音乐的感受和体验。如此，使各领域之间、目标之间相互渗透和整合。

（二）尊重幼儿发展的个体差异

《指南》中提到，尊重幼儿发展的个体差异。每个幼儿在家睡觉、起床的时间是不统一的，在家睡的总时长也是不一样的，而幼儿在园午睡几乎都是定点、定时的。建议调查并记录每个幼儿睡眠、自理能力的情况，并在此基础上做适当调整。

备注：该文章于2014年11月发表在《山东教育（幼教园地）》。

“午睡管理”实践简介与感悟

——尊重孩子的个体差异

作为园长，平时在巡视或检查中，发现午餐后总有家长来接孩子回家，就问他们为什么把孩子接回去。有的说孩子不喜欢午睡，有的说孩子在园午睡怕感冒。而我们的老师一般都是简单应对，让家长把孩子接回去。

其实，这里面有不少问题，主要涉及两方面：一是家长对孩子参与午睡重要性的认知不够；二是家长普遍认为孩子在园午睡，很容易感冒，尤其是在冬天。对此，我加强了对各班午睡的巡视。我发现每个班级不参加午睡的都有1~2个孩子，有的让家长接回去了，有的坐在午睡室自己的小床上又或在教室里看书。再仔细看看躺在床上的孩子，有不少没有睡着，翻来覆去、东张西望。而睡着的那些，有的趴着睡，有的蒙头睡，也有缩成一团睡的……关注孩子们起床穿衣服，有将衣服前后穿反的，有将衣服扣子上下搭错的，也有把鞋子左右穿反的……

看到这些，作为一名幼教工作者，且又是园长，我不得不正确审、思幼儿午睡环节中出现的这些不良问题。主要围绕“为什么要让幼儿午睡”“怎样让幼儿更好地午睡”去分析并查找相关资料。当时主要依据《3—6岁儿童学习与发展指南》（以下简称《指南》），去解读幼儿参与午睡的重要性，然后，本着“尊重孩子的个体差异”，考虑到孩子们在家不同的生活作息以及个体自理能力的差异等，除了在家长会的时候特别安排讲述了幼儿在园午睡的重要性外，还将“怎样让幼儿更好地午睡”作为研讨的主题，让老师们结合自己对《指南》的理解，以及自己在幼儿午睡管理中的经验，进行讨论。

通过讨论交流，老师们对幼儿午睡环节更加重视，会更用心、更全面地去关注孩子们在午睡环节中的情况，也在原有的基础上，逐步提升了应对和处理该问题的合理性和科学性。

如何减少幼儿剩菜剩饭

在幼儿园见惯了剩菜剩饭，似乎有点习以为常。那么这些剩菜剩饭是怎么来的？

首先，是“量”不按需供应。保教人员在给孩子分餐时，“量”几乎是统一的。于是，那些供不应求的，吃完第一份就上前添加饭菜；而那些供大于求的，就吃不完了。每个孩子的食欲不同，胃口也有大小，保教人员不能“一刀切”。另外，一个人的食欲和身体状况也有关。晨检的时候，我们关注并记录了孩子来园的身体状况，若带药的也在服药登记表上进行了详细的记录，但对晨检的关注与记录很少甚至没有与午餐管理联系上。因此，那些带药的、身体有些异常的孩子，在当天也成了剩菜剩饭的制造者。

其次，“质”上色、香、味不俱全。一般幼儿园都比较注重为幼儿提供营养丰富、健康的饮食。但对烹调方式不太关注，很多菜切得个头比较大，有些可能早就烧好了，这些都影响饭菜的色、香、味，降低了幼儿的食欲。

最后，在“进程”的安排上也过于统一。每个幼儿用餐时间有长短，而幼儿园一般都是统一时间分餐，之后一起用餐，尽管保教老师会提醒幼儿细嚼慢咽，但还是有的幼儿吃得快，有的就比较慢。

那么如何控制、指导幼儿爱惜粮食，做到尽量不剩菜剩饭呢？

第一，在“量”上要按需供应。既然每个孩子食欲、胃口存在一定的差异，我们就应尊重幼儿的这种差异。给幼儿分餐时，按需供应。以大多数幼儿能吃完为基点，对胃口、食欲相对好的幼儿，提供的量多一些，反之则少一点。另外结合晨检，对带药的、身体状况不佳的幼儿，给其适当减量，以避免剩菜剩饭。

另外应鼓励幼儿按需自取。可以尝试自助餐式分餐。由保教人员将饭、菜分别盛到大碗并以小组为单位分发，让组内幼儿根据自己的需要，合理自取。孩子自助分餐，要遵循一定的礼仪要求：用公筷或公勺把食物夹到自己的餐盘里，而且要吃多少拿多少，不能浪费。保教人员则可以适时引导或介入，提供扶持。

第二，在“质”上提升色、香、味。色、香、味俱全，无疑可以增进幼儿的食欲。为此，食堂主任在订菜的时候，事先酝酿菜的搭配，食堂人员在具体操作时，应根据幼儿的年龄特点，进行加工、烹调，提升菜的色、香、味，打开幼儿的“胃”，增加其食欲。

第三，在进程上要合理安排。幼儿园午餐时间一般是从中午11点开始。但不是寄宿制幼儿的早餐，就不是统一定点的，早的或许早晨6点，迟的可能上午8点，这对幼儿中餐的摄入量是有影响的。对此，可以调整幼儿上午的点心安排，根据幼儿的早餐时间，分批合理安排。

分餐时，也可以先供给早餐用得早的、吃得较慢的幼儿，尽可能减少吃得快的幼儿因提早参与活动对吃得慢的幼儿造成干扰，使其安心、舒心地吃完自己那一份，告别剩菜剩饭。

备注：该文章于2014年4月13日发表在《中国教育报》。

正确对待幼儿的“剩菜剩饭”

——《指南》的推进与贯彻

午餐是幼儿园一日生活活动的重要环节，对幼儿的自理能力、习惯养成都有较高的教育价值。为此，我们必须关注幼儿在午餐中的表现，以推进午餐管理的质量。

一、那些“剩菜剩饭”

餐尾，当大多数幼儿将自己那份午餐吃完，已在外走廊参与活动，或是在室内活动区玩时，各班总有那么几个孩子还在慢吞吞地吃。对于那些年龄小的、自理能力弱的，保教人员则上前“喂饭”。对于年龄大的、自理能力相对强的，保教人员则积极鼓励，想方设法让这些孩子努力吃完自己那一份。这些孩子在喂饭中、在鼓励下，勉强吃着、嚼着，那样子愣愣的，丝毫没有快感。

当保教人员觉得再喂，他也不想张嘴，或只是慢频率地嚼着那嘴里的一口饭时，保教人员则会停止喂饭。或者当保教人员再怎么鼓励，孩子就瞪着眼睛、摇头时，保教人员往往也就终止了鼓励。之后，就是顺手将这些孩子吃不完的饭、菜给倒了，就有了“剩菜剩饭”。

有时，这“剩菜剩饭”还具有传染功能，使原本吃完的孩子也看样学样，凑个“剩菜剩饭”。于是，增加了剩菜剩饭的人数，加大了剩菜剩饭的量。

二、“剩菜剩饭”怎么来的

在幼儿园见惯了剩菜剩饭，似乎有点习以为常。那么同行们，你是否对此进行了总结、反思：这“剩菜剩饭”是怎么来的?

学习了《3—6岁儿童学习与发展指南》(以下简称《指南》)，再结合已有的工作经验，笔者觉得产生“剩菜剩饭”的原因主要有三方面：

（一）“量”：不按需供应

我们保教人员在给孩子分餐时，“量”几乎是统一的，无论是饭还是菜。于是，那些供不应求的，吃完第一份还要求添加饭菜；而那些供大于求的，就吃不完了。《指南》中提到：尊重幼儿发展的个体差异。每个孩子的食欲不同，胃口也有大小，从这点出发，我们保教人员就不能“一刀切”，不能分给孩子同样量的餐。要充分理解和尊重幼儿发展进程中的个别差异，并在实践中具体体现。

另外，一个人的食欲也和身体状况有关。晨检的时候，我们关注并记录了孩子来园的身体状况，带药的孩子也在服药登记表上进行了详细的记录。但是晨检记录很少甚至没有与午餐管理相联系。因此，那些带药的、身体有些异常的孩子，在当天也成了“剩菜剩饭”的制造者。一方面是因为提供的菜他们不能吃（如：咳嗽不能吃腥的），另一方面是因为身体状况不佳，原本就食欲不振。

（二）“质”：色、香、味不俱全

一般幼儿园都比较注重为幼儿提供营养丰富、健康的饮食，参照《中国0—6岁儿童膳食指南》，为幼儿提供谷物、肉、奶、豆制品等多样化的食物，均衡搭配。还力争一个月内，菜的种类和搭配基本不重复。而烹调方式，还有最终端上幼儿饭桌的菜的“长相”，就不太关注了。有些菜切得个头比较大，不是孩子能吃的那个状态；有些又可能早就烧好了，颜色不佳……这些问题叠加在一起，就降低了幼儿的食欲。

（三）“进程”：安排上过于统一

每个幼儿在沿着相似进程发展的过程中，各自的发展速度和达到某一水平的时间不完全相同。幼儿除了对餐量有不同的需求外，其用餐时间也有长短。幼儿园一般情况下都是统一时间分餐，分完之后一起用餐。尽管我们提醒幼儿细嚼慢咽，但还是有幼儿因习惯问题，吃得较快；而有的真是一个“慢”字了得，吃到后来，他自己也不想吃了。一来，饭菜冷了，尤其是冬天；二来，看到大家都吃完了，也就不好意思了，最终也只能倒了。

三、如何减少“剩菜剩饭”

对“剩菜剩饭”进行了合理的归因之后，接下来我们必须想办法控制。一方面是为了培养幼儿良好的生活习惯；另一方面是从情感教育出发，也应指导幼儿爱惜粮食，做到不剩菜剩饭。

（一）在量上，按需供应，按需自取

首先，教师按需供应。既然每个孩子的食欲、胃口都存在一定的差异，我们就应理解和尊重幼儿的这种差异，并在具体的做法上加以体现。

建议给幼儿分餐时，按需供应。以大多数幼儿能吃完的量为基点，对胃口、食欲相对好的幼儿，提供的量多一些，反之则少一点。另外结合晨检，对带药的、身体状况不佳的幼儿，给其适当减量。若不够，再提醒、鼓励其适量添加，以避免剩菜剩饭。

在具体落实时，对保教人员也要提出更高的要求。一方面，要加强对幼儿的关注，知晓班上幼儿的用餐量以及晨检情况;另一个方面，分餐的时候，也要做个有心人，哪些幼儿需要有针对性的关注，心中要明确。

其次，幼儿按需自取。《指南》建议：提供有利于幼儿生活自理的条件，指导幼儿学习和掌握生活自理的基本方法。参与分餐工作的往往是一名保教人员和几名值日生，其他大多数幼儿一般都在老师的指导下，进行常规活动。学习《指南》后，我们认为：应鼓励幼儿做力所能及的事情，对幼儿的尝试与努力给予肯定，不因做不好或做得慢而包办代替。

因此，可以尝试践行自助餐式分餐制。由保教人员将饭、菜分别盛到大碗，并以小组为单位分发，让组内幼儿根据自己的需要，合理自取。孩子自助分餐，要遵循一定的礼仪要求：用公筷或公勺把食物放到自己的餐盘里，而且要吃多少拿多少，不能浪费。在拿取的时候，也要小心，不能将饭、菜掉在桌面、地面。还可以实行互帮互助，能力强的帮助能力弱的，离得近的帮助离得远的。保教人员则可以更多地关注幼儿，适时引导或介入，提供支持。

（二）在质上，提升色、香、味

色、香、味俱全，无疑可以增进幼儿的食欲。兼具色、香、味，一方面体现了食堂人员的基本功，反映了其操作时的态度；另一方面，也能体现菜的质量，比如新鲜与否、味道如何以及菜的搭配等。为此，食堂负责人在订菜的时候，要事先酝酿菜的搭配：食堂工作人员在具体操作时，要在了解、知晓菜的搭配的基础上，根据幼儿的年龄特点，进行加工、烹调，提升菜的色、香、味，打开幼儿的“胃”，增加其食欲。

（三）在进程上，合理安排

《指南》建议：合理安排餐点，帮助幼儿养成定点、定时、定量进餐的习惯。在幼儿园，午餐时间一般从中午11点开始。但由于非寄宿制幼儿的早餐不能统一定点：早的或许早晨6点，迟的可能上午8点，这对幼儿中餐的摄入量是有影响的。对此，可以调整幼儿上午的点心安排——根据幼儿的早餐时间，分批合理安排，如：一个安排在上午的早操活动后，另一个安排在上午的自主生活环节中。各园可以结合本园孩子的实际情况，进行合理调整，有效安排。

其次，分餐时，也可以先供给早餐用得早的、吃得较慢的幼儿。若践行自助餐式自取的，保教人员也可引导其先自取，并让这些孩子先吃，以便缩小幼儿用餐的时间差，尽可能减少吃得快的幼儿对其造成的干扰，使其安心、放心地吃完自己的那一份，告别“剩菜剩饭”。

备注：该文章于2014年12月发表在《幼教博览》。

大班幼儿分餐中的问题及解决策略

幼儿午餐是幼儿园一日生活活动中的一个重要环节，对孩子的自理能力、习惯养成都有较高的教育价值。每次分餐，总觉得要不少时间，春夏季节还好，要是到了冬天，那可真得快一点，否则孩子的饭菜都会冷了。同时，对于大班的孩子来说，从培养其生活自理能力出发，也应该让其科学、合理地参与其中。为此，我经常思考能否有更快捷、省时、教育价值更大的分餐方式。于是，我不断反思分餐中存在的问题，查找产生问题的原因，努力尝试解决问题的策略，其目的在于提高大班幼儿在分餐过程中保教方法的有效性。

一、分餐中存在的问题

（一）分餐所需的时间比较长

目前，我园大班按照标准班额，基本上每个班有三十名孩子，保教人员配备则是“两教半保”，伙食以“二菜一汤”的标准配制。“二菜”和饭，一般情况下都是盛在快餐盘式样的餐盘里，汤则是盛在小碗里。在此，幼儿园保教人员分餐，往往是：一名专任教师管理孩子(让其念念儿歌或听听故事等)；另一名保教人员给孩子分餐，将“二菜”和饭盛到快餐盘，由值日生分发。同时，确定一名值日生，将调羹分发到已下发的餐盘上，或是将菜和汤分好后，最后分发调羹。汤则是随带汤桶，直接盛放到桌上已经分好的小碗内，或是集中在一处将其盛到小碗内，由能干的值日生分发到小组桌上。对此，无论采用何种形式分发，所需的时间总觉得有点长。

（二）幼儿隐性浪费时间多

保教人员在分餐的时候，虽然请了几名值日生协助分发工作，但大部分孩子是没有参与到这项工作中的。而是在另一名专任教师的指导下，念念儿歌、听听故事。这些儿歌基本上是“巩固式”的，不少孩子则是“小和尚念经”；故事讲述，很多时候讲的也没有像故事教学中那么“声情并茂”，自然就少了点吸引力，导致不少孩子的眼神、注意力专注在分餐中。偶尔故事的内容吸引了孩子，往往也吸引了分餐中的值日生，促使其停留在一处，认真倾听，把分餐工作搁在一边，或是一心两用：分餐的同时听着故事。因此，很容易将饭菜撒了。

二、问题产生的原因

管理者通常“循规蹈矩”，缺乏创新与改革。

（一）分餐中参与的人数少

在分餐中，参与到该工作中的，往往是一名保教人员和五六名值日生。其他大多数幼儿，一般都在老师的指导下，进行常规管理的教学。而我们通常教育孩子，自己能做的事尽可能自己做。而且，大班孩子基本上能胜任这项工作，即使个别能力弱的孩子，从培养其自理能力的角度考虑，也应该逐步引领孩子参与到该项工作中。这样，参与的人多了，所用的时间相对就少了。

（二）大部分孩子处在常规管理的教学中

由于分餐中，只有几名孩子(值日生)协助保教人员分餐，其余大多数则处在常规管理的教学中。之所以定为“常规管理的教学”，是因为分餐中“空间”和“时间”的限制。为了让值日生便于分发，通常专任教师会将其余孩子集中在离桌子远一些的一方空间(这空间往往较小)，然后组织孩子活动。教师在这有限的空间里，适宜开展的活动自然比较少，因此，较多地选择“念儿歌”“听故事”的教学，而这些儿歌、故事一般也不是新授的，所以孩子基本上是“随意念”“无心听”。

其次，由于该时间段似乎以“常规管理”为主，教学为辅，因此，不曾想孩子在这段时间中，学到或提升了什么？更没有思考：在这有限的时间内，却是每天如此的情况下，作为保教人员该如何合理、科学地组织活动，方可提升孩子主动参与的积极性，切实提高孩子的生活自理能力及社会适应性。

三、问题解决的策略

以组为单位，指导孩子践行自助餐式分餐方式。

（一）践行“度”

在幼儿园里，每逢节假日的庆祝活动或是亲子活动，时常推出“自助餐”活动。孩子会在提供的各类美味的食物中，用公筷或公勺，挑选自己喜欢吃的食物，将其夹到自己的碗里，然后回到座位上慢慢吃，而且尽量做到要吃多少拿多少，避免浪费。可见，孩子们已经具备了自助取餐的能力，而且他们对该自助餐的形式很喜欢！

（二）践行“方法”

1. 拟定一套有利于孩子运作的规则

在开展区角游戏中，有一个总的游戏规则，在每个区角中，又都有它自己的细则，也因为有这些具体的规则、细则，孩子在玩的时候，才可以有条不紊地进行。所以，为了让孩子也能有序、高效地落实，我们必须先拟定一套有利于孩子游戏的规则、细则。

（1）以小组为单位，有序分发的“程序”

在幼儿园，通常每组六名孩子。在践行自助餐式分餐中，由保教人员将饭、菜、汤以小组为单位，分别盛在大碗里（这些碗，建议标上小组记号，以方便孩子有序、快捷认取）。六名孩子则都参与到分餐中，当然其分工略有不同：一名幼儿分餐盘，一名幼儿分调羹，其余四名分别领取自己小组的饭、菜(二菜）、汤，拿了以后，放在自己小组的中间。这样，在该时间段，全员参与：每个孩子几乎同时做着自己的那一份工作。

当然，为了更好地锻炼孩子的生活自理能力，也可以每周变换孩子的分工。

（2）个人自助分餐，遵循礼仪“要求”

孩子自助分餐，要遵循一定的礼仪要求：用公筷或公勺把食物夹到自己的碗里，而且要吃多少拿多少，不能浪费。在拿取的时候，也要小心：不要将饭、菜掉在桌面、地面。

由于孩子在一个月内，每天吃的菜几乎不同，刚开始，孩子拿取的食物量可能难以把握，保教人员可以试着盛一份，给孩子看看，也可以将量交代得具体化，如：什么菜可以取两勺，促使孩子能大致控制拿取的“食物量”。

2. 保教人员在分餐中担当指导者

以往保教人员在分餐中，一般都是“服务者”，忙着分食物。践行自助餐式分餐后，保教人员只要负责分发以组为单位的食物，之后就可以指导每组孩子自助分餐：指导孩子合理拿取食物，帮助能力弱的孩子拿取食物等。

3. 不断反思并改进孩子在自助分餐中的问题

做任何事情，没有最好，只有更好！为此，我们保教人员应不断反思，并改进孩子在分餐中存在的问题。关注分餐中的细节，善于发现环节中的不合理之处或存在的漏洞，思考并尝试改进，优化分餐环节，真正做好分餐工作。

（三）践行“成效”

1. 更快捷、更省时

在践行自助分餐中，由于全员参与，而且基本上又是同时“开工”，因此，分餐工作更快捷、更省时。

2. 拓展了教育价值

在自助式分餐中，孩子自觉遵循着礼仪要求，分餐中，孩子服务自己的同时，也服务着其他同伴，这让孩子在油然生起一股成就感、满足感的同时，也加深了孩子间的友谊，加强了同伴间的团结与合作。

备注：该文章于2013年发表在《家庭教育（现代幼教）》。

怎样创建以幼儿为本的用餐文化

用餐环节是幼儿一日活动中非常重要的环节。但在许多幼儿园，幼儿用餐环节还存在着不合理、不科学的定式与习惯，主要表现在：分餐时间过长，幼儿消极等待的时间较长；进餐氛围压抑，忽视幼儿礼仪及习惯的培养；餐后剩菜剩饭多，收拾、整理有待加强；等等。改革幼儿园就餐文化，培养幼儿自我管理、自我服务能力，培养幼儿良好的进餐习惯，已迫在眉睫。

一、自助式分餐提升幼儿自理能力

幼儿园分餐，往往是一名专任教师管理孩子，另一名保教人员给孩子分餐。有时，也会选定几名能干的值日生，协助保教人员分餐具、分餐，但大部分孩子是在另一名专任教师的指导下，念念儿歌、听听故事。《3—6岁儿童学习与发展指南》指出，要提供有利于幼儿生活自理的条件，指导幼儿学习和掌握生活自理的基本方法。在这里，保教人员只给个别幼儿搭建了自理、服务平台，而且是在这些幼儿原先的基础上不断重复，在能力上很难有实质性发展。因此，在分餐环节，保教人员不妨以组为单位，指导孩子践行自助餐式分餐方法。

在幼儿园里，每逢节庆活动或亲子活动，时常推出“自助餐”活动。孩子会在提供的各类美味的食物中，用公筷或公勺，挑选自己喜欢吃的食物，将其夹到自己的碗里，然后回到座位上慢慢吃，而且尽量做到要吃多少拿多少，很少浪费。可见，孩子已经具备了自助取餐的能力，而且他们对该自助餐的形式很喜欢、很向往。

实行自助式分餐管理，让孩子人人动手，按需要自己取用餐具和确定用餐量。在自助餐式分餐中，保教人员可将饭、菜、汤分别盛在大碗里，分到每一大组后，孩子拿取自己的餐具，开始自主分餐。孩子可以根据自己的意愿选择座位。当孩子因座位发生冲突时，可以游戏的形式解决，比如，大班采用“石头剪子布”的游戏，胜者入座，或让孩子自主协商；中班让孩子比身高、体重，高的、重的让给矮的、轻的；小班采用摸奖的形式，以游戏为契机，孩子更乐意接受。为避免孩子自助取餐时拥挤，保教人员可以巧妙介入一些提示，比如，大班：今天先单数后双数，明天先双数后单数；中班：1—5号在第一大组领取，6—10号在第二大组领取；小班：先女孩子再男孩子等，根据年龄适宜提议并灵活变动，这样在提升孩子参与积极性的同时，也提高了孩子的倾听能力、专注力。

孩子自主分餐，要遵循一定的礼仪要求：用公筷或公勺把食物夹到自己的碗里，而且要吃多少拿多少，不能浪费。在拿取的时候，也要提醒：不要将饭、菜弄到桌面、地面上。值得一提的是，由于孩子在一个月内，每天吃的菜几乎不同，刚开始，孩子拿取的食物量可能难以把握，保教人员可以试着盛一份给孩子看看，也可以说得更具体一点，如什么菜可以拿两勺，促使孩子能大致控制拿取的“量”。

以往保教人员在分餐中，一般都是“服务者”，忙着分食物。实行自助餐式分餐后，保教人员只负责分发以组为单位的食物，甚至一段时间后，可以让组内能干的幼儿尝试该工作，之后可以更多地关注并指导孩子自助分餐。保教人员可以在仔细观察中，针对发生的问题努力改进、优化分餐环节。

二、优化环节管理让幼儿快乐进餐

一般来说，当胃口好、吃得快的幼儿吃完第一份饭菜，上前让保教人员添饭、添菜时并不说话，只是将盘子递过来，当保教人员问“要什么”“要多少”时再回答，说完就拿着饭菜走向位置。对于那些年龄小、自理能力弱的幼儿，保教人员则上前“喂饭”。这些幼儿在喂饭中勉强吃着、嚼着，丝毫没有快感。

在传统的进餐活动中，保教人员更多关注的是幼儿有没有吃完分发的那一份饭菜，有没有将饭菜掉到地面上，而其他诸如幼儿用餐情绪及礼仪等则被忽视了。一日生活各环节都蕴含着丰富的学习与发展契机，保教人员应全面关注幼儿，了解和尊重幼儿进餐中出现的问题，促进其身心全面协调发展。

首先，创设整洁有序、愉快安静的进餐环境，使孩子保持良好的进餐情绪。有研究指出，旋律优美、节奏舒缓、音量不大的轻音乐，如“宝宝吃饭音乐”，音量一般控制在50分贝左右，这是适合于人体功能的音量，其原则是让孩子听到音乐后不是嫌烦，而是出现轻松舒适的感觉。这些音乐能放松情绪，而轻松的情绪又能作用于人体的下丘脑，从而促进食欲。

其次，在菜质上用功，增加吸引力。食堂在订菜的时候，要事先酝酿菜的搭配。接着，食堂人员在具体操作时，要在了解、知晓菜的搭配的基础上，根据幼儿的年龄特点进行加工、烹调，提升菜的色、香、味。为了进一步提升菜的质量，还可以邀请家长品尝伙食，让家长成为幼儿园伙食的监督者，不断地提升和改进菜质。

再次，在时间上改革，增加灵活性。在幼儿园，午餐时间一般从中午11点开始，这是定点。但不是寄宿制幼儿的早餐，就不是统一定点的，这对幼儿午餐的摄入量是有一定影响的。对此，可以将幼儿上午的点心安排在两个时段，分批合理安排，间接推进午餐的摄入量。

最后，在目标上细化，增加达成度。餐中礼仪、习惯涉及的环节及各环节达成目标应该具体、明确。如在“卫生”方面，涉及环节主要有三点：洗手、擦净、小插曲（打喷嚏、咳嗽）。那么这些环节对应的达成目标都应是比较具体的。在洗手环节，其对应的达成目标主要有两点：掌握正确的洗手方法，不推不挤；注意节约用水。又如在小插曲（打喷嚏、咳嗽）环节，其对应的达成目标是：背向餐桌，并用手或小毛巾遮住口鼻，并根据预设目标，循序渐进地达成各环节目标，凸显幼儿午餐中的独特价值。

三、支持并鼓励幼儿参与餐后收拾

通常，餐后的收拾与整理都是交给值日生的，这个值日生是教师规定或选择的。于是，原本人人可以干的餐后收拾，变成了值日生的活。这种做法，忽视了大多数幼儿在收拾与整理中表现出的积极态度和良好的行为倾向。

首先，清洁工具自主选择。借鉴区域游戏的经验，幼儿园不妨将幼儿用餐环境创设成一个大的服务区域“大厅聚餐馆”，并为孩子提供适宜的、心仪的操作材料。以往，保教人员整理、打扫的工具和幼儿的是一个样的，其高度、形状都是适合大人的。因此，幼儿不能很好地把持、运作。为了让幼儿爱上打扫，不妨从“清洁工具”为切入口，提供适合幼儿、为幼儿所喜爱的工具，如卡通儿童扫把、宝宝可爱小拖把、餐厅服务礼服、洁净擦布等，这些材料可以是买的，也可以是保教人员、家长自制的，它们一定程度上吸引着孩子。而原先成人使用的抹布可以让后勤人员用，也可废物利用，自制成拖把。

其次，整理规则自主协商。有了工具，怎么做，还得有规则。规则从哪来？要靠师幼互商、同伴协商。面对开放、心仪的工具，很多幼儿开始自觉地擦桌、扫地、拖地，没有监工和指挥，去找自己能干的、喜欢的活干。面对可能出现的混乱，保教人员要适时介入，引导幼儿思考，让幼儿运用已有的生活经验进行思考、碰撞，尝试践行自己的想法，在教师和同伴的建议、帮助下，不断调整自己的方式方法，使得餐后整理变得井然有序。

最后，整理结果自主评价。打扫、整理后的教室就是孩子们的一个“劳动成果”。针对每个孩子都渴望被表扬、认可的心理，保教人员可带领孩子们参观、评价整理后的教室，给予孩子们极大的满足感，提升他们再次打扫的欲望，推动其做得更好。为了提高打扫质量，还可以开展“最佳服务员评价”活动，让幼儿代表进行评价。评价者先进行语言评价，之后再进行书面评价。在发展其语言的同时，还可以让大家进一步明确怎样才能做一个“最佳服务员”。

备注：该文章于2014年11月23日发表在《中国教育报》。

“餐文化”实践简介与感悟

——适时打破定势和习惯

关于“餐文化”的实践研究，是我园自2013年提出并努力实践的一个项目，力求优化午餐环节，促进孩子更好发展。

研究从当时幼儿园午餐环节存在的许多不合理、不科学的定势与习惯为切入口，针对当前国内各园就午餐方面，普遍关注“吃什么”，成人怎样为幼儿服务等，对实际存在的问题：分餐时间过长，幼儿消极等待的时间较长；进餐氛围压抑，忽视幼儿礼仪及习惯的培养；餐后剩菜剩饭多，收拾、整理无趣且不规范等，没有解决的策略。对此，我们依据《3—6岁儿童学习与发展指南》，对幼儿园餐文化给予全新的诠释：不仅仅指需要营造良好用餐环境和氛围，更应关注幼儿午餐的每个细节，它包涵了用餐情绪、用餐环境、用餐习惯；幼儿用餐时间、幼儿分餐、幼儿用餐、餐后整理及伙食质量等诸多元素，让每个幼儿主动积极地用餐，养成良好的用餐习惯。通过聚焦并解析“分餐”“进餐”“餐后”中存在的问题，在实践中探索方法，以“分餐自主”“进餐快乐”“餐后自理”为目标，在同步践行的基础上，分阶段逐步达成分设目标。分餐自主以组为单位，指导孩子践行自助餐式分餐方法来达成目标。进餐快乐通过氛围上用乐，增加轻松感；菜质上用功，增加吸引力；时间上改革，增加灵活性；目标上细化，增加达成度四步落实。餐后自理主要让孩子“自主式”整理，以清洁工具自主选择、整理规则自主协商、整理结果自主评价三个环节，让孩子自主、快乐地进行餐后自理，并推动其综合能力——合作、交往、协商、逻辑等能力的提升。

通过践行，采取分阶段、循序渐进的指导方式，进行适时介入和适当指导，使孩子的进餐过程更自主，在享受美食和进餐快乐时光的同时，养成良好的用餐礼仪和习惯，提升了幼儿在园生活的品质。同时，其他相关联的“倾听能力”“表达能力”“学习习惯”等均有明显提高。其中，教师不断更新观念，更多地思考和关注保育工作，挖掘每个生活环节中蕴含的丰富的学习与发展契机，提高自身的理论水平，并自然地将这种思考、分析、表达的模式，融入其他教研活动，增强其参研的能力。

结题后，课题研究组成员还是在自主跟进研究。在第一轮的研究中，通过各班践行“餐文化”问题及成果交流分享，各教师对本班的收获与不足更清晰，同时在思想的碰撞下，积极思考哪些问题还没有解决的，如各年龄段餐前适宜组织的游戏还有哪些，用餐时各年龄段孩子喜欢倾听的以及适宜播放的音乐有哪些，落实怎样的评价更有效……想通过对这个课题的进一步研究，让参研者经过思想和行动的碰撞，解决生发的一些问题，然后通过研究，针对性地给出优化午餐环节的策略，帮助教师解决存在的困惑，推进教师成长，促进孩子发展，提升幼儿园办园内涵。

雪中情

尽管我们地处南方，冬天难得见几次雪花，但马年的第一场大雪却很快不期而至了。只见寒风萧萧，飞雪飘零，不一会儿,雪花便挨挨挤挤,屋顶、树上、地面……到处都是白白的一片。孩子们欢呼雀跃，不时地将小脑袋探出窗外，还用小手去接那舞动的雪花……老师也和孩子们一样，激动得手舞足蹈，尽显幼儿教师的活泼、可爱。

望着窗外越下越大的雪，我的心里一下子变得紧张起来，“等会儿孩子的接送，明早孩子的来园……”正在担心、牵挂之际，“叮铃铃”,电话铃响了。真庆幸有上级领导，我担心我在想的，上级领导早已担心，早已想到。于是，紧急通知：明后天幼儿园放假，因雪下得较大,建议家长傍晚提早接孩子离园，并注意来回路上的安全……借助“家校通”的优势，信息很快就传到了家长那儿,家长便冒着大雪,陆续来接孩子了。

我下楼巡视，只见保安以及傍晚站岗的老师，顶着雪花微笑着护送我们的孩子。再看我们的家长，有的妈妈给孩子穿上雨衣，让孩子站在电瓶车的前方，脸转向妈妈，这还不够,妈妈又快速将自己的外套解开，让孩子像小鸟一样，钻了进去，却全然不顾自己全身已经落满了雪花;有的爷孙俩亲密合作，爷爷紧紧地背着宝贝孙子，孙子则小心翼翼地撑着伞，彼此开心地依偎着，蹒跚前行……

我看在眼里，暖在心里，情不自禁地拿出手机，拍下了这瞬间的精彩。我想：平时，我们教育孩子，要感恩父母、孝顺长辈，为爸爸妈妈、爷爷奶奶做一些力所能及的事情，很多时候，往往因缺乏支撑材料，而使其显得苍白、无力，而此刻，我拍下的，将辅助我提升孩子的品德教育、亲情教育。

边想边迫不及待地转身上楼，想将这些照片拷到电脑里。进到办公室,侧脸往窗外一瞥，只见保安正拿着扫把，轻扫我车上的雪，虽然我有点不舍，担心车上的车漆被扫把刮伤，但看着保安全身的雪花、湿透的双鞋、冻红的脸庞，心中只有感激与温暖！于是，我又拿起手机，为其摄下了“雪中扫雪”的片段。

在将这些照片、摄像保存到电脑里后，我将其命名为“雪中情”。

备注：该文章于2014年5月发表在《山东教育》。

“雪中情”实践简介与感悟

——用心捕捉日常生活中的教育资源

《陶行知全集》中写道：“从定义上说：生活教育是给生活以教育，用生活来教育，为生活向前向上的需要而教育。从生活与教育的关系上说：是生活决定教育。从效力上说：教育要通过生活才能发出力量而成为真正的教育。”

关注幼儿在园一日生活各环节，聚焦孩子来园、离园环节，以及其他的日常生活环节，如点心盥洗、喝水、入厕、午睡等，可以听到、看到很多让人感动的声音和情节：小朋友之间的互帮互助，孩子弯腰很努力地帮助同伴系鞋带；师幼之间的“甜言蜜语”，一个小班孩子让老师抱抱她，当老师像妈妈一样抱起孩子时，孩子噘着小嘴就在老师脸上亲了一口，还在老师耳边说老师妈妈；亲子之间的温馨互动，如“雪中情”中的“亲子情”，一老一小共撑一把伞，彼此依偎，蹒跚前行；妈妈骑着电瓶车，身上全是雪，但仍颤抖着双手解开外套，让孩子钻进自己怀里……这种在生活中散发着满满幸福味和正能量的言行与片段，自然是教育的好资源。

每当捕捉到这些教育资源时，我都会毫不犹豫拿起随身携带的手机，将其用照片或视频的形式拍摄下来。然后，习惯性把这些发现及素材及时整理，记录在本子上或保存到电脑里。一方面，可以逐渐丰富自己的教育资源，同时，也方便日后涉及相关教学内容时，可以作为参考的教学资料，甚至是可以拿来直接用的教辅材料；另一方面，可以作为宣传用。美好的事物需要共享，无论是以照片还是文字的形式将其宣传，让这些美好的“人”与“事”更坚定地去这样做，同时，去带动和影响身边的人与事向阳生长及发展，促使全社会全人类更加和谐与温暖。

我们是教育工作者，而教育的本质是一棵树摇动另一棵树，一朵云推动另一朵云，一个灵魂唤醒另一个灵魂。对此，我们应该带着这种思想和意识，去用心捕捉日常生活中的教育资源，并挖掘其中隐藏的教育效能，为成就更好的教育推波助澜。

幼儿园篇

致孩子——学习篇		
序号	题目	备注
1	篇首语：学习闪亮快乐童年	
2	寻找不束缚不放任的范画教学	
3	让孩子的个性在绘画中“飞扬” ——分层推进大班幼儿绘画潜能策略	
4	西瓜设计师	
5	“范画教学”实践简介与感悟 ——“授之以渔”而非“授之以鱼”	
6	培养大班幼儿注意力的三个阶段	
7	“注意力培养”实践简介与感悟 ——发现问题：科学解析、分阶推进	
8	在绘画中培养大班幼儿必要的书写技能	
9	大班幼儿在数学活动中前书写能力的有效培养	
10	“前书写”实践简介与感悟——玩中推进“写画”进程	
11	大班数学操作活动中的“时间差”	
12	“关注时间差”实践简介与感悟 ——教师要有预知孩子差异的能力	
13	让流行音乐登上音乐教育的“大雅之堂”	
14	流行音乐在幼儿教育中的实践简介与感悟 ——合理利用流行歌曲，趣味提升音乐教学	
15	大班幼儿创造性复述能力培养三部曲	
16	“创造性复述能力培养”的实践简介与感悟 ——激发求异思维，让复述更出彩	

篇首语：学习闪亮快乐童年

法国著名作家罗曼·罗兰说："学习是快乐的来源，即使你不在意自己将来有没有成就，单以目前的生活来说，学习也一定使你觉得满足。"可见学习对于一个人的生活与成长都很重要，每一个人都应该要好好学习。作为幼儿教师的我们，更要让孩子们好学、善学、乐学。

要让孩子们好学、善学、乐学，教师就要善于关注孩子的学习状况，并将理念、经验等融合，进行整合式解析，精心酝酿改进策略，让孩子们的学习更轻松更快乐。

聚焦孩子们的学习状况，关注孩子们在数学操作中的"时间差"，倾听孩子们在学习中发出的各种各样的声音，包括幼儿教育工作者发出的声音，如美术教学中响起的"不用范画"和"需要范画"，我们就带着思考去分析，进行科学"辨音"，然后合理应对，和孩子们一起"寻找不束缚不放任的范画教学"，分层推进各年段幼儿的个性化绘画潜能。其中，教师还应有意识的让孩子们通过"玩中学、学中玩"，在绘画中培养大班幼儿必要的书写技能。在培养大班幼儿的"前书写"能力中，发现幼儿在数学操作中，将有些数字转向、结构重组或依样画葫芦等情况，我们借助"肢体训练""游戏推进""创新提趣"三个步骤，循序渐进地让其在玩中推进"写画"进程。

当发现孩子们在园"不唱儿歌唱情歌"，如《老鼠爱大米》《对面的女孩看过来》《两只蝴蝶》等，老师们围绕"怎样发挥流行音乐的积极作用"勤思考，从幼儿的兴趣入手，以培养其积极情感为切入点，有意识地挑选一些内容积极、曲调简单的流行歌曲让孩子们去欣赏，去创编新歌词，因势利导，挖掘流行歌曲中的积极元素，让流行音乐登上音乐教育的"大雅之堂"。

俄国著名教育家乌申斯基曾精辟地指出："注意是我们心灵的唯一门户，意识中的一切，必然都要经过它才能进来。"对此，在跟踪观摩诊断中，发现不少孩子注意力不集中，时常东张西望，即使看似端坐在位置上，其实身心也是游离在外的时候，更是引起了我们的重视。通过科学解析，落实分阶推进，在梯度式践行中，促使孩子们的注意力与其之前呈现的注意力水平相比，有明显的提升。注意力提升了，整个学习力就自然上去了。于是，进一步激发孩子的创新思维，通过有条不紊地践行"创造性复述能力培养三步曲"，在切实提升孩子语言表达能力的基础上，让复述更出彩……

人的一生都需要学习，孩子们更需要学习，因为他们是祖国的未来。作为幼儿教师，要为孩子后续学习和终身发展奠基，帮助孩子播下对学习"爱"的种子，让学习闪亮快乐童年，促使其终身学习成就"中国梦"。

寻找不束缚不放任的范画教学

目前，针对幼儿美术教学中范画的运用，有两种声音：一种是不提倡使用范画，另一种是坚持使用范画。到底应该怎样看待这个问题呢？

华东师范大学教授华爱华在关于《3—6 岁儿童学习与发展指南》“艺术领域的理解与实施”的讲座视频中，有这样一段话：“现在我们所使用的整合课程，其中美术活动部分，如果没有了范画，幼儿的创造性固然在一定程度上能得到发挥，但是由于幼儿年龄小，所接触的实际经验不多，故而现实的教学中范画还是需要的，但不要走极端。”对此，笔者深以为然，并认为在实践中可以通过各种教学策略，提高幼儿美术教学中范画运用的有效性。

一、有无范画之争

在实践中，范画运用存在两种现象。一种是有范画，这在当前幼儿美术教学中占据多数，模式也基本统一。教师事先画好一幅作品，在黑板上展示，结合该范画，进行要点或步骤讲述。有些教师还会在黑板上示范绘画过程，接下来，让孩子看着这幅范画作画。幼儿在活动中，一味模仿，束缚了想象力和创造力。

另一种是无范画。由于美术教学中“不用范画”声音的响起，促使不少教师在美术教学中，不动笔墨，单靠语言引导，或提供大量图片，或借用多媒体，引领幼儿欣赏、讨论，鼓励幼儿大胆表现，而不做相应的技法上的示范指导，任幼儿自由想象，导致不会画、不敢画的幼儿增多。不少幼儿的作品是模仿组内那些“强势”幼儿的。然而，看那些“强势”幼儿“今天”的作品，令人赞叹，有自己的想法，但再看他“明天”的作品，就会发现千篇一律。

二、范画运用存在误区

一是对范画的理解有误。一些教师觉得范画就是自己事先画好的那幅作品。其实，这只是范画的一种。在一些新版教材中，每一幅范画都附带步骤图，可以直观了解绘画的步骤、效果和技能技巧，以及隐含在教学中的重点及难点。如果教师没有领会新版教材的设计意图，就会对范画教学的认识停留在浅层面。

二是对范画的出示时间把握不够准确。通常教师出示范画，都是集中在导入阶段，先出示范画，然后进行讲解、操作示范。之后，或将范画下架，让孩子发挥自己的想象加以创作，或让孩子看着范画进行绘画，教师巡视指导多半为语言指导，基本不会再进行笔墨指导，以致孩子只能盯着范画进行模仿。

三是范画展示的内容缺乏技巧。教师提供的范画多以成品作品为主。通过作品，只能看到布局、构图、着色，但其绘画要点及步骤往往不能显现。有些教师认为幼儿操作本上有范画的绘画步骤，所以不需要再准备，但该绘画步骤也有缺点，“一刀切”，不管对象的需求差异，而且限于篇幅安排，印得少、画面小，示范力不足。

四是对范画的引导有待深思。美术课上，教师边示范边讲解占多数，但其讲解的“质”有待提升。如画牛，有的教师会说“先画牛的身体”。这种引导既简单，也比较合理。而有的教师则会说“在纸的中间，先画上大大的、长方形的牛的身体”。该引导语针对性太强，其参照物就是教师自己设计的那幅范画，没有从多角度考虑激发幼儿的想象力，在一定程度上限制了幼儿的构图、创意。

三、寻找有效策略

首先，正确认识范画。范画教学的价值在于其示范作用，“授之以渔”而非“授之以鱼”。只要把握梯度和方法，范画教学就是幼儿学习绘画的有力帮手。通过范画，可以直观地向孩子传授一些观察、表现方法，或是一些不太常见的创作技法。在教学中，可以把范画分为步骤范画、课堂范画、对比范画等。也就是说，范画的形式是多样的，我们要从传统的狭隘定位中跳出来，多角度、多层次、全方位地去认识它。

其次，合理出示范画。通常，教师出示范画后，总是在一堂课结束时才下架，而且只出示一幅。其实，我们应针对孩子的需求，合理选择各类范画并出示。例如，步骤范画在教学中运用得比较多，孩子的绘画本中，“步骤图”限于篇幅安排，印得少、画面小，不够清晰，对孩子作画的引领度不够。若教师在课前亲自动手绘制范画步骤，在课上边出示边讲解，将会更直观、更形象。面对步骤范画，孩子可以知晓作画的先后，但对其中的要领、方法不是很明确。对此，教师则要有选择性地进行课堂范画，亲自做示范指导，便于孩子们进一步领会。

再次，提升范画的示范力。不管是什么形式的范画，它的作用都体现在一个“范”字上，有别于“仿”。范画是启发和引导幼儿思路，使其有效进行创作的途径。对此，教师应结合目标、内容设计创作范画。在课堂上出示的范画该如何有效设计呢？导入时应该让孩子欣赏到怎样的范画？如何将其合理分解成步骤范画？只有充分考虑这些问题，结合自己的教学经验及创作体验，预设幼儿在具体绘画中所需的课堂范画，才能提升范画的示范力。

最后，酝酿范画的引导语。范画教学时要充分认识到“导”的重要性。教师应结合范画，将创作体验、构思方法、制作过程及技法，用幼儿可以理解接受的语言来表达，引导他们拓展新的思维，并动手进行创作。

备注：该文章于2015年4月5日发表在《中国教育报》。

让孩子的个性在绘画中“飞扬”

——分层推进大班幼儿绘画潜能策略

幼儿美术教育是幼儿全面发展的教育手段之一。但是，目前大班孩子的绘画作品，往往单一、缺乏想象力，模仿系数大……从作品中可以折射出我们在教学中，无视孩子的个体需求和个性差异，这很大程度上扼杀了孩子的艺术个性和创新潜能。对此，我们努力践行“分层推进大班幼儿的个性化绘画潜能”，让孩子的个性在绘画中“飞扬”。

一、问题的描述

（一）毫无目的地画(随意)

在美术教学活动中经常会出现这样的情况：很多孩子不知道自己应该画什么。于是拿着作画工具这边画一下，那边画一下，还有的在纸上乱涂鸦。而涂鸦期一般是出现在1～4岁这个年龄阶段，显然大班孩子已经远远超出了这个年龄阶段，但是我们不可否认确实有不少孩子的绘画能力仍然处于这个水平。

（二）依样画葫芦(刻板)

1. 模仿教师的范画，失去个性

我们的美术教学活动，似乎离不开范画。大部分的孩子在创作中，视线都一直专注在老师提供的范画上，就依样画葫芦，扼杀了孩子的创意，孩子不知道为什么这样安排，更不知道作品要表达什么，只是为了完成任务而已。

2. 抄袭同伴的作品(雷同)

除了临摹老师的范画，很多孩子还会抄袭同伴的作品，如：一个孩子画一个太阳，一组孩子都跟着画太阳，而且位置都差不多，画出来的作品版面雷同，形象重复，万变不离其宗，老师也很难找到有个性化的作品。

（三）不自信地画(胆怯)

在美术教学活动中，一般的操作步骤可以分为两个环节：构图和涂色。当教师讲解完本次绘画的主题和要求后，孩子会根据老师提供的范画和作画工具开始创作。但是在创作过程中，总有那么一些孩子很主动地将自己的画不间断地呈给老师看，这个意思就是让老师看看，自己这样画行不行，不行的话，就重新构图。或是问老师：我可以画某某吗？或请老师帮忙画构图难的部分。这无疑显示了教师的权威，也体现了孩子对老师的过分依赖和对自己缺乏信心。

二、原因的分析

（一）教师的干预

教师的干预包括教师提供的范画，教师的现场示范以及孩子在创作过程中教师的指导等。

1. 范画的过度呈现阻碍孩子的想象力

在传统美术教学活动中，范画的提供是非常常见的，但是否每堂美术教学都需要提供范画？范画该什么时候呈现？具体呈现的时间段以多少为宜等，这些问题一直是我们老师在美术教学中应该思考和会遇到的，有些老师甚至听到这个就会很敏感。范画的过度呈现确实会扼杀孩子的创造力，想象力。

2. 教师错误的评价会扼杀孩子的创造力

“你胡涂乱抹的什么呀，乱七八糟的”“画得一点都不像，难看死了”……

只拿“干净”“像与不像”等作为评价一幅儿童画好坏的标准，促使孩子的作品基本以复制品为主。

孩子原本想象奇特，所以画出来的形象荒诞、离奇、不合常理，但这正是儿童画的可爱之处，它所展现的魅力是成人望尘莫及的。因此，教师应尊重和开发幼儿这一特征，不要只关注“面”的整洁“形”的相像，应该遵循他们年龄发展的规律，挖掘孩子的创意个性。

（二）孩子的个体差异

1. 审美的差距

审美能力是与生俱来的。每一个孩子都具有一定的审美能力，只是他们如同成人一样存在着审美的差距。每个人眼中对美的感受和追求不一样，因此审美的能力自然也有所区别。有些孩子能欣赏美，而有些孩子对美的理解缺乏，当然感悟就欠缺。而欣赏美是创造美的必要条件，正所谓“眼中有美，才能创造美”。

2. 绘画能力的差距

幼儿来自各个不同的家庭，自身的美术能力本身就存在着较为明显的差异，加之每个孩子的兴趣不一，造成孩子对美术的索求也不同，自然而然形成的绘画能力也有着天壤之别。

三、策略

基于以上存在的问题及原因分析，笔者认为在美术教学中，可以对大班幼儿采用分层教学，具体可以从以下几个阶段来尝试、践行：

第一阶段：了解幼儿情况，划分能力层级。

由于幼儿存在一定的个体差异，就要求教师在美术分层次教学前，首先要了解孩子的情况，进行科学合理地分层教学。

通过在日常美术活动中对幼儿的观察，对每位幼儿进行综合评判，然后将幼儿分成A、B、C 三个层级。A 层幼儿有较好的美术素养，对美术活动感兴趣，能力强，悟性高。B 层幼儿具有一定的美术素养，只要教师稍加指导，就能取得好成绩。C层幼儿美术素养较弱，对美术活动兴趣不高。教师对每位幼儿的能力有所了解后，以便在实施美术分层教学中，对不同层级的孩子施以不同指导。

第二阶段：把握教材，制定分层目标。

教学目标的制定，为教学活动的开展提出了方向性的要求。在传统的美术教学活动中，由于教学目标的统一性、一致性，用一把尺子衡量所有的孩子，常常会出现能力强的孩子“吃不饱”，能力中等的孩子“提不高”，而能力弱的孩子“吃不了”的现象。在实施美术分层教学中，可以根据孩子的绘画能力制定简单的分层目标。

第三阶段：分层施教，促进个性化发展。

分层施教是分层教学的关键。孩子是活动的主体，应该在分层教学中充分体现孩子的主体地位，让每一位孩子都参与到活动中来，因此要特别关注以下几个环节：

（一）分层提问

提问是最古老最常用的教学方法之一。教师应在分层教学中巧妙抓住“提问”这一环节，设计出不同层次的问题，让每个层级的孩子都有机会回答。

（二）分层提供材料

提供适宜的范画是促进教学活动顺利进行的有力保证。在传统美术教学活动中，教师会精心准备很多的操作材料，但数量、难易程度、操作方法都会一模一样。结果能力强的幼儿很快完成了任务并对活动失去了兴趣，而能力弱的孩子因为总是达不到老师的要求，也失去了信心。针对这个问题，在实施美术分层教学中，提供的操作材料也应分层次。

（三）分层训练

技能训练是培养幼儿美术能力的重要途径。不同的幼儿的发展水平与能力各不相同，在美术活动中的表现也各有差别。分层训练，易于使幼儿通过同层级幼儿之间的相互学习、比较，发现自身优势，弥补自身缺点。

备注：该文章于2013年7月发表在《今日教育（幼教金刊）》。

西瓜设计师

一、设计意图

炎热的夏天，幼儿都爱吃西瓜。小班美术活动“西瓜设计师”，以幼儿生活为基点，引导幼儿围绕主题展开想象。教师梯度推进活动难度，先引导幼儿展开想象，进行简单的西瓜涂色，再进行添画，而小动物元素的增加更激发了幼儿创作的乐趣，提升了幼儿的想象力。

二、活动目标

1. 能给西瓜涂上自己喜欢的颜色。

2. 能根据自己的想象，进行简单的添画。

3. 感受创作的乐趣。

三、活动准备

卡纸、白纸、彩色笔、油画棒、剪刀等若干，轻音乐一段，小猪及其他小动物卡片若干，西瓜皮背景图。

四、活动过程

（一）设置情境

1. 教师出示小猪动物卡和西瓜图片。

师：今天小猪来到我们班，想请小朋友们帮个忙。

小猪爱吃西瓜，但是红红的西瓜吃腻了，你们能创造出更加新奇的西瓜给小猪尝尝鲜吗？

2. 幼儿说说自己的想法。

（二）启发思维

1. 幼儿尝试简单地给西瓜涂色，并加入自己的想法。

师：刚刚小朋友们说了很多有趣的想法，有蓝西瓜、带花朵的西瓜、冰镇西瓜等。下面请小朋友们把自己的想法画出来。

2. 教师出示不同大小、形状、角度的西瓜背景图，引导幼儿拓展思维，尝试添画。

师：小朋友们创造的西瓜非常好看，小猪迫不及待地想吃啦。

师：看这些西瓜有大有小，有的像小船，有的像小床，你觉得它还像什么？

3. 幼儿尝试西瓜添画，教师发放小动物卡片，幼儿可以贴在画上，结合小动物进行创作。

（三）添画创作

1．幼儿根据教师的引导，尝试添画。

师：下面请小朋友们当西瓜皮设计师，给西瓜皮涂上漂亮的颜色，再添上几笔，把西瓜皮变成自己想象的东西。

2. 教师播放轻音乐，幼儿创作，教师巡视观察并适时介入指导。

（四）作品展示

1. 请幼儿将完成的作品自行张贴到“作品墙”上。

师：大家的作品都非常好看，我们把画贴在墙上，大家一起欣赏吧。

2. 教师及时用相机记录下幼儿的作品图片，为下面的互评环节做准备。

3. 幼儿互评。

（五）活动延伸

1. 创设“西瓜设计艺术角”，幼儿在区角活动时可以继续创作。

2. 教师提供西瓜背景图，请幼儿回家和爸爸妈妈一起创作。

备注：该文章于2015年8月发表在《东方宝宝（保育与教育）》。

“范画教学”实践简介与感悟

——“授之以渔”而非“授之以鱼”

从2013年10月起，我们就围绕“提高幼儿美术教学中范画运用的有效性”这个课题进行了研究。

当时，为什么会将这个选题作为研究的课题呢？纵观许多长期从事美术教育的优秀教师，他们的课堂教学所取得的精彩之道，无不在教学中广泛使用范画。但那时，针对幼儿美术教学中范画的运用，响起了两种声音：一种是不提倡使用范画，另一种是坚持使用范画。到底应该怎样看待这个问题呢？华东师范大学教授华爱华在关于《3—6岁儿童学习与发展指南》（以下简称《指南》）“艺术领域的理解与实施”的讲座视频中，有这样一段话：“现在我们所使用的整合课程，其中美术活动部分，如果没有了范画，幼儿的创造性固然在一定程度上能得到发挥，但是由于幼儿年龄小，所接触的实际经验不多，故而现实的教学中范画还是需要的，但不要走极端。”华爱华教授的这一观点与《指南》在艺术领域中所提倡的萌发幼儿对美的感受和体验，丰富其想象力和创造力，不能为追求结果的“完美”而对幼儿进行千篇一律的训练是一致的。对此，我们深以为然，围绕《指南》并在华爱华教授理念的引领下，在实践中通过各种教学策略开展了“提高幼儿美术教学中范画运用的有效性”这一课题的研究。

在研究中，首先，提高认识。范画教学的价值在于其示范作用，“授之以渔”而非“授之以鱼”。只要把握梯度和方法，通过范画可以直观地向孩子传授一些观察、表现方法，或是一些不太常见的创作技法。在教学中，可以把范画分为步骤范画、课堂范画、对比范画等。就是说范画的形式是多样的，要从传统的狭隘定位中跳出来，多角度、多层次、全方位地去认识它。其次，确定目标。通过聚焦幼儿在绘画中对范画的依赖程度，以及个体差异，制定各年段幼儿绘画中对范画运用有效性方面的活动总目标，并将其分解到各个阶段，拟定分支目标。在具体目标的指引下，本着开放、灵活、整合、递进的原则，将幼儿生活中感兴趣的物和事作为主要绘画内容，在这基础上，鼓励幼儿自主表达创作，不做过多干预或把教师自己的意愿强加给幼儿，在幼儿需要范力的时候，合理出示范画，精心酝酿范画的导语，提升范画的范力。最后，为了让参研教师展示自己对范画的理解与驾控能力，为了让孩子展示自己在绘画中的创意与大胆，我们积极为师幼搭建平台，多次承担区级活动。如2015年11月18日，我们承办了范画有效性课例展示区级研讨活动，参加本次活动的有越城区城区及乡镇幼儿园教师百余人。本次活动海选推出的两节美术精品课：一节是中班美术活动“巨人的手套”，以故事情境为主线，贯穿整个课堂，引导幼儿尝试用不同的的线条大胆表现；一节是大班美术活动“滑稽小人”，以边画边引导的“步骤式”范画的形式，激发幼儿大胆想象，画出与众不同的小人，在轻松愉悦的氛围中一幅幅“滑稽小人”跃然纸上，博得了观摩者的一致好评！

通过实践研究，我们发现幼儿在绘画的过程中，不仅锻炼了双手，推动了大脑的发育、益智，而且实实在在带动了众多方面的发展。如在绘画中培养了其正确的运笔技能；参与丰富多彩的活动时，增进了小朋友间的合作与交往；在观看作品展时提高了小朋友们欣赏与表达能力等。

看到孩子们在范画教学中的成长，我们认可老师们的努力与智慧，让不束缚不放任的范画教学，在“授之以渔”中提升范画的范力，分层推进各年龄段幼儿的个性化绘画潜能，让孩子的个性在绘画中绽放。

培养大班幼儿注意力的三个阶段

一、问题描述

（一）易走神：学习困难

有些幼儿在集体教学活动中不专心听讲，看似认真地坐在那里，但是仔细看，你会发现他的眼神没有正视老师，如果让他回答问题，他就答非所问或是愣在那里。而在操作练习中，之前没有专心听讲的幼儿就会做错好多，或是干脆空着不做，完全不能理解题目的意思。

（二）易分心：有始无终

注意力不集中的幼儿，通常不能专心做一件事，做事常有始无终。比如做值日生，幼儿拿着抹布擦桌子，擦了好几遍后，桌上仍然有几颗饭粒，结束后，抹布就随意地扔在桌子上。但是在幼儿的意识里，他的值日生工作已经完成了。

（三）易变化：冲动任性

注意力不集中的幼儿，情绪往往不太稳定，常常不假思索就行动，行为不顾及后果。如画画的时候，幼儿发现自己的蜡笔少了一支，就会毫不犹豫地去旁边的幼儿那里拿一支，或是向老师告状说旁边的幼儿拿了他的蜡笔，有时甚至直接“武力解决”，等老师问清楚幼儿打架、吵闹的原因后，再帮忙寻找，才发现蜡笔不是掉在地上，就是放在盛放蜡笔的筐里。

（四）易捣乱：活动过多

注意力不集中的幼儿可能有坐不住的现象，在任何场合下都无法安静下来，活动时喜欢插嘴、干扰其他幼儿，平时走路也较急促，经常无目的地乱跑，不听劝阻。

（五）易犯规：自控力差

注意力不集中的幼儿，相对自控力较差，不太遵守规章秩序。区域活动时，不遵守班级制定的区域规则，爱怎么玩就怎么玩，全凭自己的主观意愿。

二、原因分析

幼儿注意力不集中的原因是多方面的，主要有内因和外因两方面。

（一）外因

1. 教学活动无视幼儿兴趣

幼儿年龄小，注意力集中时间短，如果教师组织教学活动时，无视幼儿的兴趣，就可能造成幼儿注意力的分散。比如，“晨间谈话”环节，有的教师并没有事先计划好话题，而是即兴地抛出一个话题让幼儿谈论，由于没有预设，教师的回应也比较随意、针对性不强。这直接影响了幼儿谈话的兴致与质量。再如，有些教师课前准备不充分，对教学内容不熟悉，也没有制作适宜的教具，一味地灌输知识，枯燥的活动过程使幼儿很难把注意力集中到一件事上，促使幼儿易走神、易分心。

2. 教学活动的组织缺乏针对性

幼儿的天性都是活泼好动的，他们有着对未知事物的探求欲望，但是幼儿的注意力持续性不强，很难像成人那样长时间专注地学习。幼儿因为长时间的探索学习而感到枯燥乏味，就很容易被其他事情吸引，从而出现交头接耳、嬉笑打闹等现象。所以，教师在组织教学活动时应该从幼儿的年龄特点出发，注意活动的探索学习时间不宜过长，一节活动课的知识点也不宜过多。另外，有的幼儿能力较强，对教师布置的任务能够轻松地完成，这时也会出现注意力分散的现象。教师需要针对不同幼儿的能力水平制定阶梯型的活动目标，让每个幼儿都能“吃得饱”。

3. 教师高度控制

为了保持教学活动的秩序，一些教师会对幼儿提很多要求，不许幼儿干这个，不许幼儿做那个，要求幼儿一切按照教师的指挥行事。在这样的高压之下，或许短时间内班级的秩序会变好，但是幼儿的自主性得不到发挥，对幼儿的心理健康和能力发展都有不好的影响，幼儿也容易因为受到管制而表现出强烈的排斥和反抗，出现冲动、任性、捣乱的现象。

（二）内因

1. 前庭感觉统合失调

个别幼儿注意力不集中，是前庭感觉统合失调造成的。前庭感觉统合失调是幼儿感觉统合失调的表现之一。具体表现是：多动不安，上课不专心、爱做小动作，调皮任性，兴奋好动，粘人，自控能力差，情绪不稳定，容易违反课堂纪律，容易与人冲突，爱挑剔，很难与其他人同乐，很难与别人分享玩具和食物，不能考虑别人的需要等。有些幼儿还可能出现语言发育迟缓、说话词不达意、语言表达困难等。轻度前庭感觉统合失调的矫治，需要教师和家长共同配合，对幼儿进行旋转、摇晃、平衡、跳跃等运动训练。如幼儿症状比较严重，就需到感觉统合训练中心进行系统训练与治疗。

2. 听觉记忆广度不足

听觉记忆广度是人在注意力集中的情况下瞬间记忆时所能接受的句子或字节的范围。听觉记忆广度和人的注意力的集中性有密切的关系。一般来说，注意力集中的幼儿的听觉记忆广度范围较大。听觉记忆广度严重不足的幼儿经常会出现不能重复他人说的话，老师交代的任务记不全等情况。教师可通过背电话号码、复述句子等方式训练幼儿的短期记忆能力，从而提高幼儿的听觉记忆广度。

（3）抗干扰能力弱

有些幼儿的注意力容易分散，只要旁边有人玩或说话，就无法继续做手中的事情。而家长经常说自己的孩子能很专注地做某件事，但是需要“真空”的环境。可是幼儿园是一个大集体，我们必须培养幼儿的抗干扰能力，进而加强幼儿的注意力，让幼儿的学习能力得到提高。

三、策略

第一阶段：从兴趣入手，萌发幼儿的注意力

（一）有目的地观察

兴趣是幼儿观察的动力。首先，教师要从幼儿感兴趣的动植物、图画、玩具等入手，在幼儿感兴趣的基础上提高幼儿观察的有效性、提高注意力。一些幼儿喜欢东张西望，观察时抓不住重点，所以教师要帮助幼儿确定观察的目的和任务。如教师让幼儿观察班级中自然角里的植物的变化，因为自然角里的植物都是幼儿自己带到班级中来的，幼儿本来就对其有一定的关注度。其次教师要对其提出具体的观察要求，比如记录高度、观察花瓣有几片等。在提出观察要求时，教师应注意由浅入深、循序渐进。

（二）优化过渡环节

1. 早操

以往的早操比较呆板、枯燥，幼儿只需跟着音乐做固定的动作，时间长了，就会对固定的动作失去新鲜感，出现动作虽然是对的，但却有气无力、眼睛四处乱看、注意力不集中的现象。在早操动作的编排上，教师应加强幼儿间的互动以及队形的变换，将体育活动中的“一字花瓣”“双圈队形”“相背队形”等融合进早操中。这样的早操不仅增加了趣味性，也能提高幼儿的注意力。

2. 点名

通常点名都是教师按照数字顺序（幼儿的学号），从“1”开始往下报，幼儿听到自己的学号，起来说声“到”就行了。长期用这样的方式点名，幼儿就形成了思维定式——等教师快点到自己的时候注意听一会儿，其他时间都与其无关。这造成了点名环节中很大一部分幼儿的注意力是分散的，场面也变得混乱起来。

为此，教师可以设计新的点名形式，促使幼儿集中注意力。如指定某一小组自报学号，教师在点名册上做记号，如教师发现幼儿注意力不集中，可报该幼儿的学号，或是报该幼儿的名字，让其报学号。

3. 听录音

在幼儿园一日生活中，可以穿插“每日播报”环节。每天通过教师指定或自由报名的方式选出 3~5 名播报员，录制自己想对好朋友说的话，或者今天发生的趣事等，然后在第二天的“每日播报”环节中播放给全体幼儿听，让大家猜猜播报的人是谁，并复述播报的内容。由于是幼儿自己说的话，大家都会集中注意力听幼儿到底说了什么，在这样的自

主、自乐中，幼儿的倾听力、注意力都得到了提高。

第二阶段：让幼儿在任务中培养注意力

（一）在生活环节中对幼儿提出自理要求

平时幼儿在家中习惯被包办，家长帮幼儿做了很多幼儿自己能做到的事情。在幼儿园的一日生活中，教师可以从幼儿力所能及的小事入手，对幼儿提出要求。比如要求幼儿准时午睡、起床；按时吃饭，碗里不留饭；玩具用过要整理好等。这些小事对幼儿习惯的养成、注意力的提高都具有重要的意义。如幼儿午餐后的整理打扫环节，以往教师会安排给值日生做，其他幼儿自由活动。这样大部分幼儿都自然地认为收拾餐具和自己无关。教师应支持并鼓励所有幼儿参与餐具整理，以培养良好的行为倾向。此外，教师还可以准备幼儿喜欢的打扫工具，如卡通儿童扫帚、卡通小拖把、小熊围裙、彩色抹布等。整理完毕后，教师还可以组织幼儿对自己的工作进行评价。教师将原本“浪费”的餐后整理环节，充分地利用起来，让所有幼儿都有自己的任务，在任务中提高自理能力，培养专注力。

（二）在活动中提高幼儿的自控力

幼儿在操作活动中经常会遇到困难、干扰或不感兴趣的内容，迫使幼儿放弃任务。这时，仅靠提高注意力是不够的，教师必须有意识地培养幼儿的自控能力，使注意力服从于活动的目的和任务。我们可以通过让幼儿在一段时间内专心做一件事，如绘画、手工、下棋、拼图等，来培养幼儿的自控能力，并固定活动的时间和地点。如让幼儿进行区角活动，最好鼓励并支持幼儿在自己选定的区角中坚持玩20~30分钟，以期让幼儿形成心理定向。

第三阶段：用游戏的形式，加强幼儿的注意力

通过前两个阶段，幼儿的注意力得到一定程度的提高，教师需继续巩固成果，让幼儿形成稳定、持久的注意力。教师可以将幼儿喜欢的游戏融入生活环节，在培养幼儿自理能力的同时，加强幼儿的专注力。如在幼儿午餐环节中，我们提出自助式分餐管理，让幼儿按自己的需要取用餐具、确定用餐量。先让幼儿自由分组，保教人员将饭、菜、汤分别盛在大碗里，分到每组后，幼儿拿取自己的餐具，自助分餐。若幼儿因争抢座位而发生冲突，可以用游戏的形式解决问题。如玩“石头、剪刀、布”游戏，胜者入座；比身高、体重，高的、重的幼儿让给矮的、轻的幼儿；摸奖游戏；等等。为避免幼儿自助分餐时拥挤，保教人员可以巧妙介入一些提示，如先第一、三组，后二、四组，第二天再调换过来；先女孩子后男孩子等。

这种自助分餐方式不仅激发了幼儿参与的积极性，培养了自理能力，同时也提高了幼儿的倾听能力、注意力。

“注意力培养”实践简介与感悟

——发现问题：科学解析、分阶推进

当我在巡视中走进班级教室，尤其是大班教室，发现有的幼儿在集体教学活动中不专心听讲，看似认真地坐在那里，其实眼和心都是游离在外的。有个班级在绘画，一幼儿发现自己的蜡笔少了一支，就会毫不犹豫地去旁边幼儿那里拿一支，或是向老师告状说旁边的小朋友拿了他的蜡笔，见老师看着他没行动，还会直接“武力”解决……

类似这样的情况时有发生，那造成这些情况背后的原因是什么呢？我们又该如何有计划分阶段改进呢？因为对这些现象，我也不能立刻凭经验，确定问题的根源，对此，我去查资料，咨询医生、教育专家等，基本可以把归因主要指向“注意力”三个字上。

俄国著名教育家乌申斯基曾精辟地指出：“注意是我们心灵的唯一门户，意识中的一切，必然都要经过它才能进来。”那“注意力”呢？注意力是指人的心理活动指向和集中于某种事物的能力。在对“注意”“注意力”概念基本理解的基础上，我再输入“注意”“注意力”关键词去查找相关资料，如“注意力对孩子的重要性”“各年段幼儿的注意力表现”“如何培养孩子的注意力”等，在这个基础上，将自己发现的问题进行了分类描述：“易走神”“易分心”“易变化”“易捣乱”“易犯规”，然后整合查找的资料以及咨询的信息等，进行较为科学的解析。主要从内因和外因两个方面，对幼儿、教师行为的现状进行针对性的分析。

根据分析再落实分阶段推进策略：第一阶段从兴趣入手、萌发幼儿的注意力；第二阶段让幼儿在任务中培养注意力；第三阶段用游戏的形式，加强幼儿的注意力，从“萌发注意力”“培养注意力”“加强注意力”三个梯度，去层层落实、分阶推进。

在有条不紊的践行中，促使孩子们的注意力与其之前呈现的注意力水平相比，有明显的提升。注意力提升了，整个学习力就自然上去了。

看到孩子的进步与成长，是作为教师的我们最大的幸福。要想孩子快乐成长而自己又在教育工作中始终幸福，那就做个有心人，不断地去发现问题，并带着整合、递进的思维，去科学解析、分阶推进。

在绘画中培养大班幼儿必要的书写技能

《3—6岁儿童学习与发展指南》建议，在绘画和游戏中为幼儿做必要的书写准备。如通过把虚线画出的图形轮廓连成实线等游戏，促进手眼协调，同时帮助幼儿学习由上至下、由左至右的运笔技能；鼓励幼儿学习书写自己的名字；提醒幼儿写画时保持正确的姿势。那么现实中，在教幼儿绘画的时候，尤其是针对大班幼儿，我们老师关注了什么，忽视了什么，其中缺失的又该如何有效改进呢？

一、老师关注了什么

在大班美术教学活动中，老师结合“范画”向孩子详细讲解作画的步骤及要点。当孩子作画时，老师有意识地将“范画”下架，并对孩子做个性化的辅导。但仔细观察你会发现，个别孩子作画时，他们的椅子都还没转向，椅背在身体的一侧。大多数孩子手握勾线笔的姿势都是错误的，握笔握得很紧，处于一种紧张、僵硬的状态，致使勾线不流畅，同时对手部肌肉、骨骼的发育也不利。涂色的时候，手握油画棒的姿势与握勾线笔的姿势相类似，而且涂的时候很随意，个别还涂得很用力。不少孩子身体前倾，胸部紧紧地靠在桌面上，甚至整个上半身几乎趴在桌子上，还有将一只脚挂在椅子上的。最后，当孩子上交作品前，总会将自己的名字歪歪扭扭随意地写在作品纸上，这个写法是“依样画葫芦”式的。

二、老师忽视了什么

从老师对孩子的关注来看，老师的教学理念是值得肯定的，这就是对如何有效运用“范画”以及对孩子在具体作画中的分层指导，使孩子认识有所提升，行动有所跟进。但其中忽视的是该领域所要达成的上层目标，那就是在绘画中有意识地培养孩子必要的书写技能。因为老师心中没有该目标的存在，其关注与指导也就游离在了该目标之外。于是，孩子的坐姿、握笔姿势、运笔技能等就很少或根本没有顾及，使得孩子的坐姿、握笔姿势不正确，运笔方法错误，致使手眼不够协调。若长此以往，孩子不仅养不成好的学习习惯，对其身体发育也会造成不良影响。另外，孩子在书写自己名字的时候，老师仅仅将其视为一个“标记”，只要能大概知晓这幅画是谁的就可以了。其实老师也发现了孩子书写名字时结构把握不对，笔顺不正确，却很少指出来，更没有采取适宜的方式方法，指导、鼓励孩子正确书写自己的名字。

三、改进措施

（一）在写画游戏中培养幼儿的运笔技能

若让孩子在单一的写画中提升运笔技能，显然枯燥乏味，其效果也不会理想。而以“游戏”的形式，循序渐进地培养孩子的运笔技能，孩子自然会乐在其中。

可准备供幼儿随时取放的纸、笔等材料，也可利用沙地、树枝等自然材料，满足幼儿自由涂画的需要。作画工具的更新，可以生发孩子的兴趣。孩子喜欢玩沙，那就用树枝、雪糕棍等自然材料代替笔，让孩子在户外的大沙坑上自主运作。也可让孩子从家里带一些材料，如鞋盒、饭盒、小脸盆等，在这些容器里装上沙子，让孩子在室内、室外，根据自己的意愿，选定适宜的空间，自由写画。其中，教师应该进行有目的的指导，分层推进，从直线到曲线，由简到难。直线练习，如画树桩、小河，画的时候要提醒孩子，树桩应该由上至下画，小河要由左至右画，以帮助幼儿学习由上至下、由左至右的运笔技能。曲线练习，如画太阳、小船，画的时候提醒孩子按顺时针方向画。在这里，老师应更多地关注孩子的运作过程，因为光看结果不能显现孩子操作的痕迹，自然也就无从知晓孩子操作中的偏差与不足。在关注孩子运作的过程中，发现问题要适时介入、适当指导，以促使孩子的手眼协调能力得到加强，从而提高孩子对这些物体的结构、形体的把握，为书写技能的提升做好有效的铺垫。

（二）提醒幼儿写画时保持正确的姿势

这里所说的姿势，包括握笔的姿势和坐姿。老师提醒幼儿保持正确的姿势，一方面要用动作示范，一方面要用风趣、形象的语言加以引导。切忌将要求以“说明书”的形式告知，那样孩子不乐意接受。孩子喜欢听故事，可将要求巧妙地融入故事中，并进行绘声绘色的讲述。如：右手又称握笔将军，它统帅着五个兵兵。五个兵兵团结合作，大头兵和食指兵负责夹住笔杆，其余三个兵兵帮着托住笔杆。这样一来，不管是什么神奇的笔，都可以让它乖乖地听话。将要求变成故事，不仅能较快吸引孩子的注意力，而且因为孩子喜欢，他们会根据故事内容，在老师的引导下，主动伸出自己的右手，拿出笔，开心地尝试，促使老师教得有质量，孩子学得有效果。

另外，老师在指导的时候，不要将孩子姿势、运笔上存在的问题，集中在一起提醒、纠正。一是孩子会承受不起，打击孩子的自信心；二是孩子一下子也反应不过来，倾听与领悟跟不上。为此，孩子写画时在姿势方面的偏差和不足以及在运笔方面的缺陷，宜分点提醒，让孩子在一个时间段改进一个不足的基础上，再努力改进下一个，这样循序渐进，分步提高，促使其在每个时间段都有所收获和提高。其中要充分理解和尊重幼儿发展进程中的个别差异，引导孩子从原有水平向更高水平发展。

(三) 鼓励幼儿学习书写自己的名字

大班幼儿将自己的绘画作品上交前，几乎都要写上自己的名字。可这些名字,要么东倒西歪,要么多笔少笔，这是从孩子写的结果呈现的。若关注其写的过程，笔顺几乎没有正确的。那如何鼓励、指导幼儿正确书写自己的名字呢?

首先，让幼儿在拼拼画画中正确掌握自己名字的笔顺。可将孩子的名字按笔顺拆解开来，然后根据书写的先后顺序逐一排序，再根据排出的顺序,在其反面标上号码，最后让幼儿依据标号顺序,进行完整的拼画、叠加。以此,让孩子掌握自己名字的笔顺。

其次，老师可以分析孩子名字的基本笔画，将其归类，如横、竖、横折弯钩等。然后根据笔画类别寻找孩子熟悉的实物，让孩子用雪糕棍、树枝等自然材料，在沙上绘画这些实物,如马路、大树、小船等，以此进行有目的的“画画”式铺垫练习。最后，在“沙画”旁边书写自己的名字，促使孩子逐步正确书写自己的名字。

另外，可以开展形式多样的活动，让孩子初步感知字体的结构美，如集体创作签名活动。将孩子分组，集体创作绘画后，在作品上签名。老师引导孩子观看签名，并让孩子说说谁的签名棒，为什么棒。以此让孩子感受字体的结构美，促进其对字体结构的把握。

备注：该文章于2015年3月发表在《山东教育(幼教园地)》。

大班幼儿在数学活动中前书写能力的有效培养

大班幼儿在数学学习过程中，难免遇到书写阿拉伯数字困难，出现将有些数字转向、结构重组或依样画葫芦的普遍问题。同时，幼儿在书写的时候笔握得很紧，容易造成骨骼及肌肉发育不良。对于这些问题，很多教师都关注到了，但因指导随意、盲目或放任，导致“管”偏向“小学化”教育，“不管”又使该问题愈加严重。本课题组通过实践研究，借助“肢体训练”“游戏推进”“创新提趣”三个步骤，循序渐进地提升了大班幼儿的前书写能力，探索出培养大班幼儿前书写能力的有效途径。

一、课题的现实背景及意义

2014年初，我们发现我园下属的民办园存在一定的“小学化”现象，尤其是在幼儿书写方面，存在较多问题。

（一）机械训练

为了让幼儿书写规范，写出来的数字结构匀称，该园不少家长会买“田字格”本、“数字描红”本，让幼儿练习。描字时，幼儿握笔的手一直处于紧张、僵硬的状态，这对手部肌肉、骨骼发育不利。同时，对刚学写数字的幼儿来说，这种机械式的训练只会让幼儿在练习中体验到枯燥乏味，因而愈发丧失对书写的兴趣。而教师在没有更好的教学办法的情况下，通常会选择支持家长让幼儿进行强化训练。

（二）儿歌帮扶

教师让幼儿写阿拉伯数字，通常借助念儿歌的方式，如：“1像铅笔，直直的”“2像鸭子，水上游”，以此将数字形象化，帮助幼儿记忆。尽管幼儿记住了这些儿歌，但事实上此时“念”和“写”是脱节的，于是到了书写的时候就走样了，如：很多幼儿会把“3”写成“ε”或“ω”，把“7”写成“Γ”，把“8”写成“∞”，或者上下两个圈，“10”会写成“01”，可见幼儿没有真正认识数字，自然也就很难正确书写。

也有教师帮助幼儿归类记忆，如：“1”“4”“7”同一类，把“4”看成是三个“1”组合而成，“7”看成是两个“1”组合而成，乍一看，这似乎有点系统了，好像方便幼儿记忆了，其实不然，这不仅增加了幼儿的记忆负担，而且容易混淆幼儿对这些数字的形象记忆（与原来儿歌中的形象混淆）。

（三）要求迭出

不少教师集中对幼儿进行握笔姿势

训练，教他们握笔姿势和坐姿，教师时时提醒，经常观察、示范。然而，幼儿的注意力、理解力发展水平都比较低，当这些要求集中在一起时，幼儿很难全部领会。

对此，基于一定的实践研究经验，为了切实发挥中心园的辐射和引领作用，我们就把《大班幼儿在书写活动中前书写能力的有效培养》区级教改项目，放到孙皇幼儿园践行。

二、课题实施的主要情况

（一）前期：访谈调研，分析教师在前书写指导中存在问题的原因

为了解该园教师在大班幼儿前书写指导中存在问题的原因所在，我们对该园全体教师进行了座谈式访问。问题包括：

1. 大班幼儿在书写阿拉伯数字中存在哪些问题？

2. 为什么会出现这些问题？

3. 要不要对大班幼儿进行前书写方面的指导？

4. 怎样进行有效指导？

针对第一个问题，有60%的教师关注到了幼儿写出来的数字不好看，握笔姿势及坐姿有问题；有30%的教师发现了幼儿书写不规范，笔顺错或者变形了；还有10%的教师平时缺少关注。对于第二个问题，很多教师认为幼儿年龄小，写不好是正常的；也有的认为因为幼儿人数多，指导不过来；还有的认为幼儿对数字并不感兴趣。关于第三个问题，教师一致认同是需要指导的。关于第四个问题，有的说需要加强练习；有的说根据数字特点编儿歌，让幼儿记住儿歌的同时记住如何书写；也有的说借助“数字描红”本或“田字格”本辅助练习。教师们一致认为要抓住幼儿的兴趣点，通过游戏的形式进行指导，至于具体怎么操作、通过哪些游戏没有谈及。

可见，大多数教师比较关注幼儿的的书写情况，但不够细致和深入，对发现的问题缺乏思考，或思考得片面、不合逻辑，导致相应的跟进策略盲目、随意。

于是，我们集中研讨、反复思考，拟定了“三步骤”策略。

（二）中期：围绕“三步骤”展开并推进

主要通过践行“三步骤”进行阶梯式训练，对大班幼儿前书写中出现的问题加以改进，重在从幼儿的兴趣出发，通过“玩中学、学中玩”，自然提升大班幼儿的前书写能力。

1. 以幼儿生活为基点，设定肢体练习项目

幼儿书写的好坏是由其小手的控笔能力决定的，因此，为了提高幼儿的前书写能力，锻炼幼儿小手的灵活性显得非常重要。锻炼幼儿手部肌肉精细动作的方法有多种，最省事的就是让幼儿动手做自己能做的事情。于是，我们以幼儿生活为基点，将幼儿日常生活中常做的肢体活动找出来，如穿脱衣服、扣纽

扣、系鞋带、叠被子，还有画画、做手工、折纸、剪纸等。我们将这些常规活动拟定为训练幼儿小手控笔能力的辅助项目，并根据每个幼儿的原有水平，在一定的时段做相应的提升要求，如扣纽扣、系鞋带在速度方面的提升，剪纸在平滑性要求上的提高，促使幼儿从原有水平向更高水平发展的同时，手眼的协调能力得到加强，为前书写奠定良好的基础。

2. 以幼儿兴趣为支点，梯度推进“写画”进程

幼儿的兴趣是其学习的主要推动力，教师需要寓教于乐，在游戏中逐步引导幼儿书写。

（1）材料替换、更新。《3—6岁儿童学习与发展指南》建议：准备供幼儿随时取放的纸、笔等材料，也可利用沙地、树枝等自然材料，满足幼儿自由涂画的需要。通常我们都是让幼儿在纸上进行书写练习，考虑到幼儿非常喜欢玩

沙，于是我们让幼儿用树枝、雪糕棍、一次性筷子等代替笔，在户外的大沙坑上自主练习，还让幼儿在鞋盒盖或托盘里装上沙子，放在桌上自主创作。

（2）数字归类、呈现。阿拉伯数字尽管看上去简单，但由于是曲线状的，而且大都是一笔写成，因此对幼儿来说有一定难度。于是，我们通过挖掘这些数字明显的结构，用形象的实物替代数字，让幼儿进行有目的的“画画”式铺垫练习。我们将0~9这十个数字按其结构归类：1、4、7归一类，让幼儿用横、竖状的物品在沙上呈现，如画铅笔、河水等；2、3、5归一类，可以让幼儿在沙上画月亮、香蕉等；0、6、8、9归一类，让幼儿在沙上画鸡蛋、太阳等。

教师应更多地关注幼儿书写的过程，因为只看结果不能显现幼儿操作的轨迹，自然也就无从知晓幼儿在过程中的不足。在关注幼儿书写过程时，教师可以有意识地将画画与前书写联系起来。教师适时介入，有目的地进行引导。如画“铅笔”时提醒幼儿从上往下画，画“月亮”时提醒幼儿开口要朝左，画“鸡蛋”时提醒幼儿按照顺时针方向，以便更好地为其书写数字做铺垫。

3. 以幼儿操作为起点，更新“书写板”提升兴趣

幼儿的操作练习通常是在互动的游戏中进行的，比较适宜的游戏有“身体书写猜猜猜”，即一个幼儿将其手掌或后背作为书写板，另一幼儿用手指在上面书写，让对方猜猜写的是什么数字，猜对了则交换角色进行。该操作简单且为幼儿所喜爱，尤其是在写与猜的过程中，不仅端正了幼儿书写的态度，而且还能在轻松的互动游戏中，提升其对字体结构的把握。

此外，还可以为幼儿找一块适宜的、立体的“书写板”。在幼儿园里，白色的大面积的瓷砖面就是幼儿书写展示的好地方。为幼儿准备五颜六色的颜料，幼儿用手指直接蘸一下颜料，在自己选定的一块白色瓷砖上书写，写好后教师组织大家进行自评和互评。在书写展示、观看欣赏、自评互评中，有效提升大班幼儿的前书写能力和语言的表达能力。

三、课题实施的效果与反思

（一）提高大班幼儿对前书写的兴趣和能力

通过课题研究，让大班幼儿在游戏中循序渐进地掌握前书写的程序和技能，切实提高了大班幼儿书写阿拉伯数字（前书写）的兴趣，养成了良好的书写习惯，提升了前书写能力，有效推进了幼小衔接。

（二）带动大班幼儿其他方面能力的发展

在前书写能力的有效培养中，带动了大班幼儿其他方面能力的发展。幼儿在肢体练习项目的铺垫中，自然提升了自理能力，如穿脱衣服、扣纽扣、叠被子等；动手能力方面如绘画、剪纸、捏橡皮泥等。在以游戏贯穿、梯度推进的“写画”进程中，有效提高了幼儿的合作能力和语言表达能力，以及感知觉的灵敏度。

（三）推进教师的教改意识与科研能力

践行中，教师不断更新观念，促使自身更多地思考和关注前书写的有效培养，形成促进教师有效介入、指导与评价的经验和方法，进一步提高了教师的教改意识与科研能力。

同时，在研究的过程中，教师不断学习、实践、反思、总结，提高了自身的理论水平，且自主地将这种思考、分析、表达的模式融入其他教研活动中，不仅拓宽了该课题的践行广度和深度，而且有效提高了园本教研的质量、推进了教研进程。

四、个人反思

该课题主要由教师策划、实施，倘若发动家长一起参与或许会取得更好的效果。一方面，可以引领家长关注与指导幼儿前书写，在引领中提高家长科学育儿的水平和能力；另一方面，参研教师可以获取更多具有针对性的一手资料，从而推进研究的进程与深度。

当然，在研究前期，教师虽然主动和小学一年级教师联系，了解到一年级学生前书写中存在的问题，但自觉衔接交流若再多一些、广一点，会更有利于课题的推进。

备注：该文章于2016年9月发表在《东方宝宝（保育与教育）》。

“前书写”实践简介与感悟

——玩中推进“写画”进程

关于前书写的研究，始于2011年。那个时候本人还在绍兴马鞍镇中心幼儿园，撰写的教改项目——《大班幼儿在数学活动中前书写能力的有效培养》于2011年在市里立项，园长去参加了负责人培训会议，会上还被点名表扬：该教改项目方案撰写得好。得到了认可，我们便信心十足地开启了研究。

2012年，到了“鲁迅外婆家”——孙端后，发现民办园的发展超过了公办园，无论是园所数还是幼儿数，而且公办幼儿园整体不占优势，且都存在一定的“小教化”现象，尤其是民办园。为了让孩子书写规范，写出来的数字漂亮、结构匀称，不少家长会买“田字格”本、“数字描红”本让孩子练习。因为是“描”，孩子握笔握得更紧，写的手处于一种紧张、僵硬状态，这对手部肌肉、骨骼发育不利。“定格”给原本枯燥的练习，更增添了一丝恐慌。同时，对刚学写数字的幼儿来说，难上加难、要求更高，束缚力更强，让孩子写得累、练得枯燥，而教师在没有更好办法的同时，却选择支持家长让孩子强化训练，这与《3—6岁儿童学习与发展指南》是背道而驰的。

在关注大班幼儿书写阿拉伯数字时，发现随意书写，将数字转向、结构重组或依样画葫芦的现象普遍存在。对此，很多教师也都看到了，但因指导随意、盲目或放任，导致“管”的偏向了“小教化”，“不管”的又使该现象依然存在甚至更为严重。国外有些研究表明，只有在绘画能力逐渐发展到能完成9种图形后，儿童才真正具备文字书写技能所需的必要基础。儿童大约在4岁11个月能达到完成那9种图形的水平。这就表明大班孩子已经具备书写技能所需的必要基础，我们老师有必要对其进行有效指导、培养。于是，我们将关于“前书写能力的培养”作为一项课题进行研究。

本课题组通过实践研究，借助“四步走”：一是以孩子生活为基点，设定肢体练习项目。让孩子在熟悉的常规项目操作中，如扣纽扣、系鞋带等，还有画画、折纸、剪纸等，提高手眼的协调能力，为前书写奠定基础。二是以孩子兴趣为支点，梯度推进“写画”进程。通过沙上归类练习，让孩子用树枝、雪糕棍等代替笔，在户外的大沙坑上自主自乐画写，或在托盘、鞋盒盖里装上沙，放在桌上自主创作。其间教师适时介入，进行有目的地引导，如画太阳，提醒按顺时针方向画，以便更好地为其书写数字铺垫。三是以孩子笔迹为看点，洞察心理有效引导。根据《笔迹心理学》介绍的七种基本分类，我们制定了“关注笔迹分析参考表”,加强关注与对照分析，调整小组成员，努力让小组成员形成性格互补。同时，加强对个体不同时段的关注与对比，然后针对性地加以引导，促使其心理更明亮的同时，促进书写的有效性。四是以孩子操作为创点，更新“书写板”延伸兴趣。将同伴的手掌、后背作为书写板，让一孩子书写，另一孩子猜，猜对了则交换角色进行。还将幼儿园白色的大面积瓷砖开发利用，让孩子们用手指蘸取五颜六色的颜料，在自己选定的一块白瓷砖上书写，然后教师组织大家自评、互评。

“四步走”循序渐进地提升了大班幼儿对前书写的兴趣和能力，并带动幼儿其他学习能力的发展：在肢体练习项目中的自理能力和学习能力；在以游戏贯穿，梯度推进“写画”进程中的合作能力和语言表达能力，以及感知觉的灵敏度。另外，践行中教师不断更新观念，思考和关注幼儿前书写的有效培养，形成促进教师有效介入、引领与评价的经验和方法，进一步推进教师的教改意识与科研能力，最终提升保教的科学性和有效性。

大班数学操作活动中的“时间差”

一、问题描述

（一）快孩子：操作完，还有不少剩余时间

每次在大班孩子的数学活动操作中，我们都会发现“时间差”的问题——孩子操作速度快慢悬殊。操作快的孩子两三分钟就完成了。于是为了让这些孩子有事做，教师或是开放个别区域，如：图书角、美工区等，让这些孩子“进区”；或是让这些孩子做小老师，去帮助那些速度慢的孩子，但因为孩子还不具有指导的能力，最后就演变成了“代做”。这样操作速度快的孩子就一直处于一种“未饱和状态”。

（二）慢孩子：规定的操作时间不够

在数学操作中，我们仔细观察那些操作速度慢的孩子，发现他们经常拿着铅笔涂鸦、摆弄橡皮或者发愣，注意力一直是分散的，有时，尽管手在操作，但眼神游离在桌面外。显然对这些孩子而言，操作目标无法达成。

（三）常规：孩子操作速度不一，引发常规混乱

孩子的操作速度不一致，给教师的常规管理带来了一定难度。一方面，教师需要安抚操作完的孩子，让他们有事情做；另一方面，又要指导没有操作完的孩子，常规管理很容易就变得混乱。

二、原因分析

孩子的先天差异、后天的家庭环境，都会影响孩子接受知识的能力，这也是导致孩子在数学操作中出现“时间差”的主要因素。但是“快孩子处于‘未饱和状态’”“慢孩子基本目标未达成”“活动常规管理混乱”的问题和教师的指导策略密切相关，出现这样的问题主要是因为：

（一）开放区域的随意性

教师一般是根据主题来创设区角，而没有思考区角作为操作活动后的“延伸活动”或“替补活动”应该怎么做。于是，当遇到案例中的“时间差”问题时，一些教师就会选择开放个别区域，而且大多是图书角或美工区这种空间小、材料简单的区域。但是，教师没有思考操作活动和开放的区域是否有联系，能否给孩子提供阶梯式的经验。

（二）小组成员建构缺少层次性

老师在安排小组成员的时候，会

考虑到孩子性别、性格的差异，其出发点是便于管理，尽量保持常规良好。然而，在数学操作中，由于孩子的操作速度快慢悬殊，在构建小组成员时，若没有考虑孩子操作速度的层次性，那么速度快的孩子和速度慢的孩子的落差点就会更多、更散，一方面会影响正在操作的孩子，另一方面又会减弱教师的指导力度，分散教师的关注点。

（三）管理的应对缺乏合理性

孩子在数学操作中，教师要双向管理和指导孩子的操作，既要管理快孩子，也要管理慢孩子；既要指导完成数学操作后“进区”的孩子，又要指导还在操作的孩子，这就要求教师合理应对，明确什么时间段该偏向哪个点的管理和指导；在两边都需要指导的时候，谁的指导是目标式、必需的，谁的指导又是辅助式、拓展的。只有明确了这一点，教师的管理和指导才会更合理、更科学。

三、策略

（一）精心创设区角

在数学操作中，如何安排那些速度快的孩子呢？的确，让孩子“进区”是一个好方法。但关键问题是应该开放哪些区域、对应投放哪些材料，孩子能得到什么经验。我们从领域特点、教学目标、参与对象出发去探析。

1. 由课程领域特点决定开放区域

“进区”是完成数学操作后的孩子的延伸活动，因此，开放的区域应该归属科学领域，教师应在各区域中投放与其相关的材料，积极推进孩子对该课程内容的消化与吸收。如在“图形找家”数学操作活动中，教师开放了建构区作为孩子的延伸活动，并且投放了各种形状的纸盒、拼板、积木等，让孩子进行建构游戏，如用长方形的纸盒和圆形瓶盖制作汽车等。

2. 由教学目标、参与对象决定区域投放材料

当孩子又快又好地完成数学操作时，教师就得到了一个讯息——这些孩子已达成教学目标。我们应该思考：是什么让孩子快速达成了教学目标？是他们原有的基础好，还是这些孩子善于倾听、反应快？……无论是何种原因，我们都应该知道，这些孩子可以有更上位的教学目标。那么，我们在区域中投放的材料，必须是为更上位的教学目标服务的，即它的难度与数学操作题相比稍高。如在数学活动的排序操作中，孩子给一组小动物排队，以四个一组为序列进行循环排序。在其后的区域中，教师给孩子提供了多种几何图形和木珠，并且根据孩子的能力设置了有难度的起始序列，引导孩子在探究中思考，尝试进行简单的推理和分析，发现事物之间明显的关联，并尝试创造新的排列规律。

（二）全心构建小组

1. 减少组内成员的相互干扰

教师可以将操作速度差不多或接受知识能力相仿的孩子安排在同一组，保证一组的孩子完成数学操作的时间基本

相同，那么该组的孩子也可以在差不多的时间“进区”，减少因时间差引起的孩子之间的干扰。这样做也方便了区域的设置，教师可以将创设的区角就近安排在“快组成员”边，这样区角内的材料，也可以方便地拿到桌上操作、摆弄。

2. 根据不同小组的能力水平进行指导

因为教师是根据孩子的操作速度来构建小组的，所以一个小组的孩子接受知识的能力接近，教师就可以根据不同小组的能力水平进行有针对性的指导。而且，让能力差不多的孩子聚集在同一组，就可以减少组内因操作快慢而生发的落差点，落差点越少，对教师指导的干扰频率就越低，教师的指导就更有效。

（三）尽心应对管理

1. 常规开始乱的时候，及时平息

当教师发现有干扰的声音或其他因素时，应该及时平息孩子不和谐的举动。如果教师不制止，它会影响甚至带动其他孩子。

2. 以目标式指导为主，拓展提升式指导为辅

对操作速度慢的孩子，教师可以进行目标式指导，而对操作速度快的孩子，教师可以在区域中进行提升式指导。当两边都需要指导的时候，教师应该以目标式指导为主，拓展提升式指导为辅。一方面，对操作速度慢的孩子而言，没有操作完就意味着活动目标还没达成。而操作速度快的孩子已经完成了数学操作，“进区”是为了达成更上位的活动目标。另一方面，操作速度快的孩子相较操作速度慢的孩子基础更厚实，自学（自我学习、发现、达成）能力更强。

备注：该文章于2014年6月发表在《东方宝宝（保育与教育）》。

“关注时间差”实践简介与感悟

——教师要有预知孩子差异的能力

时常听到教师说：数学活动中的操作比较麻烦，会做的孩子很快就做好了，而动作慢的呢，做不好就不做了……或许也因为这个原因，若让教师自主选择开课内容，很少会选择数学集体教学活动。对此，我就带着好奇，偏偏去看各班张贴的周计划，关注并知晓各班哪天有数学活动，然后就巡视看看，又或随堂观摩。

通过连续观察，发现大班孩子在数学操作中有一个较为突出的问题，那就是快慢悬殊。操作最快的与最慢的之间，几乎相差十分钟，甚至更多。这个“时间差”还会生发不少问题：一方面，操作快的孩子处于一种“未饱和状态”，隐性浪费比较严重；另一方面，对于操作慢的孩子而言，他还来不及做完，就被操作快的孩子给“搅拌”了。与此同时，教师既要管理快的孩子，又要指导慢的孩子，无奈之下常规就犯乱了。于是，我们的老师只能让没有操作完的孩子，结束手中的操作练习……

针对这种现状，老师们一般都是“习以为常”，因为很少有教师去思考，这个“时间差”是怎么出来的？在这个确实存在的“时间差”里，让快孩子去干什么更合理？又应该如何有效拉近“时间差”？这些现象的存在，归根结底我觉得是教师缺乏预知孩子差异的能力。如果，我们的老师有预知孩子差异的能力，那么他们在备课的过程中，就应该想到在数学操作中，因为孩子不同的接受能力、操作水平不同等，其呈现的“快”与“慢”是必然的，而当操作快的孩子完成后，老师没给他们预设安排适宜的内容，自然“常规就混乱了”……

那么，老师预知孩子差异的能力是怎么来的呢？它不是凭空产生的，而是“以认知为基点、以经验为辅点、以钻研为支点”基于这三点生成的。“预知”了，教师就会去提前精心创设区角、全心构建小组、尽心应对管理，而且会有好几套生成的方案及策略，根据幼儿现场操作的实际情况及效果，做有效调整或应对，这样，老师就能游刃有余地应对“时间差”。

让流行音乐登上音乐教育的“大雅之堂”

流行歌曲以其节奏鲜明、朗朗上口、传播渠道丰富的特点，被幼儿园孩子广为传唱。尽管流行歌曲的歌词对年幼孩子来说难免生涩抽象，但事实证明，我们无以阻止他们对流行歌曲的喜爱和追随。在幼儿园里，孩子们有时是不自觉地哼唱，有时是一人唱大家和，这种因有趣而投入的表情令在场老师也会忘情附和。但静观现今的流行歌曲，内容既丰富又复杂，仅仅简单地拿来就唱，势必造成对幼儿的误导。因此，如何有意识地挑选一些曲调简单又内容积极的流行乐段，以此为载体引导孩子去欣赏、去创编，这是幼儿园音乐教育中值得探究的问题。

案例：儿童音乐剧表演《狼和兔子》

（在幼儿进入活动室时播放音乐《对面的女孩看过来》）

师：小朋友，谁来了？

幼：大灰狼。

师：狼看见了谁？

幼：兔子。

师：大灰狼看见了对面的兔子会怎么说？

幼：走过来。

幼：我要吃掉你。

……

师：（以《对面的女孩看过来》的音乐节奏加以范唱）

对面的兔子走过来，走过来，走过来，不要被我的样子吓坏，其实我很可爱。

师：大灰狼对兔子怎么说？（幼儿学唱一遍）

师：兔子听了大灰狼的话，它会怎么说？

幼：骗人，大灰狼很坏的。

幼：不过来。

……

（播放音乐《对面的女孩看过来》后半段）

师：谁能把兔子想说的话，像刚才歌曲里一样唱给大灰狼听？

幼：对面的大灰狼别过来，

别过来，别过来，

不要被我的样子迷倒，

其实我很害怕。

幼：我上看下看左看右看，看来看去你都是个大坏蛋，我想了又想，猜了又猜，做朋友的问题可真难办……

（鼓励幼儿与同伴分享自己创编的歌曲）

配班：（扮大灰狼哭）都怪我以前

太坏，现在没人和我做朋友了。

师：大灰狼哭得那么伤心，兔子有什么对它说的吗？

（教师通过说、唱以及配上相应的体态动作激发幼儿创编的愿望）

幼：对面的大灰狼走过来，

走过来，走过来，

不要哭得那么伤心，

我和你做朋友。

……

（孩子们在老师的引导下，戴着头饰，充分发挥想象力创编歌词，并加以表演）

音乐活动中，创编是一个难点。但是，孩子们能在短短数十分钟时间里，创编出这么多的内容，一方面离不开教师的引导，更多的则是源于兴趣。

幼儿喜爱流行歌曲，“不唱儿歌唱情歌”的现象普遍存在，如《老鼠爱大米》《对面的女孩看过来》《小苹果》等。究其原因，一是流行歌曲歌词朗朗上口、节奏明快；二是流行歌曲在公众媒体上高频率地传播，使孩子们在这种耳濡目染的环境中，渐渐爱上了流行歌曲。

《幼儿园教育指导纲要（试行）》艺术领域目标告诉我们，要运用孩子熟悉的歌曲旋律，从幼儿的兴趣入手，以培养幼儿的积极情感为切入点，唯有这样，音乐教育才能达到以音乐陶冶心灵的目的。音乐教育中，我们通过对流行歌曲内容的截取或改编加工后的再运用，满足了孩子唱的愿望，激活了孩子的创造性思维，有效地发展了孩子的表现力。如《狼和兔子》就是运用流行音乐《对面的女孩看过来》的旋律，顺应孩子的兴趣，积极引导，使一首流行歌曲变成了饶有趣味的儿童音乐剧。在老师的指导下，幼儿非常自然地进入创编歌词的状态。他们戴着头饰，完全投入到大灰狼和小白兔的角色之中。

孩子对流行歌曲情有独钟，如何利用他们对歌曲的喜爱心理进行音乐教育？如何引导孩子把审美的目光从表面的五彩斑斓投向更奇妙更高雅的音乐殿堂？

一、正视流行歌曲，摆正流行歌曲地位

孩子爱唱流行歌曲，但更适合演唱儿童歌曲。可是当今优秀的儿童歌曲已成为了稀缺资源，孩子们今天唱的歌曲还是多年前的《好爸爸坏爸爸》等，儿童歌曲也正陷入老化、退化的困境。将适量的流行歌曲引进课堂，一方面，可以弥补儿童歌曲资源的不足，另一方面，也会有一定的流行度和美誉度。当然，在考虑“输血”的同时，更要考虑“造血功能”的健康，在强调健康向上的通俗歌曲可以进课堂的同时，我们应坚持幼儿园有自己的歌曲，形成以儿童歌曲为主、通俗歌曲为辅的教育阵地，给幼儿更多健康、优秀的儿童歌曲。

二、丰富教学形式，合理利用流行歌曲

（一）加强选材提取

大众传媒具有快捷、方便的传播优势，孩子易于模仿，吸收又快。与之相反，

他们对书上的歌曲很少感兴趣，很少有发自内心的喜欢。为了孩子们更好地学习音乐，在选材方面，我们可以让孩子自愿选择喜欢的作品，比如《老鼠爱大米》《双节棍》，也可由教师推荐熟悉而且有欣赏价值的流行音乐，如《心愿》《玫瑰花》《月牙泉》，还可以是一些大家耳熟能详的经典影视作品主题曲等。

（二）注重引导欣赏

要加强对作品的整体欣赏（印象）、歌词分析以及音乐风格等方面的了解。在流行歌曲中，歌词对音乐品位几乎起着决定性的作用。对于歌词的分析，教师必须有自己明确的观点和一定的深度，一些优秀的流行歌曲歌词，本身就是一首非常精美的诗歌或者散文。比如，让孩子学习《中国人》这首歌曲，教师以故事形式先给他们介绍有关歌曲创作的背景，然后欣赏音乐，孩子听得都很入神，结束时，许多孩子不仅以歌声更以动作表示要做一个有用的中国人。

（三）强化音乐评论

很多时候，我们往往低估了孩子的能力，教育中应该充分发挥孩子的主观能动性，让他们自己说出喜欢的理由，这样，孩子对流行音乐作品会由一时冲动的兴趣很快进入到理性的思考和分析，使他们对音乐的感受更细致，领会更深刻。

三、充实音乐手段，不断提升音乐教学

音乐教学应注意理论和实践相结合，从而达到理想的教学效果，也只有这样，才能不断地推进音乐教学多形式的运用。如在课堂上运用器乐教学能够很好地训练幼儿的听音辨音能力，提高音准感、音程感，对视觉、运动觉、听觉的配合与协调发展都具有积极作用。目前，幼儿园音乐教学中关于器乐教学的内容较为薄弱，有些节奏乐孩子也不是很感兴趣，为此我们选取了节奏感强、旋律优美的流行音乐作品让孩子来打击，效果不错。如歌曲《拨浪鼓》，无论是指定的还是幼儿自己选择的乐器，孩子都兴趣十足，有的孩子还会自己找些他们认为好听的歌曲进行练习，如《白龙马》。一方面满足了孩子的需要，另一方面也高效地提高了孩子的音乐素养。

毫无疑问，流行歌曲是一个可以做深做精的大宝库，在众多充满时代气息、歌词新鲜、旋律变化丰富的音乐题材里，只要教师善于鉴别分析和科学设计，就可以极大地丰富传统音乐教育的空间。前段时间，周杰伦的一首《蜗牛》，被收入上海中学生爱国主义歌曲推荐目录之列，罗大佑的歌曲《现象七十二变》入选新版《大学语文》，种种迹象表明，向来不被教育界接受的流行文化，正在逐渐抢登传统音乐的“大雅之堂”。作为幼儿教师，在开展音乐教育时也应与时俱进，跟随时代的脚步，走人性化之路，使音乐教材真正成为提高孩子素质、培育一代新人的有力依托。

备注：该文章于2016年1月发表在《山东教育（幼教园地）》。

流行音乐在幼儿教育中的实践简介与感悟

——合理利用流行歌曲，趣味提升音乐教学

对于音乐，我自己也很喜欢。所以平时闲暇之余，经常放着音乐，让自己感到轻松愉快的同时，还会时不时在倾听音乐中冒出“金点子”。在老师们朗诵、编排节目以及制作PPT等需要音乐的时候，我也时常能在比较短的时间里，提供更与之相配的音乐，有时也会提出编排上的修改意见和建议，这都源于平时对音乐的积累和感悟。

或许是因为自己特别喜欢音乐，所以更加关注幼儿对音乐的兴趣。雨果曾经说过：“开启人类智慧的宝库有三把钥匙：一把是数字、一把是字母、一把是音符。”这句名言道出了音乐教育对提高全民素质的重要性。孩子对于音乐具有一种本能的反应，音乐教育不仅可以让孩子体验到快乐，还能够培养他们的兴趣。曾有那么一段时间，幼儿园的孩子“不唱儿歌唱情歌”的现象普遍存在，如《老鼠爱大米》《对面的女孩看过来》《两只蝴蝶》等。幼儿喜欢这些流行歌曲，我们不能一味地否认流行歌曲，觉得流行歌曲不健康、不适合幼儿。如果耐心、仔细地鉴赏，不难发现其中还是有很多流行歌曲制作精致、旋律优美，歌词寓意深远。

那怎样发挥流行音乐的积极作用呢?《幼儿园教育指导纲要(试行)》“艺术”领域目标告诉我们，要运用孩子熟悉的歌曲旋律，从幼儿的兴趣入手，以培养幼儿的积极情感为切入点,唯有这样，音乐教育才能达到以音乐陶冶心灵的目的。孩子们喜欢流行歌曲，我想究其原因主要是两方面：一是流行歌曲歌词朗朗上口、节奏明快；二是流行歌曲在公众媒体上高频率地传播，使孩子们在这种耳濡目染的环境中，渐渐爱上了流行歌曲。对此，根据幼儿的兴趣，结合流行歌曲的特点，我们有意识地挑选一些内容积极、曲调简单的流行歌曲让孩子们去欣赏，去创编新歌词，因势利导，挖掘流行歌曲中的积极元素，给孩子以积极向上的正面影响。

音乐教育中，通过对流行歌曲内容的截取或改编加工后的再运用,让流行音乐登上音乐教育的“大雅之堂”，满足孩子们唱的愿望，激活创造性思维，发展其表现力，在趣味提升音乐教学中，让幼儿真正爱上音乐！

大班幼儿创造性复述能力培养三部曲

创造性复述是复述的最高形式。它不是对故事内容进行简单的重复，而是要在充分理解故事文本的基础上，通过想象，改变原作结构、顺序、角度或表现方法。如何培养大班幼儿在故事教学中的创造性复述能力呢？笔者从大班幼儿故事教学中教师的指导入手，依据大班幼儿各阶段学习特点和学科领域目标，从各阶段目标的制定、故事内容的选择、教学策略的实施三方面加以阐述，为大班幼儿故事教学提供有效的操作模式。

一、现实中错误的指导

（一）错误认识，使大班幼儿讲故事处于“朗读式”“背诵式”“无序式”复述状态

案例：好几次，我们到大班去检查幼儿对故事的理解和掌握情况，我们问：“你们谁会讲故事？”“他。”幼儿边说边用手指着，“他识字的。”当这名幼儿开始讲的时候，老师便自然地把书递给了他。这名幼儿便以“识字点读”的方式，完成了朗读。之后，我说了一个故事题目，老师说：“这个故事他们都会讲的。”于是，幼儿就一起背起了故事。接着，我问老师：“班上谁讲故事最好？”老师就叫了一名幼儿，他讲：“城里来的恐龙很大，可以做桥，把房子弄坏了，小朋友都很喜欢它的……”

分析：尽管幼儿会讲故事，但这种讲是朗读和背诵，是简单地将知识点串联，所呈现的只是幼儿对故事内容散乱的记忆。其原因在于老师对“复述”的概念模糊。笔者认为，复述是指幼儿在理解故事文本的基础上，创造性地运用自己的语言，有重点、有条理地将故事主要内容再现出来，是幼儿阅读、记忆、演讲能力的综合体现。

（二）“零”指导，使大班幼儿会讲故事的人越来越少

案例：故事教学中，老师让幼儿完整倾听两遍故事。其中，听录音一遍，教师讲一遍。然后根据教学目标，提出设定的一组问题让全班幼儿回答。接着，老师问：“谁最能干，能把这个故事完整讲一遍？”没人举手，老师就点名：“笑笑，你来试试。”笑笑站起来，眼睛盯着老师，摇摇头。老师说：“哦！不会讲！请坐下。明明，你来试试。”明明害怕地一言不发。老师又说：“让我们再听一遍故事吧！”

分析：为了检测幼儿对故事的掌握情况，教师急于邀请个别幼儿完整复述故事。然而，当幼儿不知如何讲起或羞于启齿时，教师却没有及时、合理地给予指导。从一开始无人举手的“冷场”，教师就没有调动好，而是凭自己的权威，强行点名让幼儿讲述，结果以“无声”收场。归根究底，“无声”收场的结局，是由“无指导”引起的。

（三）缺乏技巧，几乎没有幼儿能进行创造性复述

案例：（教师导入）有一只小壁虎的尾巴没有了。我们来看看尾巴是怎么没有的。接着，让幼儿观看课件第一部分，提问：小壁虎的尾巴是在干什么的时候，被谁咬断的呢？然后，完整观看课件，教师提示：注意小壁虎借尾巴时，它是怎么说的？故事看完了，提问：①小壁虎向小鱼姐姐、牛伯伯、燕子阿姨借尾巴的时候是怎么说的？小鱼姐姐是怎么回答的呢？②小壁虎和小鱼姐姐、牛伯伯、燕子阿姨借尾巴的时候叫它们姐姐、伯伯、阿姨，小壁虎那么有礼貌，为什么它们都没有借给它呢？③老师做小壁虎，请你们做小鱼姐姐、牛伯伯、燕子阿姨，说出对话。④我请一个小朋友做壁虎，其他小朋友做小鱼姐姐、牛伯伯、燕子阿姨……

分析：提问法是故事教学中应用最多的一种方法。教师以提问引出作品，并帮助幼儿层层深入地理解故事主要内容。但是，教师要注意提问法使用的时机和技巧。一般在讲述故事时不要提问，尤其是内容丰富、情节紧凑的故事，否则会减弱幼儿对故事的兴趣，破坏故事的完整性。另外，如果采用过多“回忆性”的提问，且同一时间向幼儿提出一连串的问题，会使整堂教学课变成单调乏味的提问课，幼儿的创造性复述能力培养就没法达成。

二、指导三部曲

（一）根据幼儿语言表达发展规律，确定复述发展的总目标和阶段目标

5～6岁幼儿的看图讲述能力明显提高，语言表达灵活多样，并力求与别人不同。首先我们以此确定复述能力发展的总目标：激发幼儿对故事教学的兴趣，感受情景表演的乐趣；通过倾听、表达、游戏等，大胆复述，并学会详细复述和摘要复述；初步感受重复性复述和改造性复述的区别，尝试创造性复述，发展幼儿的创造力、想象力。其次，依据《3—6岁儿童学习与发展指南》在“语言领域”对5～6岁幼儿提出的合理期望，即“能说出所阅读的幼儿文学作品的主要内容；能根据故事的部分情节或图书画面的线索猜想故事情节的发展，或续编、创编故事”，我们制定了各阶段目标，发挥了导向作用。

（二）结合主题和幼儿兴趣，选择故事教学内容

平常，幼儿会从家里带着故事书、绘本到幼儿园，与小朋友交谈其中的内容。从他们交谈的热情及对方倾听时的专注，可以判断幼儿对这些内容非常感兴趣。于是，笔者根据不同阶段达成的目标，筛选其中一些内容进行教学，以推进目标的达成。有时也可以结合班里正在进行的主题活动，有目的、有计划地为幼儿选择适宜的故事教学内容。

（三）以理论实践为依托，落实故事教学策略

根据幼儿身心发展特点与故事教学特点，建立故事教学“四步走”：

第一步：以“听”激趣，充分感知故事内容。这就需要教师在教学过程中用心投入，智慧付出。相比录音讲述与

教师讲述，幼儿更多地喜欢倾听教师讲述。教师在讲述故事时，声音要抑扬顿挫，并利用手势、表情、动作等体态语言，从而能够讲述得更加生动形象，提高幼儿倾听的有效性。

第二步：以“讲”提升幼儿对故事理解的深度。在幼儿基本理解故事后，试着让其讲讲，以强化记忆，促进幼儿深入理解故事内容。首先，激发兴趣。听完故事，让幼儿说说为什么喜欢这个故事。根据幼儿说的，老师再进行适当的补充，使幼儿大致能够完整复述故事。其次，有效引导。提示幼儿关注故事中的“时间、地点、人物、事件”四要素，帮助孩子回忆、整理、提炼故事内容。最后，层层深入。幼儿能理解的，一般都停留在故事的表层，其更深层次的意蕴，则需教师充分备课，在细致解读文本的基础上，自己事先过一遍，预设达到深层目标的提问、游戏等，以寓教于乐的目标达成。

第三步：以“演”巩固，加强记忆故事内容。演，可以使故事的情节、语言、意蕴内化。教师在指导幼儿参演的过程中，要让幼儿自主选择角色。只有主动参与，才能更好发挥幼儿参与的能动性。为此，让幼儿尽可能根据他们的意愿选择角色并参与表演。

第四步：以“编”深化，想象拓展故事内容。故事能启发幼儿想象，很多故事结尾是言尽而意不尽。让幼儿仿编结尾的形式或续编，可以培养他们的发散思维和想象能力。不管幼儿生发哪种想象，教师事先都要持肯定态度，鼓励该幼儿继续想象的同时，也可激发其想说的欲望及敢说的胆识。同时，教师根据幼儿的想象，选择典型的加以指导，促使想象更合情合理，这样也为其他幼儿树立了想象的范式。若幼儿还有更好的想象模式，教师可以“暗示”“提示”，引导幼儿改变原作结构、顺序、角度或表现方法，进行创造性复述。

附表：大班幼儿复述能力发展各阶段目标

阶段	总目标	具体达成目标
第一阶段（激趣）	教师或个别幼儿表演故事片段，激发幼儿对故事教学的兴趣	能认真观察图片或课件，专注聆听教师讲述或录音讲述
第二阶段（培养）	注意倾听，说出故事大意	1. 能注意倾听故事，并用普通话大胆、清楚地回答问题 2. 对故事内容大胆质疑 3. 根据故事基本要素，说出故事的主题内容
第三阶段（提高）	尝试表达，能够简单复述	1. 根据故事内容，能够有条理地复述故事梗概 2. 能自然地、有感情地进行复述
第四阶段（达成）	复述从简到难，尝试创造性复述	1. 在引用原作的基础上，用自己的语言加以组织、概括，完整地进行复述 2. 适当改变原作结构、表现方法等，并对内容进行必要的抽象，进行创造性复述

备注：该文章于2013年10月发表在《幼教博览》。

“创造性复述能力培养”的实践简介与感悟

——激发求异思维，让复述更出彩

语言是思维的工具，是幼儿社会化、个性化发展的重要标志。关注、研究幼儿的语言很有必要，而复述是检查阅读理解，训练孩子语言表达和思维能力的好方法。《幼儿园课程指导》“语言领域”对5～6岁的孩子提出能独立地朗诵儿歌和复述故事，学习创编和表演文学作品的目标。然而，目前大班幼儿复述能力普遍不容乐观，主要表现为以背诵作复述；识字的，点读故事；或是以知识点无顺序式的复述；甚至有的孩子在要求复述时一言不发……对此，我们认真反思、研究：如何有效培训大班幼儿在故事教学中的创造性复述技巧，让我们的故事“教”与“学”更轻松、更有效。

一、从问题切入

背诵故事在大班幼儿中尤为突出。平时，检查孩子对故事的理解、掌握，让其复述故事，通常班上的不少孩子，能按照一个版本背诵下来。一听，似乎效果不错，整齐划一，但背诵故事，显现的只是孩子的记忆能力，而复述是阅读、记忆、说话的综合体现。让有些大班孩子上来讲故事，他会主动问：可不可以拿书？原以为他想借助书上的图片帮助理解故事，其实不然。仔细观察，你会发现：原来孩子认识很多字，他是以“识字点读”的方式，完成他的复述。若没有幼儿用书的协助，或是提供的是没有文字的教学图片，他则无法复述。笔者还发现：让大班孩子复述故事，他们中的不少孩子会把复述故事当作概括故事的主要内容，而且条理不清，重点不突出，没有感情。究其原因，主要是对文本的理解严重欠缺，在复述前缺乏对故事的整体感知。另外，大班中有不少孩子根本不会讲故事，让其复述故事，他会念“儿歌”代替，要是让其复述指定的故事，他干脆摇头或是害怕地一言不发……

二、再整合分析

孩子复述能力的欠缺，是读、思、记、说能力的整体欠缺，包括学习情感与态度的欠缺，而大班幼儿复述能力欠缺的一个重要原因是教师的指导欠缺，影响教师指导力的主要有三点。

（一）概念模糊，目标不明确

文中提到的复述，指大班幼儿在理解故事文本的基础上，创造性地运用自己的语言，有重点、有条理地将故事内容叙述出来。它不同于“背诵”，没有囊括机械的“识字点读”式的讲述，也不是有序无序地、简单地将知识点串联，它是一种认知。对此，我们不能凭主观经验，对幼儿语言能力加以笼统的评价：

他或她会讲了，关注的只是孩子对故事内容的记忆，很少甚至没有考虑孩子对故事文本的解读，对其情感的把握，或是在复述原文的基础上进行再创造；更不能放任孩子，不管会讲不会讲，上过了就完事，导致不会讲故事的孩子越来越多。

（二）形式单一，活动不丰富

在日常故事教学中，不少教师让幼儿一遍又一遍地倾听故事，从听录音到教师的讲述，或是观看视频讲述，然后根据教学目标，提出设定的一组问题（落实知识点）。接着，为了检测孩子对故事掌握的情况，请个别幼儿进行情境表演，或是让个别背诵式讲述故事，该模式运用在一节语言课上，似乎环节完整，形式丰富，但长此以往，不管故事内容，格式化的套用这种模式就成了定式。于是，孩子渐渐感到乏味，因无趣而游离在课堂之外，自然也就达不到复述的要求。

（三）群体切入，个体不关注

幼儿复述故事的能力是一个由不同要素共同组成的结构，尽管从总体上看，许多幼儿的复述能力处于同一水平，但构成复述能力的要素却存在较大的个体差异：不同的家庭背景，不同的性格，其他教学横向渗透的深浅……为此，对孩子的复述训练，应关注个体差异，采取分层培训。

三、重改进策略

孩子的复述技巧是逐渐提升的，我们应整合幼儿日常生活中的某些教学环节，循序渐进地指导孩子在复述训练中认知、模仿、迁移、创造，提高孩子的说话能力。

（一）课外干预

1. 巧设“晨间谈话”，为复述作“铺垫”

孩子平时的“说话”，与其复述能力是联系在一起的。为此，我们应该抓住“晨间谈话”这一时机，巧设谈话内容，以“句式”训练为依托：从“单句”到“复句”，从“要点回答”过渡到“完整回答”，在“谈话”中操练、培养孩子的说话能力，为复述作铺垫。

2. 构建“区角活动”，为复述作“催化”

在区角活动中，孩子表现得自主、快乐。为有效的培训孩子的复述能力，可以积极构建“语言区”“表演区”。在“语言区”，投放具有创造性的文本故事书，引导孩子有意识地阅读，该阅读更多的是让孩子根据图片，发挥想象，自由表达，以提高孩子的胆识，促使其敢说。教师关注的是其表达是否符合语言逻辑，是否沿着事情发展的顺序。在“表演区”，根据故事内容设置场景，投放所需道具，如动物头饰、服饰等，让孩子在表演、观看、点评中温故而知新，为复述作“催化”。

（二）课内干预

1. 在解读、梳理文本中，提升认知层次（简要复述）

复述是让孩子把故事的内容用自己的话说出来。因而这一训练就要求引导孩子认真阅读故事，熟悉故事内容，达到阅读的认知层次。帮助孩子梳理故事内容，可以采用以下方法。

①利用教学图片。一般进行故事教学，都有与其内容相匹配的图片，而图片反映的往往是本故事中最重要的部分。我们利用图片帮助孩子学习故事，同样也可以利用它来帮助孩子梳理故事内容。让孩子在教师的引导下，结合图片的观看，获取复述的重点。

②利用所提问题。在幼儿复述故事前，按故事发展顺序提出一组具体问题，这些问题不仅能引领孩子对故事进行有效的阅读，也是教师帮助孩子梳理文本的抓手。引导孩子在观看图片的基础上，回顾一些重要、具体的问题。接着，在教师的指导下，借助这些带有顺序性的问题进行简要复述。

2. 在模仿、迁移训练中，提高说话能力（详细复述）

模仿：大班孩子正处于语言习得期。孩子的语言是在“操习”他人的语言中模仿、迁移，习得自己的语言。故事文本的语言已为幼儿提供了一个很好的范本，为此，教师应根据教学目标，挖掘文本内涵，并进行有效解读，让情感化的讲述（听录音或教师讲述）帮助孩子理解故事内容，在整体把握的基础上，突显重点句段，教师带着情感讲述、渲染，吸引孩子进入角色，在认真倾听的基础上，让孩子模仿语感、语句。

迁移：语言的内化迁移是孩子故事学习的难点。那么，如何帮助孩子进行迁移训练呢？

（1）鼓励幼儿大胆替换词句。大班幼儿正从模仿语言阶段向运用语言阶段迈进，对此，在教学中鼓励幼儿在不改变原文大意的情况下，可以增删词句或段落，允许幼儿大胆替换词句，向幼儿提出一些要求：谁能说出与故事中意思一样的词（句）？这个词（句）还可以怎样说？……原意没有改变，但表达更生动了。使幼儿在对文本有理解的基础上，进行简单的艺术创造。

（2）指导幼儿补充式复述。幼儿喜欢为故事主人公创造出情景，喜欢用自己的思维方式解决故事中的问题，抓住这一特点，我们可以鼓励并指导幼儿在复述故事时加入自己的改编和续编内容。对语言表达欠缺的幼儿，提出问题后引导他们讨论，按照他们的思绪，将故事情节发展下去；对表达能力较强的幼儿，直接提出改编和续编要求，引导幼儿探索、解决问题的多种途径，为故事编出多种结局。这体现了幼儿对故事情节的大胆想象和合理推测，更好地促进了幼儿的创造性思维能力和语言表达能力的发展。

3. 在激发、维持复述中，丰富语言积累（创造性复述）

激发、维持孩子的复述热情，让孩子喜欢复述、主动复述，不仅体现了孩子的主体地位，而且对培养其复述能力起到事半功倍的作用。

（1）采取多种形式，呵护情趣。

创造性地引导复述，为复述注入情

趣，最好的方法就是采取多种形式，让孩子在多彩的活动中，轻松、快乐地复述。如创设情境，引导孩子在表演中复述，在交际中复述；又如看实物复述，观察生活复述，教师开个头孩子接着复述等，积极发挥全体幼儿的群体优势，相互启发、相互补充，共同提高。

（2）激发求异思维，强化成就。

孩子在学习的过程中需要一定的成就感，来强化他们的学习动机。因此，在复述的过程中，要善于抓住他们的闪光点，及时给予肯定和表扬，着意激发幼儿的求异思维。如：同一个情节、同一个人物，编出不同场景；根据提供的图片，想出不同的童话故事；同一个场景、同一个动作，用不同的句式和语言来描述……鼓励幼儿在求异创新中丰富语言积累。

备注：该文章基本来自本人撰写且于2011年12月发表在《幼教博览》上的文章——《大班幼儿创造性复述技巧的培养策略》。

幼儿园篇

致教师——专业篇		
序号	题目	备注
1	篇首语：实践提升教育智慧	
2	跟踪观摩诊断破解幼儿消极等待	
3	在“观摩诊断跟踪”中提升教学管理成效	
4	观摩诊断实践简介与感悟——学以善用，助力更好成长	
5	用心搭建生发孩子“兴趣”的支点——我的一次体育教研经历	
6	体育教研实践简介与感悟——反思改进，提升教学成效	
7	正确认识科学安排——关于“2 小时”的解读	
8	“2 小时”实践简介与感悟——先做起来，再慢慢求好	
9	三步法，提升线上活动的质与量	
10	线上活动实践简介与感悟——按需推送，大人小孩都喜欢	
11	建章立制，提升集体备课的有效性	
12	集体备课实践简介与感悟——突破幼教圈，优化实施方案	
13	莫让幼儿园特色创建变成“东施效颦”	
14	特色创建实践简介与感悟——特色向来不是随意就能呈现的	
15	创新活动，助力安全教育	
16	安全教育实践简介与感悟——花点心思，让其“活”起来	
17	让幼儿园绿化养护省钱更长效	
18	绿化养护实践简介与感悟——重在科学养护	
19	亲近孩子让我更好地成长	
20	亲近孩子实践简介与感悟——小小孩子，话多点子多	
21	爱，一直在路上— 记即将退休的钮根美园长	
22	记钮园长实践简介与感悟——因感动而写	
23	践行“百味·趣乐”课程的幸福教学	
24	课程实践简介与感悟——从“痛苦”到“幸福”	

篇首语：实践提升教育智慧

实践离不开学、思、悟，因为学思、践、悟是一个统一的整体，表达的是一个人从学习、思考、实践、领悟到学而思、思而践、践而悟、悟而学的循环往返运用、提升、提效、提质的过程。唐代韩愈《师说》中说道："古之学者必有师。师者，所以传道受业解惑也。"对此，作为教师，本着"传道受业解惑"，就不得不让自己始终处在专业提升的路上。

为了提升专业，首先直奔"上好课"。要上好课，先把课备好。于是，我们建章立制，提升集体备课的有效性，从顶层架构集体备课研讨方案，使其具有可行性和导向性，让老师们备课有所依。其中，贯彻《幼儿园教育指导纲要（试行）》和《3—6岁儿童学习与发展指南》精神及要求，在"正确认识、科学安排"的基础上，更好地解读每天户外活动"2小时"，还"用心搭建生发孩子兴趣的支点"。为了让幼儿的消极等待少之又少，促使保教工作更加规范、科学、有效，我们加强跟踪观摩诊断。在不断地引领与切磋中，在循序渐进的"观摩诊断跟踪"中，我们不仅仅是为了"减少幼儿消极等待"而践行，更是为了提升教学管理成效，提高幼儿园保教质量，让孩子们更好成长！

实践多了，办法就多。我们践行"三步法"，提升线上活动的质与量，根据宅家孩子与家长的需求，群策群力推出了大人小孩都喜欢的"线上活动"。还"创新活动，助力安全教育"，通过开展形式多样、有创意的活动，将安全意识烙进孩子、家长心里。其中，也关注各班自然角，包括公共区域的绿植，为了让这些绿化养护省钱更长效，落实了"专人包干""养护指导""检查评比"等策略，以此，让我们的老师和孩子在用心栽培、科学养护中，提升"知"的同时，促进"心"的美化。

博知外加心灵美，这样的教师通常组织教学更具幸福味。如在践行"百味·趣乐"园本课程中，老师们罗列幼儿感兴趣的事物，还将其归类：一是玩的，如摸螺蛳、打年糕、划龙舟等；二是吃的，如糖画、南瓜花、臭豆腐、棉花糖等；三是看的，如变脸、美猴王、包公巡游、龙舟竞渡等，然后把这些内容结合主题，进行融合和拓展，让孩子们在践行"百味·趣乐"课程的幸福教学中快乐成长。

最好的教育就是陪伴孩子共同成长，让我们在幸福"教"与"学"中，和孩子们一起快乐成长！

跟踪观摩诊断破解幼儿消极等待

为了让幼儿的消极等待少之又少，促使保教工作更加规范、科学、有效，绍兴市越城区组织区名师工作室、引擎班学员，开展了半日活动跟踪观摩诊断活动。

一、准备跟踪观摩

观摩前，区教研室对开放园和观摩者提出要求：开放园要提早将开放班级的“半日活动作息安排表”上传研修群，让观摩者早知道跟踪观摩半日活动安排；观摩者提前在网上或相关幼教书籍上，查阅并学习关于高控和隐性浪费的概念、表现、成因及减少策略等。同时，提醒同在一个班级观摩的小组成员，小组中至少有一名教师带摄像机记录并拍摄，以便后期学习讨论时使用。

开放当天，观摩者们先聚在一起，重点明确怎样进行观摩以及观摩时应注意的点：在各环节中发现有让孩子消极等待的现象时，要进行概要式记录，尽可能用较短的时间、较快的速度记录；建议各位老师把各环节中消极等待的明显表现用手机拍摄下来，借此来辅助笔记。另外，带相机的教师，尽可能全面跟拍各环节活动，便于小组成员观摩结束后回看、讨论、分析等。

随后，观摩者们来到对应班级，进行跟踪观摩。观摩户外活动的老师仔细观看活动场地的搭建与运用是否合理，投放的材料能否让孩子根据自己的意愿进行选择与自主活动，教师的介入是否适宜等；观摩室内活动的老师重点观看材料的投放能否让幼儿自主选择并通过具体的操作和亲身体验去获得经验，能否发展认知能力等。在观摩中，老师们还以一个活动参与者的角色进入区角，和孩子们一同游戏、对话，拓宽了观摩的角度。拍摄视频的老师，不仅全面、细致地拍摄了孩子们在不同活动环节中的表现，同时也清晰记录了观摩者与孩子互动的情况。

二、发现幼儿消极等待问题

半日跟踪观摩结束后，参加观摩的老师各自回园了。老师们利用空余时间组成讨论小组，各小组成员在研修群里交流、探讨，并将自己在观摩中发现的问题和改进策略整理成稿发给小组组长，由组长汇总整理。在2～3周后，参加观摩的老师们再选择时间聚在一起，进行各组观摩发现与诊断策略的交流。

跟踪观摩中，老师们发现了一些幼儿消极等待的问题：在晨间户外活动中，保教老师虽然在活动中投放了塑料圆形环、自制圆形布、轮胎等好几种活动材料，但孩子们的兴趣都集中在轮胎上，扎堆玩轮胎，即使排队等待，也不去玩其他游戏，这不仅在活动场地的利用上存在隐性浪费，也浪费了孩子的游戏时间，影响了孩子对游戏环节的兴趣。在幼儿喝水环节中，茶桶内水的温度过高，影响孩子喝水的速度，出现了很多孩子漫长等待的现象，并且孩子习惯拥挤在茶杯柜周围喝水，对此，保教老师也没有适时介入进行引导、疏散。在区角游戏开始前，教师会长时间地给全体孩子讲解新材料的玩法和游戏规则，不仅消耗了孩子的游戏时间，也影响了孩子自由发挥想象的能力。

三、各组会诊解决问题

观摩者们针对发现的问题进行了思考与分析，并拟定了改进策略。各组组长在此基础上结合PPT或视频在讨论会上进行“诊断式”报告，指出存在的问题，给出分析，抛出改进策略，之后让大家“会诊”分析改进策略是否合理、科学，解决方法是否可行、有效。

一名组长在分析幼儿喝水环节出现的排队等待、拥挤等问题时，给出的解决方案是：为各小组提供一个茶壶，让幼儿以组为单位，根据需要自己倒水。对此，大家“会诊”提出：这些茶壶不用的时候放在哪里？这样以组为单位让幼儿倒水喝，是否自主、高效？经过大家的思想碰撞，得出了两条解决方法：一是让保教老师加强关注并适时介入、引导幼儿，建议让已经倒好水的孩子回到自己的座位上或是去比较宽敞的地方喝水，腾出空间给其他没喝水的小朋友取茶杯、倒水；二是鼓励幼儿自带小水瓶，这些小水瓶可以挂在椅背上，也可以放在教室窗台上，让孩子根据自己的需要自行安排。

通过跟踪观摩诊断，观摩者和被观摩的教师在思想和行动的不断碰撞与摩擦中，提高了认知、转变了观念，而且有效地减少了幼儿消极等待现象的出现。

备注：该文章于2015年11月8日发表在《中国教育报》。

在“观摩诊断跟踪”中提升教学管理成效

在幼儿园教育教学管理中，时常会发现教师的“教”不合理、不科学，组织活动的方式方法呆板、滞后，外加环创不能很好地为教育教学服务，投放材料随意等，这些问题导致孩子们学得累、玩得无趣。教学管理是一个过程管理，管理者不能只是“概要式”地指出问题，而必须沉下去，深入教学现场，关注幼儿在园一日生活的各个环节，在循序渐进的“观摩诊断跟踪”中，梯度推进并提升“教”与“学”的质量。

一、观摩中发现问题和不足

幼儿园教学观摩主要分两块：一块是相对静态的，如环境布置、各区角材料投放等；一块是动态的，如教师对“半日活动”的组织与推进、孩子在各环节当中的表现等。

在相对静态的观摩中，主要发现环境布置上色系比较杂乱，缺少孩子参与的痕迹；区角材料投放的问题主要是教师普遍以自我为中心：建构什么区角、在该区角中投放什么材料，基本都由教师做主，而且材料偏向高结构。

动态的“半日活动”观摩主要分为“集体教学活动”“生活活动”和“游戏”三部分。这三个环节中，表现出来的问题和不足也是有差异的（见附表一）。

另外，在环节与环节的过渡中，不能根据实际情况进行灵活推进、有效融合等。

面对这些问题和不足，为了梳理反馈的时候更清晰更直观，在观摩的时候，我们不仅用文字进行了记录，还借助手机进行拍摄，以照片或视频的形

附表一：

序号	环节	问题和不足	备注
1	集体教学活动	教学目标不够清晰，环节安排受定式和习惯的影响，过于呆板和滞后，缺少孩子参与的自主性和能动性等	
2	生活活动	存在隐性等待浪费时间的现象，孩子的自主性、灵活性有待提升	
3	游戏	缺乏创新，孩子自主玩、合作玩的程度不够，让孩子觉得不够好玩	

式，帮助记录问题。

二、诊断中知晓根源和措施

发现问题并不难，难的是找到问题的根源以及如何有效解决。

（一）科学剖析问题的根源

为什么会出现这些问题呢？经过座谈、访问、研讨、反思，大家认为有内因和外因两个方面。内因，一方面是教师的专业基础不够扎实，理念支撑度不够；另一方面是教师的工作成效不够明显，反思提升度不够。外因，一方面是教师外出学习的机会不多，而且在同样的外出学习中，学到的“量”和“质”也是因人而异；另一方面是教师缺乏有效的指导，需要落实针对性的引领和帮扶。

（二）理性制定改进的方法

经过理性分析，为了提高改进的成效，需要统筹制定改进的“良方”。

1. 培训一些“出方”人。组建“观摩诊断跟踪”小组，园长担任组长，成员为业务园长和三位年级组长。园长带领这些成员进行“观摩”，和小组成员研讨诊断，梳理后反馈给被观摩的班级教师，然后再进行“跟踪”。园长在带领成员观摩、诊断、跟踪的过程中，起到了示范、引领的作用。之后，园长就站在成员的背后，关注成员的观摩、诊断，知晓各成员的关注能力以及诊断水平，并适时介入，加以查漏补缺，提升诊断高度，以此提高这些成员“出方”的水准。

2. 打造几个“样板”间。作为全区单体规模最大的幼儿园，班级和教师的数量多，在全面落实“观摩诊断跟踪”的基础上，重点关注并指导各年级的其中一个班级。这些班级的选择依据是环创改进相对比较方便快速的，教师的理念与《3—6岁儿童学习与发展指南》（以下简称《指南》）更接近的。当这几个班级基本改进后，组织各年级其他班级的教师观摩这个“样板”间，让老师们对比自己的“班级环创”以及“半日活动”的组织，以便有更直观的感知和认识。

3. 帮扶一批“困难”户。无疑，教师的专业水平和能力是有差异的。能力弱的教师所在班级的环创相对随意、杂乱，若问她为什么这样布置、建构，她不是说不出，就是说了也与《指南》有很大的差距；她组织的“半日活动”更是问题多多，别的老师有的问题，她不仅有，而且更严重；别的老师没有的问题，她也有。这样的老师所在的班级，就成了“困难”户，靠她自己的理解及能力去改进，一方面容易走弯路，另一方面进程慢，对此，需要落实专人进行帮扶。

三、跟踪中关注改进和提升

有了方法，重在落实。要提升成效，则贵在“跟踪”。跟踪的目的就是知晓改进的情况，并适时介入、进行有效指导以及进一步发现问题和不足。

在对应中跟踪检查。经“诊断”后进行梳理反馈，反馈以文字结合照片的形式，如自然角缺少孩子观察、记录的参与痕迹；建构区角中，缺少孩子参与制作的“成品”“半成品”，且大班孩子在建构方面表现出的水平、整体能力偏低等。或以视频结合文字的形式，如视频拍摄孩子的餐前活动，以文字的形式反馈：组织的餐前游戏比较高控，且持续时间较长，不适宜孩子在餐前玩……结合反馈给各班的情况，进行一一对应跟踪，在检查中了解该班级教师的整改情况。将基本改进的项目，在反馈表对应栏打上钩；改进中有问题的，则在对应栏以文字的形式备注。根据跟踪检查，基本可以将改进情况归为四类（见附表二）。

针对这四类情况，落实对应策略：对“又快又好的”提出表扬，鼓励其再接再厉，长期保持；对“不快但好的”，主要是温馨提醒其加快进程；对“快但不好的”，再进行跟踪指导；对“又慢又不好的”，则落实专人帮扶，人选就从“又快又好的”教师当中派遣。

观摩发现。跟踪除了掌握反馈改进情况外，还需观摩发现新的“点”：平行班普遍存在的问题、日常观摩中不太关注的环节以及教师填写的“半日活动安排与组织中的问题及困惑”问卷反馈等。如孩子们基本自带了水壶，原本这个水壶是到户外活动的时候用的，但现在孩子们吃点心的时候也习惯用水壶。对此，在跟踪中进行有目的、有计划的观摩，发现这个班级的孩子吃点心的时候，用的全部都是自带的水壶。为此，跟踪中，我们特地与班级幼儿进行聊天式询问：“为什么不用小茶杯？”有的说：“拿小茶杯麻烦。”有的说：“小茶杯用过要洗。”……发现了新的问题，在师幼中了解情况后，就可以更好地诊断出方，帮助教师排忧解难。

附表二：

序号	环节	问题和不足	备注
1	又快又好的	能根据反馈的问题和不足结合《指南》加以正确理解并有效改进	
2	不快但好的	能根据反馈的问题和不足结合自己的教学经验等有条不紊地改进	
3	快但不好的	态度端正，能及时改进反馈的问题和不足，但成效有待提升	
4	又慢又不好的	改进中，进程有点慢，且改进效果有待提高	

备注：该文章于2021年10月发表在《山东教育（幼教园地）》。

观摩诊断实践简介与感悟

——学以善用，助力更好成长

我园实施“观摩诊断跟踪”的方式方法，主要来自本人参加越城区教研室组织的一项实践研究活动。该活动由陈国蓉书记主持并引领，当时参加的是区名师工作室、引擎班学员，围绕“减少幼儿消极等待”，展开对幼儿园半日活动的观摩诊断跟踪。

在观摩前，陈国蓉书记对开放园和观摩者都提出了具体的要求，以及前期应准备的、其中应注意的事项等。随后，观摩者们来到开放园对应班级，进行观摩跟踪。半日观摩跟踪结束后，参加观摩的老师各自回单位。之后，利用空余时间组建线上讨论小组，在研修群交流、探讨，并将自己在观摩中发现的问题和改进策略整理成稿，发给小组组长，由组长汇总整理。间隔2周后，陈国蓉书记又组织大家聚集讨论，先倾听各组组长结合PPT或视频的形式，汇报自己小组的诊断情况，重在指出存在的问题，以及这些问题该如何有效解决等。而参加的其他观摩者，重在倾听并思考：是否认可这些问题？对这些问题解决的方式方法是否赞同？有没有更好的解决办法……给出的答案或建议，在得到大家公认后，按照该建议反馈给观摩班级的老师，让其改进并实施。践行一段时间后，再落实观摩诊断跟踪。在这样循序渐进的观摩诊断中，确实让观摩者和被观摩的教师都得到了成长，更重要的是班级中的消极等待问题，有些已经得到了解决，有些减少了消极等待的时间。

对此，本人在认可该做法的同时，及时梳理实践过程并将其撰写成文，望该做法让更多的姐妹园借鉴并践行。与此同时，本人先在自己所在的幼儿园推行“观摩诊断跟踪”，组建观摩诊断跟踪小组，作为园长的我亲自担任组长，带领这些成员进行观摩。观摩后，聚集观摩的业务骨干，让他们说说发现的问题和解决问题的建议等，然后，我将自己梳理的、结合制作的PPT讲给大家听，让大家在听的过程中，知道哪些点自己还没有关注到，以及有效解决这些问题应该考虑哪些方面……

在不断地引领与切磋中，在循序渐进的“观摩诊断跟踪”中，我们不仅仅是为了“减少幼儿消极等待”而践行，更是为了提升教学管理成效，提高幼儿园保教质量，让孩子们更好成长！

用心搭建生发孩子“兴趣”的支点

——我的一次体育教研经历

背景

在当前大力挖掘民间文化资源的背景下，我们幼儿园的体育课逐渐淡化了体育的专业化倾向，摒弃了从方位入手的队列训练的导入活动，以“口令”或“哨子”作指挥的热身运动，并一改往常体育课成品教具的使用形式，代之以生动有趣、形式多样、轻松自主的教学过程，利用孩子身边熟悉的材料作教具，有效挖掘和开发民间体育游戏的意蕴和教育价值，使之成为发展幼儿基本动作、增强幼儿体质、培养孩子体育活动兴趣的有效载体，努力让体育课成为幼儿健康教育的主阵地之一。

案例描述

“老鹰捉小鸡”是一节体育教研课，课前我做了比较充分的准备。按照教学目标和要求，我把这节课的教学重点定位在“结合民间体育游戏，发展幼儿跑、平衡、投掷的动作技能，提高动作的协调性、灵活性；培养幼儿坚强、勇敢、不怕困难的意志品质和主动、乐观、合作的态度，并通过形式多样的活动，培养其对体育活动的兴趣”。因此，如何有效利用和挖掘民间体育游戏，结合教具，开展形式多样的活动，发展幼儿跑、平衡、投掷的动作技能，培养其对体育活动的兴趣，就成了该教学的难点。我把这节课设计为以下几个教学流程：

一、热身准备(徒手操)

（幼儿扮小鸡，老师扮鸡妈妈）

1. 师：今天天气真好，宝宝们一起运动吧！(师幼在鸟叫声、《韵律操》音乐声中，自由走进活动场地，轻松地做准备活动)

2. （老鹰音乐响起）师：听，谁来了？（老鹰出来）幼：老鹰来了。

3. 师：找个树桩(五颜六色，长短、粗细不一的纸筒）躲起来。

4. 老鹰飞走喽！（幼儿欢呼）

二、根据场地布置，练习动作技能

1. 松散走、跑训练

师：老鹰飞走了，我们玩吧！听到哨声，马上到“树林”集合，老鹰可能还会飞回来。

①师幼互动玩：自由练习“绕桩跑”“走小桥”。

②师吹哨子，幼儿“树林”集合。

师：（四处张望）老鹰没来！你们

刚才玩了什么?

③讨论、交流:绕“树桩”跑,走“小桥”。

提问:绕“树桩”要注意什么?(不要碰倒)怎样过“小桥”稳一点?(站直,翅膀打开,用脚的中间部位踩上去……)

2. 听信号集合跑

师:为了不让老鹰抓到,现在我们练习绕桩快速跑,看谁跑得快!听到哨声,马上停住。(练习两遍)

①缩短树桩距离,听信号集合跑。(2～3遍)

②听信号投“炸弹”。

师:(老鹰音乐响起)老鹰要来了!妈妈带领你们过桥拿“炸弹”(卫生纸筒)去!

师幼按要求练习。(过桥—取炸弹—跑回)

师:(老鹰飞出)宝宝们,对准老鹰投过去,(吹哨子)打!(1次)

师:(老鹰飞走)老鹰飞走了,把炸弹捡回来。

三、童谣韵律,放松活动

孩子们欢呼:“老鹰跑了!”

师:宝宝们出汗了,一起洗个澡吧。(洗澡操)在简单有趣的韵律操中自然地结束活动。

整节课下来,孩子们兴致很高,在老师的引导下,一步步轻松、自然地进入每一个环节,较为圆满地完成了教学内容,顺利达成了教学目标。

案例分析

课后,与各位教研组老师进行了认真地探讨交流,找到了成功背后的支撑点——那些生发孩子“兴趣”的支点。

1. 教具新颖,可操作性强

这节课,教师一改往常体育课成品教具的使用形式,利用废旧纸筒进行构思,把纸筒的多彩、长短、粗细融为一体加以考虑,形成了自己的特点:色彩鲜艳亮丽,孩子们非常喜爱,便于教师组织教学和孩子进入角色;纸筒长短、粗细不一,可以互相连接,将其布置成“树林”,当成树桩,做成长短不一的“桥”,充分调动了孩子的参与热情。同时,用纸筒做教具,非常便于摆放、操作,自由度较大。而且在活动内容和形式的设计上由易到难,循序渐进:“树桩”的距离由远到近,过桥的速度由慢到快。每一次难度的提升,都为幼儿创造了一次体验成功的机会,使他们在活动中增强了自信,得到了快乐。

2. 创造性地运用民间游戏

“老鹰捉小鸡”是一个民间体育游戏,它代代相传,曾给人的童年带来了无尽的欢乐!但随着现代人们生活方式及风土习俗的演变,这样的老游戏就表现出了一定的局限性,尤其是在玩法上。于是,我们本着“古法新玩,推陈出新”的原则,进行了改造性运用,即改变老游戏中众多“小鸡”一个拉着一个,躲在“鸡妈妈”后面的玩法,用长短、颜色不一的纸筒布置成“树林”,当“老鹰”

出现时，让孩子迅速找个“树桩”躲起来，孩子们非常投入，游戏的空间、自由度都很大。

3. 合理利用背景音乐和民间童谣

教学中，我充分利用背景音乐——老鹰的叫声，代替教师的语言，使各个环节过渡自然，更具真实性，让孩子有种身临其境的感觉。合理利用民间童谣，作为热身运动、放松运动的音乐，较好地刺激了幼儿的音乐感官和运动感官，使幼儿在多种感官的参与下，进行有趣的活动。

另外，活动中充分体现了教师的主导作用，为每个孩子提供了平等参与的机会，注重与孩子的交流，语言简洁，口令有力，完全将自己置身于“鸡妈妈”的角色之中。孩子们积极投入，表现出自主探索、乐于合作、挑战自我的精神，充分发挥了孩子的自主性，使他们成为学习、游戏的主人，真正表现出对体育活动的兴趣。

案例反思

如何才能更好地为孩子搭建生发兴趣的支点呢?

1. 了解孩子，走进孩子

从孩子的年龄特点出发，课前做好摸底调查工作，知晓孩子与我将要教授的内容之间的距离，以及可能达到的极限等，才能让孩子在课堂中成为主人。每个幼儿在沿着同一轨迹发展的过程中，各自的发展速度和到达某一水平的时间是不可能完全相同的，教师要充分理解和尊重幼儿发展过程中的个别差异，支持和引导他们从原有水平向更高水平发展，按照自身的速度和方式到达目标所呈现的发展“阶梯”。

2. 关注孩子身边容易忽视的东西

感情的激发需要载体，活动的开展依附于教具。对孩子来说，越是身边熟悉的东西越容易视而不见。因此，充分挖掘孩子生活中常见的物品，如纸筒、轮胎、救生圈、废旧易拉罐、报纸等，适当加以组合、改造，便是一件富有创意的教具，瞬间便可点燃孩子的兴趣，收到事半功倍的教学效果。

3. 在互动、对话中思考、搭建

俗话说“一个好汉三个帮”。任何一个教师，特别是新教师的课堂展示，如果没有他人的无私帮助和智慧引领，仅凭自己闷着头地摸索、闯荡，不知会碰多少壁呢！这次教研活动为我提供了与其他富有经验的老师互动、交流的机会，在与她们一次次的互动、对话中，我感受到了鼓励，增加了勇气和自信，并从中吸取了许多有益的建议和信息，再结合自身的教学经验，更全面更细致地分析、了解孩子，设计教学环节，较好地为孩子搭建了生发兴趣的支点。

备注：该文章于2013年12月发表在《山东教育（幼教园地）》。

体育教研实践简介与感悟

——反思改进，提升教学成效

该教研活动中的案例——“老鹰捉小鸡”活动，是我2008年去市里上的一节优质课，那一年上的领域都是健康。全县去参加市优质课的，也就2个名额，教研员沈国香老师把其中一个机会给了我。

虽然我那时干的事情比较多，但几乎不带班，也很少上课。庆幸，也在走出去听课观摩，关起门也在研课磨课。对此，我拿到这个机会时，首先想的是上什么内容。在沈国香老师的指导下，结合当前大力挖掘民间文化资源的背景，结合民间体育游戏，我们选定了“老鹰捉小鸡”。其中，将孩子们熟悉且喜欢的五颜六色、长短不一的纸筒作为教具，用心搭建生发孩子兴趣的支点，去发展幼儿跑、投掷、躲闪等动作技能……应该说整堂课设计比较新颖，课上孩子们也很投入，然而，静下来，尤其是随着自身专业的成长，再回过头去看自己上的那节课，就会发现存在一些问题。

2013年，作为园长的我，结合幼儿园践行的关于民间游戏的课题，我就结合自己2008年上的这节“老鹰捉小鸡”，在改进问题的基础上，又上了一遍给孙幼的老师听。然后作为一次体育教研，组织业务骨干以及观摩的教师围绕“如何有效生发孩子兴趣的支点”展开讨论，其中，贯彻《幼儿园教育指导纲要（试行）》和《3—6岁儿童学习与发展指南》精神及要求，加强关注了幼儿的主动性、合作性，以及在创玩民间游戏中的发展性等。

通过示范引领、研讨交流，让参研的老师们知晓好的课都是不断打磨出来的，且一节课要上好，需要考虑很多问题，以及每个问题可能生成的情况等。当我们观摩特级教师的课或优秀教师的展示课，当你在认可他们的课上得好的同时，你也应该想到他们背后的付出，因为没有谁可以随随便便上好一节课。所谓“台上一分钟、台下十年功”，你看到的只不过是台上精彩的瞬间……

既然我们选择了做老师，肯定想成为一名好老师，我想一个好的老师，肯定是个会上课、把课上好的老师。让我们尽心上好课，在反思改进中提升教学成效。

正确认识科学安排

——关于“2 小时”的解读

《幼儿园工作规程》明确提出：“在正常情况下，幼儿户外活动时间（包括户外教育活动时间），每天不得少于2 小时，寄宿制幼儿园不得少于3 小时。”这可使幼儿充分吸收大自然中的新鲜空气,加速幼儿新陈代谢和血液循环，促进幼儿骨骼的生长，提高抵抗疾病的能力，同时还能激发幼儿对体育活动的兴趣。因此，我们必须重视幼儿的户外体育活动，科学、合理地安排和组织幼儿的活动,让幼儿接触户外自然，充分体验户外活动的快乐。作为一名幼教工作者，如何保证和提高户外体育活动的时间、质量，值得思考、践行。

一、造成“2 小时”难以达成的困惑

（一）家长的“否定”和幼儿园的“顺从”

在一些幼儿园，我们时常看到活动安排表上明明写的是户外体育游戏，可是孩子们却在教室里干其他事情。为什么?因为家长在其育儿方式上存在着一些重智育轻体育、重保育轻锻炼的现象，大部分家长认为户外体育活动就是玩玩而已,还不如写写字、看看书有用。而幼儿园为了生源火爆,被家长认可，也尽量迎合家长的要求。这样一来,孩子们的户外活动时间相对较少。

（二）场地的“小”和幼儿的“多”

不少幼儿园人多、场地小,平时做操也是排得紧紧的，连手脚也舒展不开。要是开展户外体育活动，根本不能同时容纳几个班级。在这种情况下，只能分批轮着上体育课、开展户外活动。有些教师干脆不论天晴下雨，不论何种形式的活动都安排在室内开展，这样的现象还是客观存在的。一周转、一轮流,就没法达到“2 小时”。

（三）安全的“静”和健康的“动”

安全和运动，有时候似乎是不可兼得的。我们现在的教育有点像手心里的教育,家长害怕孩子在体育活动中受伤，或者担心他们的体质承受不了，干脆让孩子不要参加体育活动。而有的老师认为体育活动容易磕碰摔伤，还是少开展为宜。由此幼儿园户外体育活动常常流于形式，或停留在计划上。

二、确保“2 小时”的粗浅策略

（一）幼儿园努力勾画“2 小时”，家长积极支持“2 小时”

《幼儿园教育指导纲要（试行）》（以下简称《纲要》）指出：“家庭是幼儿园重要的合作伙伴。应本着尊重、

平等、合作的原则，争取家长的理解、支持和主动参与，并积极支持、帮助家长提高教育能力。”因此，在幼儿园开展户外体育活动时，指导家长积极配合幼儿园，是我们确保“2小时”的“支柱”。首先，我们努力提高家长对幼儿园开展体育活动意义的认识。因为家长对幼儿园开展户外体育活动所持的态度，将直接影响孩子参与活动的积极性。我们可以召开家长会，主动听取家长对孩子参与活动的意见和建议，并进行宣传、研讨，形成开展活动的共识。同时，邀请家长参加幼儿园户外体育活动，如亲子运动会。通过家长的参与，感受运动的快乐、意义。家长不仅积极参加幼儿园的亲子运动会，还经常帮助幼儿搜集废旧材料共同制作体育活动器械，如沙包、毽子、哑铃等。孩子到了家里，家长还利用双休日、傍晚等时间，带孩子到户外参加锻炼，真是其乐融融。

（二）“巧”用周边环境，“精”用现有场地

我园在开展幼儿户外体育活动中，十分重视幼儿园的环境创设。面对幼儿园的现状，克服设施陈旧、经费紧张的困难，想方设法改善幼儿园环境，并充分发挥环境的教育价值。如在大型器械场地铺设草坪，在有限的场地中精心设计了游戏区、休闲区，同时还考虑到安全，在水泥户外场地铺上了塑胶地面，以保证幼儿的安全。同时在时间的安排上，我们合理安排每个年龄段、班级的户外体育时间，设置户外体育自选项目，为教师提供更多的可以自主安排的时间、空间，组织幼儿开展好体育活动。与此同时，我们还努力为孩子拓展户外活动的外围空间。在保证小学正常的教学秩序不受干扰的前提下，本着安全，我们带领孩子到小学的塑胶场地，进行大空间的体育锻炼，孩子们的视野开阔了，锻炼内容更丰富，主动性更强，对体育的兴趣自然而然形成了。

（三）合理运作，安全、健康两不误

幼儿园是众多孩子集体活动的生活场所，其中越是孩子频繁使用的游戏设施或游戏场地，就越容易发生事故，尤其是大型体育玩具器械，往往生动、逼真、巧妙地将多种趣味性建筑组合在一起，强烈地吸引着孩子们，可是它也是事故多发地，常常发生摔伤、撞伤、碰伤等事故。但我们不能因为这样就“因噎废食”——取消户外体育活动或将其改在室内进行，这是违反《纲要》规定的，而且也无视孩子身心发展的需要，剥夺了孩子活动和游戏的权利。

运动对儿童是非常重要的，对于知识的建构和感知觉的发展尤其如此。因此，我们与其千防万防，不如把活动器材或设施的正确使用方法教给孩子，这样事故发生的概率就会大大降低，而且还应该和孩子一起分析容易出现的危险情况，共同讨论应该怎样玩才不会出现危险，引起幼儿的重视和注意，提高他们的安全意识，避免不安全事件的发生，做到防患于未然。如：玩攀登架时，提醒幼儿双手抓紧架子，两脚交替往上爬，并注意观察四周情况，以免相互碰撞；玩滑梯时，双手应扶住边缘两侧

从上往下滑，滑下后站稳马上离去；游戏时，如果不慎摔倒要尽量双手撑地，避免头朝地；玩跳绳时，和同伴要保持距离，避免绳子甩到其他小朋友身上等。当然调皮的孩子也是存在的，让我们看了为之“发颤”的也不是没有，就拿滑滑梯为例，它是幼儿最爱玩的户外大型玩具器械之一，老师宣布去玩时，孩子们一窝蜂地涌向大型玩具，有的孩子逆行而上，有的头朝下反着滑，有的嬉戏打闹……还真有点险啊！怎么办？我们除了不厌其烦地重申正确的玩法外，还要向孩子们认真讲解不按正确方法和规则玩可能发生的危险及后果。在一次又一次的耐心讲解下，孩子们的危险动作会减少，这样不仅可以有效地避免一些事故的发生，使游戏设施和活动空间得到最大程度的利用，而且满足了幼儿参加各种不同体育活动和游戏的需要。

三、提高“2小时”质量的初步尝试

（一）创造愉悦的心理氛围

幼儿情绪的好坏影响着其参加户外体育活动的积极性、主动性及创造性的发挥，因此，创设幼儿园良好的氛围，对幼儿身心发展也相当重要。在活动中，有时会出现这样的现象：在竞赛中，有的幼儿因输给对手而生气不开心，而有的却因胜利而沾沾自喜，有的因学不会动作要领而气馁……针对这样的现象，我们的老师向幼儿及时讲述一些生动的故事，使幼儿懂得正确面对生活的成功与失败。对个别能力较差的幼儿，教师更是加倍关心和帮助，经常用“你真棒！你的进步可不小……”等话鼓励他们，帮助孩子树立自信心。教师努力为幼儿创设温馨、轻松、和谐、无拘无束的学习氛围，使幼儿能轻松开展锻炼，掌握运动技能，更重要的是促进了幼儿的心理健康。

（二）丰富户外体育活动器械及材料

我园地处农村，经济相对落后，客观条件不允许我们购置较多的活动器材。但是，我们并不因此而懈怠，而是充分利用自然资源，发挥聪明才智，就地取材，创造多种多样的活动器材，开展丰富多彩的体育游戏活动，提高幼儿的整体素质。我们合理地利用身边的自然物开展体育游戏活动，如每周安排一定的时间让幼儿接触沙、泥、石等自然物，获得丰富的感性知识。让幼儿通过接触、摆弄来认识各种物体的属性，通过直接利用自然物，开展多种体育游戏活动，增强幼儿的体能，发展他们的智力，培养其能力。

兴趣是最好的老师。幼儿所喜爱的玩具材料是激发幼儿积极性的最基本的前提。只有幼儿对玩具感兴趣，才能最大限度地发挥潜能，在快乐中学习。为此，我们在充分利用自然环境的同时，发动家长、幼儿巧用废物，变废为宝，培养幼儿的创造力。例如：我们将废弃的饮料易拉罐制作成高跷、梅花桩、滚滚车、保龄球、响罐等多种类型的器械来开展活动，这样既满足了幼儿自主活动的愿望，又锻炼了幼儿多方面的能力，使自制体育器械的教育价值得到了有效的体现。此外，我们还注重调动幼儿的想象力，发挥器材的一物多玩的功能。由于幼儿在活动中很自由，思维很活跃，想出不少玩法。例如：幼儿发现的旧轮胎，不仅可以摆在地上练习跳跃，拿在手中当"方向盘"，套在身上"开火车"，在地上转等，而且还可以直接摆在地上练习走小路，也可以在接连着的轮胎上走，锻炼自己的平衡能力。这样操作的形式越多，幼儿表现出来的主动性和积极性就会越高，相应能得到的身体锻炼就越全面，让孩子获得了主动探索和成功的机会就越多，更能在探索活动过程中增强其自信心。

（三）优化教师指导策略

进一步发挥教师的指导作用，培养幼儿的独立性与自主性。

1. 激发幼儿的自主积极性

在活动中我们应注意观察幼儿的表现，关注幼儿对活动是否有兴趣，是否以积极愉快的情绪投入其中，坚持从培养幼儿有益的兴趣出发，给予恰当的指导，使幼儿心情愉悦、积极主动地进行活动。当幼儿品尝到成功的喜悦后，再给他们提出更高的要求，以便挖掘和发挥他们的巨大潜力。

在培养幼儿兴趣和激发幼儿在户外体育活动中的自主性的实际过程中，我觉得让幼儿动手操作是一个非常好的重要手段。根据不同层次的教学要求，提供适合幼儿身心发展的不同操作难度的材料，采取民主的态度，引导幼儿自主选择、自由操作，鼓励他们把自己的玩法玩给大家看，为每个孩子提供表现的机会，让他们在成功的体验中得到发展，从而进一步激发了他们的自主积极性。

2. 拓宽幼儿玩的空间

我们要尊重幼儿的意愿，不用自己的建议去左右他们的想法。在户外体育活动中，让幼儿自己选择，自己做主，让他们当主人，拓宽幼儿玩的空间。例如：户外体育活动中，有的幼儿会对树上的几朵小花感兴趣，有的会对掉在地下的几片树叶感兴趣，他们总爱好奇地"指指点点"。这些，都是孩子天性的外露、童真的一面。对此，教师不要急于参与，而是放手让他们想一想、玩一玩，让他们体验玩的幸福和快乐。

3. 给予积极评价

在活动中，我们更多地承担着"观察者"的角色，对幼儿每一个创意都表现出倾听、微笑和接纳的态度，欣赏他们，注重他们自主能力、创造力的发展，鼓励他们积极大胆、自主地表现自己的创意，努力使每一个幼儿都能获得满足和成功。

另外，提高幼儿户外体育活动的质量，还需进一步建立良好的户外体育常规。如建立器材使用常规，让幼儿知道器材使用后要放回原处；建立玩大型玩具的常规，知道玩大型玩具时不推、不挤他人，人太多时，学会等待等。常规的建立既有利于幼儿学会管理自己，更好地与同伴相处，也有利于减少户外体育活动中安全事故的发生。

备注：该文章于2014年4月发表在《家教世界（现代幼教）》。

“2 小时”实践简介与感悟

——先做起来，再慢慢求好

《幼儿园工作规程》中明确提出要保证幼儿每天2 小时及以上的户外活动时间，对此，很多幼儿园都几乎发出了同一种声音——这肯定达不到的，理由也基本同一，就是幼儿园班级多、场地小，也有疑问：那在外面玩的时间是不是太多了？同时还考虑了家长的看法等。

当我把这个“2 小时”要求讲给老师们听后，她们你看我我看她，然后摇着头说达不到。还拿来“作息表”和“周计划”，对着横算竖算，把“早操”“餐后散步”等都计入了，可还是达不到。怎么办？先做起来。既然文件中已经明确规定，相信马上就会将该指标和要求纳入幼儿园发展评估细则。况且我们幼儿园虽然场地不大，但那个时候，幼儿园规模也小，班级不多，按照生均面积还算可以了，于是，我们就开始践行“2 小时”。

刚做起来，因为各班教师，包括业务主管，已经解决了好几个新问题，比如：各年龄段各班错时安排户外活动，将绿化区域也作为户外活动场地，把走廊、楼梯、午睡室等公共区域合理使用等，所以，在起始阶段，难免会出现混乱、不合理、不科学的现象和问题。对此，作为园长，首先是理解和包容。因为任何一项改革都是不容易的，即便我们之前已经讨论策划了，但在实践中还是会出来一些意想不到的情况。对于这些生发的问题，我们接下去要做的就是用心解决，而且还不能同时解决，因为老师的接受力、执行力有限。于是，排列问题解决的先后顺序，如先调整并确定全园各班户外活动安排表，再观摩改进新开辟的绿化区域，走廊、楼梯等公共区域的具体活动安排，让其安排的内容在保证安全的基础上，能从幼儿的年龄特点、兴趣需求考虑，凸显适宜性和趣味性。这样的进程和跨度，老师们基本能接受，在如期改进的同时具有一定成效。

当一项工作包含的点多面广时，我们确实更需要分块、分阶段推进，在一环套一环以及梯度推进中，慢慢呈现我们想要的状态，而且在循序渐进中越来越好。

三步法，提升线上活动的质与量

2020年，原本可以“面对面”开展的一些活动，调整为以“线上”的形式组织开展，幼儿教师组织线上活动的质与量，成为大家共同关注的一个问题。我们从调查入手，采用团队合作的方式，借助评价反馈，不断提高活动质量。

一、调查了解，知晓参与对象的需求

宅家的时间长了，家长、孩子以及我们的老师对此有何想法呢？我们采用问卷星、电话咨询以及“园长妈妈和宅家孩子聊天”等形式进行了调查。我们发现，疫情期间，无聊、恐慌是普遍存在的心理感觉，而家长们则更多了一些盲目和疲惫，孩子们都觉得“在家不好玩”。这说明大家都需要心理疏导。从具体的幼儿宅家生活内容来说，虽然家长安排的活动很丰富，但有两方面的问题是很显性的。一是“小学化倾向”在部分家庭比较明显。如，家长给孩子买了练习做算术和写字的作业本，让孩子“依样画葫芦”地学写字，笔顺基本都是错的，算术则靠记忆或数手指头，这种灌输式的家庭教育对孩子不利。二是家庭环境有待改善。如，孩子用的桌椅与其身高不相匹配，且桌上、桌下堆放杂物，使幼儿学习空间变得狭小，同时，光线比较暗，对孩子的视力有影响。

基于此，我们积极组建团队，针对幼儿学习需求以及家长需要策划线上活动方案。

二、团队合作，策划线上活动的方案

园长、业务骨干以及在信息技术、美术等方面有特长的老师，组成团队，合作探讨，以使线上方案实施更有效。

（一）套餐式预定内容，供参与者选择

我们将线上活动内容分为“心理疏导”和“安全指导”两大板块。“心理疏导”板块的内容，主要围绕“认知、陪伴、互动”三个关键词而展开，通过倾听、观看等形式，在丰富多样的亲子互动中，增进亲子感情、促进健康，促使参与者以乐观、向上的姿态应对每一天。如园长妈妈讲故事《打败冠状病毒大坏蛋》；系列亲子小游戏——和家里的“圆滚滚”一起玩，干活都这么好玩，爸爸妈妈小时候玩过的游戏；疫情防控下的户外活动；特别的毕业典礼；等等。“安全指导”板块的内容，主要围绕“学习、演练、宣传”三个关键词而展开，通过观看、演练等形式，提

升参与者的安全意识，并能将学习的安全知识灵活运用，切实保障参与者及家园人身安全。如宅家学消防，安全我最行；防疫承诺书；上学歌；防疫演练；等等。

这些预设的内容，在具体开展中，根据参与者尤其是孩子的积极性和参与情况做有效调整或梯度推进，促使孩子参与活动更自主、更快乐。

（二）自主式合作推送，让参与者喜欢

预设的活动内容，要以幼儿喜欢的游戏形式在线推送给孩子和家长。谁来当“主讲人”“示范者”又或“网络红人”呢？孩子、家长或教师，只要有意愿，都可以自告奋勇来担任。如线上活动“爸爸妈妈小时候玩过的游戏”，要求是亲子合作玩，且适宜在家里开展的游戏。有兴趣的家长和孩子就会提前行动，用手机或相机拍摄游戏视频“挤油渣”视频，发给班级教师。各班教师再将视频发给线上活动策划团队，经团队商讨之后，指导家长进行二次拍摄，将原本在走廊悬空拍摄的一组亲子“挤油渣”视频，更换成亲子合坐在长凳上、围墙边“挤油渣”视频。这组游戏视频在线上推送之后，观看量很高，点赞数也很多，引发了亲子“挤油渣”的家庭游戏热潮。

三、评价反馈，提升活动推进的成效

通过评价，我们可以知晓每次线上活动的开展情况，还可以让下次线上活动开展得更好。根据参与对象及其数量，我们推出了面向全体的开放式评价和面对个体的咨询式评价。

开放式评价主要是在组织参与对象观看线上活动结束后，或线上活动在公众号上推送一段时间后，幼儿园设计问卷星，进行问卷调查。如针对线上活动“疫情防控下的户外活动”，我们设计的评价式问题主要有：您觉得这些活动适宜在疫情下开展吗？您觉得这些户外活动发展了孩子哪些方面的能力？您喜欢这些户外活动吗，为什么？通过对家长反馈的梳理，总结此次活动的成效。

咨询式评价，即根据参与对象的个体差异，采取电话咨询的方式，有目的、有代表性的抽样式评价。如线上推送“上学歌”之后，我们向不同职业的家长进行咨询，这些家长有做教师、医生的，也有在工厂上班的，向他们了解疫情期间孩子入园的变化，“上学歌”让幼儿了解了哪些疫情防控知识……通过对咨询式评价结果的汇总和整理，线上活动团队又进行了二次拍摄，制作了“入园第一课”，让孩子、家长更喜欢看，看得更明白。

在一次又一次的评价反馈中，团队策划水平和组织线上活动的质与量得到了不断提升。

备注：该文章于2020年10月发表在《山东教育（幼教园地）》。

线上活动实践简介与感悟

——按需推送，大人小孩都喜欢

“线上活动”是我们践行的频率较高的一项活动，原本以为它只适合中小学，没想到幼儿园也适用。当然，在幼儿园开展“线上活动”，我们更多地会去思考推送什么内容，以及以怎样的方式去推送等。

关于推送什么内容，我们首先考虑的是宅家的孩子及家长的需求，对此，我们主要通过问卷星、电话咨询以及“园长妈妈和宅家孩子聊天”等形式进行。在大概知晓需求的基础上，接下去就是制作推送。要让大人小孩都喜欢，我们自然比较注重推送的形式，以及制作的方式等。

为了让制作的内容更有吸引力和看点，我们组建了团队。团队成员以园长、业务主管，以及在信息技术、美术、手工、播音等方面有特长的老师，根据推送的主题，合作讨论制作的形式，尽可能让宅家的孩子及家长能轻松看、喜欢看，而且看的时间还不长。在这基础上，让孩子、家长看着看着，自然而然被吸引的同时，从欣赏者、观看者上升为合作者、参与者，甚至成了主角。如前期推送的《打败冠状病毒大坏蛋》系列，基本是让孩子、家长通过观看，知晓什么是“冠状病毒”，以及怎么对付它更好等。之后，考虑到宅家的孩子及家长原本就缺少动，若只让他们坐着看看，那我们推送的“线上活动”的成效是不够的，目标是不够完善的。于是，围绕“动起来”，我们又展开了讨论，制定了新的推送主题，如结合民间游戏的课题研究，围绕“和爸爸妈妈一起玩游戏”这个小主题，引导家长和孩子一起创玩民间游戏，玩亮爸爸妈妈小时候玩过的游戏。于是，我们看到了孩子裤子后面系着一根丝巾，在客厅里活蹦乱跳，爸爸则笑着追踩，妈妈高兴地用手机拍摄。之后，还从室内玩到了室外，搬出长板凳放到自家小院，一家三口坐上去，你挤我我挤你，简单又好玩。一会儿，又贴着墙壁站着挤，变着玩“挤油渣”，让人看着就觉得好玩有趣，还有好多好多的民间游戏，经孩子和家长的合作创玩，确实将传统的民间游戏玩亮了。

玩亮了，不仅是动起来了，而且动得有味道。能散发这股“味道”，缘于需要、基于用心，才让大人、小孩都喜欢，这也是我们推送的“线上活动”要达成的目标及成效。

建章立制，提升集体备课的有效性

一、活动背景

备课是教师教学中的基础环节，也是保证教学质量的先决条件。为提高教师的备课水平，促进其专业成长，改进教育教学质量，幼儿园老师通常在中午或傍晚时段，聚集教研组成员，开展集体备课活动，有效梳理问题，突破教育教学难点。

二、研讨回放

主持人导入研讨的第一个环节：反思上周主题“我的文具盒”。让教师结合本周教学实践与上周研讨进行交流、碰撞。教师自由发言，有的说：“孩子很难掌握正确的书写姿势，怎么办？”有的说“孩子不自信，如何引导？”也有的说“‘花儿朵朵开’削铅笔，很难或很少形成花状？”针对这些问题，主持人说：“你们有什么好的解决方法吗？”老师们议论纷纷，泛泛而谈，均涉及争取家长的积极配合，加强教师正确的引导，注重日常生活中的观察、收集等。

接着，进入第二个研讨环节：研讨下周主题“有趣的文字”。主持人说：“大家看了这一单元主题教学内容，觉得哪些内容是比较难把握的？”其中一位教师说：“拓印汉字有点难上。”“主要表现在哪里？”主持人问。这位教师说：“拓出来的字是反的，孩子不认识。”说完，众研讨者异口同声：“是呀！”接着，你一言我一句。主持人说：这个不是我们研讨的重点，在拓印汉字中，其目标主要是让孩子体会拓印的乐趣。另外一位教师接着说：“我觉得艺术活动中采茶的动作比较难编排。”说完，便站起来，将自己创编的一组动作，较僵硬地做给大家看，边做边讲解了不少时间，大家就这样看着。其实这些只要是幼师毕业的，都会做，而有些做的可能更具艺术韵味。之后，又有不少教师分别指出“规律排序”“汉字结构”“名字大变身”“词语接龙”等教学内容比较难上，几乎整个主题单元教学内容都出现在研讨平台上了，这些问题，都在研讨中简单经过并草草落幕。

下面，进入第三个研讨环节：主题实施措施、策略的研讨。经过大家的激烈讨论，主持人归纳、总结了三点：一是以“游戏”的形式，开展教学，激发孩子学习的兴趣；二是结合日常活动，争取家长的积极配合；三是主题活动与早期阅读相结合。

紧接着，进入第四个研讨环节：教学具的准备。这个更多的是主持人用罗列式的分类总结了一下：“我们需要的教学具有些是现成的，有些是可以通过收集得到的，有些是需要我们动手制作的。”

最后，进入第五个研讨环节：对该主题内容的教学有什么好的建议？一教师说：应凸显趣味性。”另一位教师说：“应避免小学化。”主持人作了简单的小结并结束了研讨。

三、评价、反思、策略

（一）评价

本次集体备课研讨中，无论是主持人还是参研者，她们都准备充分，态度端正。整个研讨环节、框架清晰，在自我反思的基础上，诉说困惑、提出问题、阐释设想，在各抒己见、共同分析讨论的基础上，努力解决在研讨中出现的那些问题。

同时，不可否认的是，该集体备课研讨中确实存在不少问题：几位教师围坐在一张桌子周围，议论纷纷，泛泛而谈，仔细一听，大部分对话与教学内容、教学方法、孩子学情等无关，与此同时，主持人又不能巧妙地将其引到点子上。研讨中，教师所提的问题多而杂，有些无需展开讨论，有些根本得不到实质性的解决。主持人的总结、归纳，参研者对解决问题的方式方法，更是人云亦云，并且只停留在“面”上，缺少操作性、创造性。集体备课后，教师往往较整齐地吸纳集体生成的智慧，简单地对自己的教案进行修正，很少或几乎没有进行再设计、再创造……这些情况叠加在一起，暴露了主持人和参研者不少缺点：主持人缺少聚焦的实力、质疑的潜力。参研者缺少捕捉信息的能力、反思凝练的能力，碰撞观点缺少针对性。由此，反映出主持人研讨之前，没有进行该主题教学“难点、困惑”前期调查，研讨者个人初备质量不高，这促使集体备课缺少研讨的深度，流于形式，成了“走过场”，难以产生实质性的研讨效果。

（二）反思

集体备课研讨中，研讨者、主持人的态度是值得认可的，但她们那种执着态度背后所能达到的深度，是让人质疑的。因没有深度，也就没有实效。

研讨中，主持人让老师们谈谈该主题教学中难以把握的内容。老师们侃侃而谈，分别递交了不同内容的疑点、困惑，几乎全盘托出。在有限的研讨时间里，要解决那么多问题，显然只能停留在表层。况且，每位教师的问题基本上不相同，进入该教师的问题，需要时间与思维的运转，有些还在思考那个问题，却被主持人引领到了下一个问题的碰撞，那么她刚才的思考显然是无效的、浪费的。

同时，主持人聚焦问题的深度、质疑的宽度，也值得深思。当教师提出“拓印汉字”教学内容比较难上，因为拓出来的字是反的，与此同时，其余教师也七嘴八舌地讨论的那一刻，主持人只是简单地说：那不是研讨的重点，在拓印汉字中，其目标主要是让孩子体会拓印的乐趣。这一听仿佛也有一点道理，但细细想来，孩子对拓印出的认识的字感兴趣，还是对拓印出来的不认识的字感兴趣呢？凭教学实践经验，孩子对拓印出的认识的字更感兴趣。从这里出发，作为主持人应该质疑的是：你准备让孩子去拓印哪些字？对此，教师就会去思考，应该选一些孩子认识的字，如：上、下、口、好等，或是孩子名字中出现频率较多的那些字，让孩子去拓印认识的字，拓出后即使是反的，孩子也能主动认出，倍感欣喜。

（三）策略

为什么会出现这些情况呢？我觉得主要是因为集体备课活动要求、规范不明确，参研者、主持人不知道如何有效实施集体备课研讨活动，导致即使作出了积极的态度，也只能付诸东流。为此，我们应该制定更加科学、合理的备课要求、备课组规范，让参研者、主持人参研有所依，参研前能根据规范、要求，早定位、早准备，切实提升集体备课的有效性。

1. 集体备课要求

为了做到资源共享，集思广益，充分发挥集体智慧、个人特长，体现“同伴互助”的精神，提高教师的课堂教学效果和业务水平，促进教育教学，提升集体备课的有效性，特制订我园集体备课要求：

（1）总体要求

幼儿园建立健全各年段备课组，每个年段备课组由一名责任心强、组织能力强的教师任备课组长，负责集体备课的组织实施，各年段集体备课研讨每周一次；跨年龄段成立学科备课组，由业务副园长牵头组织实施，每月一次。

（2）形式要求

采用“以个体备课为基础，集体备课为提升，个性补充为创新”的思路。严格按照“个人初备、问题普查、集体讨论、修改完善、评价反思”的主题单元集体备课步骤进行。

（3）备课要求

要求都是对人设立的，在集体备课研讨中，为了提升其有效性，我们拟定了不少要求，分别是对备课组长、主持人、参研个体而言的。

对备课组长的要求：

①组织本组教师在学期开始前，先通览教材，领会教材意图和整个教材的知识结构和逻辑体系，弄清本年段组各主题分别要完成哪些教学任务以及重点、难点，分清主次，合理安排教学进度。

②组长根据本学期的教学内容，给组员作好分工，确定各主题的主持人。

③根据集体备课研讨情况，确定需要跟进的研修内容作为研修课主题，并对研修执教者进行指导。

④作好集体备课必须的记录，作为对该组成员考评的重要依据。

⑤指导并辅佐主持人做好主持工作。

对主持人的要求：

①熟悉并掌握该主题教学内容，研讨前，在教师个体初备后，进行一次“问题调查”。

②对教师提交的问题加以梳理，拟定教师实践中存在的普遍性、代表性的现实问题，将其“挪”到研讨平台。

③研讨前对这些拟定的问题，结合自身教学经验及理论学习，初步知晓解决的要点。

④对本次集体备课活动进行分析、评述，总结实践中遇到的问题和解决方案，提炼出提升教师业务能力的策略建议。

对个人自备的要求：

①在集体备课之前，每位教师都要围绕主题进行个人自备。

②做到“四备”：备课标、备教材、备学生、备教法。

③做到“四明确”；明确孩子的原有知识点；明确新旧知识的连接点；明确课堂教学的重难点；明确课堂教学的可能生成点。

④初备的基础上，列出自己感到困惑的问题，供集体议课时交流研讨。

⑤针对主持人拟定的研讨热点问题，进行研讨预热，促使问题碰撞更具实效。

⑥认真做好研修课的听课记录及其评课意见，备课反思，提高备课自我诊断能力。

2. 集体备课规范

为了不断创新园本教研形式，做到资源共享，集思广益，体现“同伴互助”的精神，提高教师的课堂教学效果和业务水平，促进教育教学，提升集体备课的有效性，结合我园实际情况，特提出备课组工作规范。

（1）准备活动：早定位、早组织、早安排

备课组长根据教学进度，选择比较典型的教学内容（可以是大家普遍感觉比较难教的内容、在整体教学中属于重要的、基础性的教学内容、孩子普遍感兴趣或不感兴趣的内容等），并提前三天将内容通知到各成员，各成员按组长分配的工作任务（如寻找资料、设计整体流程、设计精彩片段等）研读教材，分头准备，尽可能形成文本（教案、网上下载资料、自己的思考、电子文档或演示文稿等）。

（2）开展活动

一问：为什么学？

交流重点：本课教材背景资料分析及学情分析。一方面是介绍本课教学内容的学生认知基础及后续为哪些学习内容服务，哪些知识点可有效迁移到本知识点的学习中。即把本课时学习内容的前、后、左、右的关系梳理清楚。另一方面是对孩子学习本知识点的学情加以分析。

二问：学什么？

交流重点：根据要求及以上分析提出本课时的一维甚至三维目标，强调教学目标要具体宜检测，倡导目标设置问题化，是可检测性的目标而非课程目标。不同的目标定位，预示着不同的教学设计思考。

三问：怎么学？

交流重点：主要交流与该内容有关的案例、网上素材和各自事先准备的教学过程设计，但不要求很具体，面面俱到。我们更关注的是在教学实施过程中孩子可能会怎么做、教师该怎么做，以及这样设计的基本理念是什么。要求老师用问题串的形式贯穿整个展开过程，既提问又试着自我回答。教学预设要简明扼要宜实施，既要有孩子的学习活动安排，又要有教师对教学内容、教学环节安排的思考。孩子的操作练习要有针对性、延伸性和拓展性。

针对以上“三问”，主持人应该引领参研者重点讨论：教学目标制定从量上来分析是否适中，从质上讲是否符合孩子的特点、是否符合教材设定的意图；教学目标内包含哪些要素，要素间的关系是怎样的；板块设计是否有利于落实教学目标；教学重点板块在教学时间上是否得到保障，教学形式是否饱满；教学清晰度是否足够等。此环节主要为训练教师研读教材的能力，所以备课组长在这一环节中要充分发挥组织者和引领者的作用，不断推动讨论深入。

另外，集体确定的教案具有权威性，是集体智慧的结晶。但是，它的缺点就是共性太强，缺乏个性，对此，还需要有个性化的教案。在这里，我们的做法主要分为四个环节：

环节一：修改完善

教师根据集体备课交流中的收获，根据班级学情和自己的教学风格对事先已经设计的教案独立进行适当修订完善，这时的教案才可以算是教师走进课堂的蓝本。

环节二：介绍片段

几人次或一人次介绍一到三个教学片段，可以是针对教学重点的或针对教学难点的，也可以是教学板书设计，也可以是孩子操作的设计。可以预测孩子的接受情况，对课堂情况进行假想，类同于模拟上课，增强可听性，也是为了训练教师把握学情的能力。

环节三：质疑讨论

讨论重点教学片段的教学价值究竟怎样，实施中如何提高孩子的参与效率，如何激发孩子的兴趣？估计在教学现场会出现一些怎样的情况，可以如何应对。

环节四：总结共享提升

梳理教师发言要点，对讨论所得进行整理，对教师发言中比较有价值的部分进行再次提示，对全组成员进行激励。指定教师将集体备课稿上传，利于共享；可以安排教师执教本课，观察课堂效果，继续深入研究。

（3）工作要点：有沟通、重推动、求实效

集体备课前要科学分工，充分准备，特别是整体设计与精彩片段设计要事先沟通，活动中也要有教师进行选择性地记录，便于最后整理，要不断激发参与教师的积极性，不断培养发言积极分子，使活动的效果最大化；组长既要推动讨论的进程，又要退居后台，不要把集体备课变成独角戏。

备注：该文章于2015年1月发表在《家教世界（现代幼教）》。

集体备课实践简介与感悟

——突破幼教圈，优化实施方案

当我听了几位老师上的园级公开课后，发现存在不少问题，而课上不好与课备的不好有很大关系。对此，我就想知道老师们是怎样组织集体备课活动的，于是，我提前告知业务主管，近期让她们准备一次“集体备课研讨活动”，我一起参与。

参加了提前告知的“集体备课研讨活动”，让我知道确实存在不少问题，主要有三点：一是本次集体备课研讨的主题及重点不明确；二是参研者提出的问题比较随意且层次较低，缺乏前期的自学；三是主持人“引”和“导”的意识及水平不强，三者整合在一起，让本次研讨收获甚少。

之后，我在反思：为什么会这样？我觉得重要的原因是“顶层架构”的缺失，没有从幼儿园现状及发展需求等考虑，制定一份具有可行性、导向性的关于集体备课的实施方案，导致老师们在行动无所依的情况下，只能凭自己的理解、经验，或者意愿进行。于是，我就找出之前在原单位获得局级“优秀备课组”的资料，同时，请教了那次参评中，同样获得“优秀备课组”的中小学单位，并向他们要了“集体备课实施方案”。然后，我在梳理、学习的基础上，结合本园的实际情况，起草撰写了《集体备课研讨实施方案》（以下简称《方案》），让老师们行动有所依，知晓参加集体备课研讨需要准备什么，以及怎样有效讨论碰撞等，一定程度上提高了参研的成效。

当然，事物都是在发展的，包括这份起草的《方案》，在一次又一次的集体备课研讨活动中，这个《方案》与参研者是互帮互助、与时俱进的关系，《方案》在规范和引导参研者的同时，参研者也在改进和优化《方案》。所以，《方案》是某个时期某个阶段某个单位的产物，它是有局限性的，你若觉得好，可以参考借鉴，而且尽可能突破幼教圈，跳出幼教看幼教，参考借鉴的程度会更广更高。

莫让幼儿园特色创建变成“东施效颦”

办出特色，成为名园，是当前许多幼儿园努力追求的目标。于是，园长、教师在外出培训、考察、学习、挂职时，特别关注姐妹园的特色介绍以及该特色下外显的环境布置、区角建构、幼儿的现场展示等，并用相机、手机一一拍摄下来。回来之后，立马选一些自己认为好的适合本园的特色活动、环境布置，简单地照搬照抄，模仿践行。因此也就出现了许多幼儿园不管户外场地大小、在园幼儿多少、前期铺垫准备是否成熟就绪，而将户外广播操定为本园特色的情况。更有的幼儿园为了将别人的特色布置照搬过来，在所需材料上生拉硬拽，乍看该园的图片介绍或观摩现场，以为所属“山之林”，而事实上却属“海之域”，在让人惊讶的同时，对其特色创建提出了质疑与否定。

一、幼儿园特色创建为什么会出现“东施效颦”

首先，自己的特色，做不深、挖不全。

自己的特色为什么做不深、挖不全？原因可能有三方面：一是时机不宜。幼儿园选择该特色进行创建，不是时机过了，就是时机未到。二是地域不利。幼儿园的特色创建没有考虑所处的地理位置、社区环境、办园历史等。三是人员不和。为了创特色、树品牌，园领导挖空心思地想，教师身心俱疲地做，孩子不是被机械地操练，就是被幼儿园的特色搞得眼花缭乱。以上三方面的因素结合在一起，往往导致本园的特色创建停滞不前，理不清剪还乱，为此就把目光盯在了做强特色的幼儿园上，希望从中借鉴，得到帮助。

其次，别人的特色，随意拿来、盲目模仿。

一般，园长、教师去他园参观、学习，习惯用手机、相机进行拍摄记录，内容大多为环境布置、区角建构这些静止的画面，也有动态的，如孩子的现场操作、展示等。这种参观、学习的过程，很多是“走马观花”“蜻蜓点水”式的，所以尽管拍了照片，也往往拍不全、拍不清，有些拍摄纯属随意为之。等回看这些照片的时候，还是以欣赏为主，至于里面涉及的环境布置，用的是什么材料，又是怎样制作的等问题，根本是稀里糊涂、一知半解的。有的也用摄像机将孩子现场操作、展示的过程拍了下来，如广播操、手工制作等，回去拷贝出来，组织全体教师学习，如对其成果认同的同时又很感兴趣，于是就有了拿来成为本园特色的念头。若真正是从本园实际出发，纵的、横的都考虑过了，别人的特色适合在本园孕育、生长，那当然无可厚非。但问题是，有些幼儿园只要认可、喜欢人家的特色，便不管本园是否切合，就定向要做那个特色了，还大踏步直奔结果或人家的展示层面，其中辛苦的创建过程、各方面配合的因素就很少甚至没有顾及、思考。因为省略了很多环节，忽略了特色创建中的整体性、渐进性，使得教师、孩子日渐疲沓的同时，也让幼儿园的特色创建处在了“东施效颦”的窘态。

二、幼儿园特色创建怎样避免“东施效颦”

一要明确什么是特色。特色是一个事物或一种事物显著区别于其他事物的风格和形式，是由事物赖以产生和发展的、特定的、具体的环境因素所决定的，是其所属事物独有的。就幼儿园来说，是指其在某方面或某领域体现出来的与众不同之处。再具体点说，就是要在合理、科学地完成保教任务的基础上，在整体上具有独特、稳定、优质的个性风貌。与一般幼儿园相比，它是独特的，在一定范围内，它是有影响的，它的理念是适度超前的，它的品质是优质的，展示的是那些“人无我有、人有我优”的，才能评定或称之为幼儿园特色。

二要知晓为什么要创建特色。调查、询问幼儿园特色创建的出发点或目的，可以将其归为三类。一类是竞争推动的。随着学前教育的加速发展，幼儿园之间的竞争日趋激烈，于是创特色、树品牌已成为幼儿园面对激烈竞争的重要手段之一。一类是创建带动的。全国不少省（市、区）推出了特色幼儿园创建评估，有的还分批评定，在其评定结果通报中显示着“首批”“二批”……这无疑给了幼儿园巨大的压力，不创也得创。另外，幼儿园要上等级，园领导就要努力打造特色，以辅助、推进幼儿园的等级评定。一类是羡慕跟风的。听了、看了姐妹园的特色介绍、特色展示，好生羡慕，便动了创建的念头，一方面可以成为幼儿园宣传、推介的资本，一方面可以填补目前幼儿园没有特色的空白。凡此种种，无论出于何种原因进行特色创建，只要幼儿园各方面条件允许，过程合理、科学，都是可行的。但切勿为了创建特色，将幼儿园搞成虚多实少、摆弄噱头的粉墨舞台，成为追逐功利的演艺场。特别需要提醒的是，特色创建应“以促进幼儿身心全面和谐发展”为根本目的，在促进幼儿全面发展的基础上，满足他们个性化的发展需要。

三要结合“天时地利人和”创建特色。幼儿园特色创建，需要考虑多种因素，有内因也有外因，有硬环境也有软环境等。因此，幼儿园特色创建是多方面、多因素共同作用的结果。要以幼儿园的背景和发展现状为依据，背景包括：幼儿园的发展史，所处的地理环境，家长及社会的需求等；发展现状包括：幼儿园的硬件配备，师资结构，幼儿学习与发展情况，现有的优势与不足等。只有在全面充分地考虑、分析这些因素的基础上，拟定的特色创建项目才是有根的。有了根，这个特色就是“内生”的，土生土长的。接下去就可以为创建制定切实可行的方案以及保障、推进方案有效运行的机制，让特色创建中的老师行动有所依。幼儿园管理者要不断寻求特色，发展新的生长点，尤其关注孩子学习与发展的情况以及教师在具体落实创建方案中的策略和方式方法，随时总结、分析、反馈，促使教师及时改进、完善，从而推进特色创建进程，提升特色创建的质与效。并由点到面，以特色创建带动其他工作，以其他工作促进特色创建的进一步优化。

四要关注他园凸显特色的路径和方法。其他幼儿园的亮点、特色是应该好好学习、借鉴，其中要着重研究学习其发展历程，力求“效法”而不“仿效”。

为此，参观、学习的时候，应加强观察、思考、询问，不要急于拍摄表面的、外显的东西。可先大概看看幼儿园的园风园貌，据此思考该园的特色与其园风园貌的关系，看了、思考过了，就会有疑问或想进一步知晓的，那就带着这些问题、疑惑，主动询问接待园的老师或领导，通过他们的回答，不仅可以弄清楚很多个“为什么”，更主要的是在彼此的交流、对话中，能大概知晓他们幼儿园在特色创建中，一路是怎么走来的，这无疑是宝贵的经验。在这个基础上，再去细细参观、学习、品味，从不同板块、角度聚焦一些有代表性的片段、画面，并有选择性地拍摄、记录。回来后，结合他们特色创建的路径和方法，将拍摄、记录的各种材料有序地整理、归纳和分析，再结合自己的创建思路及方案，提炼出推进特色创建的方法、经验，并有效地运用到实践中，使本园的特色创建站在他人的肩膀上前行。这无疑是事半功倍又行之有效的。

备注：该文章于2015年5月发表在《山东教育（幼教园地）》。

特色创建实践简介与感悟

——特色向来不是随意就能呈现的

什么是“特色”？它是一个事物或一种事物显著区别于其他事物的风格和形式，是由事物赖以产生和发展的特定的具体的环境因素所决定的，是其所属事物独有的。我在“鲁迅外婆家”——孙端当了十年园长，其间也没有啥特色创建，偶尔“亮点”还是有的，那只是常规做到极致生发的创新点而已。

既然没有特色创建过，为什么发出了“莫让特色创建成为‘东施效颦’”的声音呢？因为我看到、听到了很多外出参观学习的园长和老师们在说：某某幼儿园的特色很好，我们稍微改改也可以做起来的；那个幼儿园的特色更好，直接搬过来就可以了……光是听到这些，我还没有动笔的念头，直到有一天，一位园长邀请我去观摩了他们幼儿园的“早操”，回来我就动笔写了这篇文章。

我被这位园长的热情与激情所感动，并认可她的干劲，因为她在短短两周的时间内，将自己外出学习中认可的他园的“早操”，将其视为一大特色，于是想办法拿过来用了，包括音乐、器械、动作等，而且自豪地说：“我们做的感觉比他们的还要好！”无疑，这早操还是有亮点的，比以往我们看到的多了互动环节，融入了游戏。但也有不少问题，比如音乐，因为直接拿来用了，有明显的那个省那个区域的元素在，其中涉及的器械也不太适宜，而且互动环节没有合理考虑本园的场地实际情况等。

在发现这些问题后，我回去上网查找了那所幼儿园的相关资料，主要是了解园所文化和特色方面的介绍，之后，我知道了那园的特色不是“早操”，而是“运动”。因为那园户外活动场地特别大，而且园内有两名男教师，就专门为孩子们上体育活动，包括早操的编排与组织等，当看似常规的一项活动，将其做到极致，就有了很多创新——音乐的创新、器械的创新、动作的创新，不仅孩子们喜欢，更博得了专家、同行们的眼球，但这只是他们运动特色中的一个展示点，而“运动”能成为他园特色的，不仅依附了特定的幼儿园环境，同时考虑了师情、生情以及家情，另外，还融合了幼儿园发展历程，并且在践行中是在持续改进和优化的……

对此，我想说：“特色”不是随意就能呈现的，你若觉得人家的东西好，那就先多多思考多多请教：为什么好？怎么做出来的……关注这些，才会让你知晓更多，就不会轻易拿来效仿，如同一首歌——《我的气质你模仿不来》，人家的“特色”你也模仿不来。

创新活动，助力安全教育

安全工作是幼儿园工作的重中之重，我园在幼儿一日活动的组织与开展中，始终将安全放在第一位，正视安全工作的长期性、艰巨性和复杂性，通过开展形式多样、有创意的活动，将安全意识烙进孩子、家长心里。

一、措施：访谈调研，查找安全教育中存在的问题

为了提升安全教育的有效性，了解我园在安全教育中存在的问题，我们通过安全教育中存在哪些问题、为什么会存在这些问题、如何提升安全教育的有效性等对本园全体教师进行了调查访问。

针对第一个问题，有60%的教师关注到了安全教育流于形式，或开展落实了相关活动，但收效甚微，且比较枯燥，停留在说教层面。有30%的教师发现安全教育不是有条不紊地开展，基本处于阶段式，忽略了其长期性的特性。还有10%的教师似乎平时缺少关注，比较茫然。对为什么会出现这些问题，很多教师认为幼儿年龄小，安全教育又比较枯燥，孩子不喜欢也正常。也有的将原因归结到自身，认为不够重视，很多活动没有好好策划，在组织开展中，又缺乏对幼儿的有效指导。就第三个问题“如何提升安全教育的有效性”，大家整合已有经验，积极思考碰撞后一致认为：在整体落实的基础上，分阶段按类别加以推进，同时创新活动，助力安全教育。

二、落实：围绕“三点式”展开并推进

主要通过践行“三点式”，在整体落实安全教育工作的基础上，又分阶段按类别加以推进，切实加强内部安全管理，强化幼儿园安全监管，让安全教育更轻松、更有效。

（一）以制度检查为基点，让安全教育有保障

认真梳理幼儿园制定的各项安全制度，针对实际情况进行再修改再推进，努力使制度具有针对性、操作性和有效性。如：为了强化食品安全，对食堂蔬菜等的配送质量以及当天的饭菜质量进行全面监督检查，我园特召开班子成员会议，结合工作实况，在借鉴其他省、市幼儿园做法的基础上，精心拟定了切实可行的“家长品幼儿园伙食的践行方案”。尤其是为了确保师幼安全，我们专门准备了为家长品尝用的餐具（餐桶、餐盘、筷子等），品尝后由食堂人员清洗、消毒，但与幼儿、教职工的餐具必须分池清洗，做到防患于未然。

制度关键在于落实。制定的各类安

全制度是否严格执行，还需加强检查与督查。检查以各园自查为主，由中心园统一设计自查表并上传群邮箱，让各园负责人和分管安全的教师一同自查，检查后填写自查情况表，在规定时间内上交总园，中心园根据各园上报的自查情况，组织专人进行随机抽查。抽查形式多样，有同年龄段各班互检、各年龄段交叉检查，以及抽样检查评定等，以提升各园自查的力度和实效。

（二）以活动反思为支点，让安全教育有成效

我们根据幼儿的特点开设安全教育知识讲堂，以游戏、观看短小视频、自制图册及绘本进行讲述等适宜的方式，指导孩子对安全教育的认识和掌握。

如消防安全方面的“浓烟逃生要贴地，毛巾打湿捂口鼻”，离园前的一分钟安全教育，日积月累，孩子就掌握了很多。但因时间短，对老师的要求则相对高一点，拟定的教育警句不仅要生动、形象，而且要为孩子所能理解和记忆。

在“反恐防暴”方面，教育效果比较好的是表演。为孩子搭建一个舞台，让感兴趣的孩子提前一周在班主任那里报名，然后幼儿园根据报名情况，指导孩子组建若干个表演团队，接着师幼合作制作表演道具，如用垃圾袋制作蒙面套、用纸板制作凶器等，让孩子在舞台上尽情演绎对“反恐防暴”的感知与体验，该表演无疑是演练的升华。

中长假期前，我们都会组织开展有创意的安全教育系列活动。如为了让幼儿度过一个安全而快乐的国庆假期，放假前，幼儿园举办了“首届家庭安全小品秀”，家长和幼儿以小品的形式演绎了一系列安全故事，如《不和陌生人说话》《斑马线上的皮鞋车》《鼹鼠妈妈的厨房着火了》《我是安全小斗士》等，从家长与孩子的对话、神情以及互动交流来看，参加表演的家长、孩子对安全教育有了更多的认知，而观看小品的家长和孩子也在快乐的氛围中受到了启发和教育。

（三）以指导宣传为展点，让安全教育有提升

晨检是幼儿园一项重要的保健措施，但是该怎么晨检，晨检哪些项目等，在现实操作中，很多都是不规范、不到位的，主要原因是晨检工作者对晨检重视度不够，安全意识不强。改进后，我们关注的不仅是幼儿的双手，看其是否干净、指甲有无剪短，手上有没有携带小物件，同时看脸部、颈部及手部裸露在外的皮肤有无异常，是否有皮疹等，也会主动询问身体状况、早上的饮食，看其精神状态是否好，等等。

另外，幼儿园利用家长半日活动开放、家园通、家园联系栏、展板小报、告家长书等，努力让家长在活动中提高安全意识。

1. 利用家长半日活动，推出套餐式安全教育活动

根据参与家长的年龄、文化、个性等差异，幼儿园推出套餐式“反恐防暴消防安全”活动，如参与演练、茶话座

谈、问卷调查、听讲座、看演出等，让家长按意愿选择感兴趣的活动参与，通过家长人人参与活动，推进其对安全教育重要性的进一步认识。

2. 借助家园通平台，推送短信提升家长安全意识

适时地向家长推送温馨短信，如“春节临近，请家长朋友及时清理家中阳台、楼道、疏散通道等可燃物，保证消防安全”。当发现园内有烟蒂的时候，我们会有意识地向家长发送——“为了孩子的健康安全，请不要在园内吸烟”；又如“坚决取缔邪教组织，努力建设平安家园”，一方面起到及时提醒的效果，另一方面也起到宣传教育的作用。

3. 制作展板小报，增强安全教育宣传力度

幼儿园以“防灾减灾日、119消防日、反恐防暴”宣传周为契机，制作主题式展板小报，将安全教育方面存在的问题、案例以及需要家长努力配合的情况等，全面罗列，分块构思制作，让家长通过观摩展板、阅读小报，在知晓安全知识及重要性的基础上，去自觉、有效地教育监管自己的孩子，并努力以自己的言行去影响、带动身边更多的人，真正将安全意识烙进孩子、家长心里。

备注：该文章于2017年10月发表在《山东教育》。

安全教育实践简介与感悟

——花点心思，让其“活”起来

听到“安全教育”，一般都会觉得枯燥、无趣，这种定式，会在重复先前按部就班操作的同时，默认这种倾向习性，导致安全教育整体缺乏创新。

于是，我把分管安全的老师叫过来，问她怎么看待安全教育，她想了想说：“很重要”。“开展得怎样？”我又问。只见她皱了皱眉头说：“也就这样吧，大家都差不多”。我接着说：“为什么接受‘差不多’，他们这样做，我们也这样做，能不能创新下呢？“见她没有接上话来，我又说：“不要一个人扛着做，可以把安全教育推上研讨层，让老师们一起参与讨论，把安全教育中的问题先找出来，然后让大家讨论解决，并围绕创新群策群力，其中，也可以邀请部分孩子和家长共同参与，听听他们的一些想法及建议。她听完，扑闪着一双大眼睛，一脸悦色地说：“好的，我先去想想，再和年段长们讨论落实”。

果然是“给点时间就灿烂”，经老师们讨论生发了不少点子，还碰撞出了惊人的智慧，促使之后的安全教育形式和内容更丰富了。形式有“情境式表演”“亲子小品秀”“家园总动员”“陌生人参演”“保安串演”等；内容分为“必选”和“自选”，其中“必选”的除了响应上级文件中涉及的，还有孩子们普遍应该掌握的安全常识，如“交通安全”“日常生活安全”等。“自选”的可以在老师们讨论罗列的几项内容中选，也可以根据班级实际情况自主安排，如班中有一名幼儿玩大型玩具，从滑梯上摔了下来……老师就可以结合这个案例进行安全教育。孩子们参与的积极性很高，回到家里，还在继续和爸爸妈妈合作表演“防小偷”，也有演练“防地震”的……因为孩子们喜欢，所以还在延续着演练。

谁说安全教育就一定枯燥乏味呢？其实它本就无味，凸显“乏味”还是“趣味”，完全取决于落实它的人。你若花点心思，想着让它“活”起来、有所创新，让孩子们“玩中学、学中玩”，那安全教育也是可以生动有趣的。

让幼儿园绿化养护省钱更长效

幼儿园美化离不开绿化，加上在幼儿园等级评定标准中，对幼儿生均绿化面积有一定数量的规定，为此，每个幼儿园中都有或多或少的绿化。但是大多幼儿园都没有专职或兼职的花工，需要教职工参与绿化养护。为了让这项工作省钱更长效，我们的策略是：

一、精心规划与购买

规划时应考虑什么？首先，整体布局要合理。绿化的面积无论大小，都是幼儿园整体的一部分。为此，绿化规划要从幼儿园整体布局考虑。如户外场地上大面积草坪、花坛等的设计，一般要考虑户外活动场地利用情况以及安全疏散出口的位置，还有视觉效果等。其次，绿化品种要适合。选择种哪些植物，应结合本地域的土壤、气候、生态等因素，对照绿植的习性，在适合的对象中选择。最后，种植摆放要相宜。不仅要考虑间距和种植穴的大小、种植深度以及种植后的支撑方法等，还要考虑形状、颜色、排他性等。特别注意：颜色相近的如黄连翘和黄榕，最好别种一起，容易引起视觉疲劳；互相有干扰的如勒杜鹃和软枝黄蝉，也最好别种一起，两种植物长势都强，会互相侵蚀地盘。

购买时应考虑什么？首先，根据规划，有计划、有目的地购买植物，避免因数量过多而浪费或数量不足而再次购买。其次，兼顾价廉物美。尽管购买的品种已确定，但是同样的植物其质量也是有好有差。对此，购买时就须多个心眼，关注、检测植物的“质”如何，一是看叶子要看新叶，如果出现明显耷拉状，则说明该花木已濒临枯萎；二是看芽，如果花木的顶芽断了，则此花木在以后的生长过程中长势会不均；三是看土，如果土质松散，则表明可供花木生长的养分不够，花木容易枯萎。最后，咨询卖家，可以获得网上搜索不到的养护技巧与经验，因为其中有不少是他们长期在实践中摸索、感悟的，按其践行可以确保养护更有效。

二、潜心管理与指导

幼儿园绿化养护要有成效，离不开

管理与指导，应制定切实可行的绿化养护制度。为了提高教职工绿化养护的责任心与专业性，幼儿园应加强在养护中的检查与指导。检查主要就教职工对包干绿化“操作规程”的掌握情况和包干绿化的“养护质量”进行评定。“操作规程”的掌握情况评定，可以采取现场操作与抽样问答的方式进行。如让教职工现场对其包干的绿化进行浇水、施肥等，看其在操作中是否规范、到位，因为不同的植物，浇水的部位、量都是不同的，对土的要求也有差异。另外可以在教师包干的绿化中，随机指定2~3种，让教师说说它们的习性，介绍自己平时是怎么养护的。绿化养护质量的评定，主要看包干绿化植物的叶、芽、土等情况，进行分项观察评定与综合评定。此外，检查者应根据实际掌握的情况进行具体的评价、反馈与指导，促使彼此在检查、交流、反馈中提升绿化养护的专业性与责任心。

三、尽心栽培与护理

养护人要主动从卖家那里，咨询并记录这些植物的习性以及养护方法、要点，并要查找资料，进一步明确这些植物的养护程序、注意要点。在此基础上，拟定一份养护方案。方案中不仅要标注这些植物的习性，还应该从其习性出发，分设合理、科学的养护小项目，如浇水、光照、温度、湿度等。就这些小项目，还要再细化分支项目，如浇水，细化分支项目涵盖周期、方法、量的多少等，使养护人能对照该方案，有更明确的养护行动指南。养护人在养护中要细心观察并记录植物的生长情况，对某些突发现象，如叶子突然卷了起来、枝条垂了下来，进行详细记录、分析，并采取有效的方法、策略，积累养护的经验。另外，要关注天气变化，尤其关注高温、强冷空气或台风等天气，提前采取一些有效防范、应对措施，以减少对绿化造成的不良影响。

备注：该文章于2015年6月发表在《早期教育（教师版）》。

绿化养护实践简介与感悟
——重在科学养护

当我看到园内不少绿植通常养不过几个月，尤其是“自然角”中的那些小盆绿植，没多少时间就耷拉下叶子，再过一段时间去看看，盆里只剩土了；再去看看老师办公室以及公共区域放着的绿植，情况基本差不多，着实让人有点儿心疼。

而我家里也有不少绿植，大大小小的花盆、高高低低的绿植，且好多年了，依然完好无损地生长着。在看到明显差距的同时，我就在想：为什么会养不好呢？

于是，我趁巡视检查的时候，特地走到各班“自然角”，先夸他们“自然角”丰富、绿植品种多，再问：这些绿植平时由谁养护的？“值日生”，老师说。“值日生这么厉害，知道怎么养护？”我接着问。老师又说：“就给它们浇浇水，有黄叶就摘掉”。说完，我让老师把今天的值日生叫过来，然后我问他们今天在自然角里做了哪些事情，正如老师说的——浇水，而且浇多少、怎么浇的基本不太清楚，值日生分工也不明确，存在几个值日生当天都浇了水的情况。当我问他们是否认识这些植物，有几个能说出2~3种植物，还有几个几乎都不认识，而这些是大班的孩子。

“子不教父之过”，“生不懂，师之过”。值日生这样对待“自然角”中的绿植，且呈现这样的水平和状态，和老师的态度、认知、指导等都是有直接关系的。对此，我在基本知道这些绿植为什么养不好还死得快的基础上，和几个班子成员说了绿化养护问题。其中管后勤的老师说道：“自己养不好，能不能租？有些学校就是用租的方式，专门有人会来养护的，还会根据季节和我们的要求，进行更换。”一听，大家都觉得不错，可以尝试下。于是，我让这个管后勤的老师，去具体联系对接下，主要让她去了解清楚“出租方式”以及租金问题。该老师对接了解后，把租的方式方法和租金等情况告诉了我们，然后，几乎没人说好的了，因为大家这点“算术”还是会的，算来算去，都觉得不划算。

所以，我们还是决定自己养护。为了让幼儿园绿化养护省钱更长效，我们思考策划并跟进，如“用心购买”“专人包干”“养护指导”“检查评比”等，以此，让我们的老师和孩子在用心栽培、科学养护中，提升“知”的同时，促进“心”的美化。

亲近孩子让我更好地成长

作为一名园长，因忙于行政工作，平时很少上课。2018 年 11 月份，我园要承担区级开放活动，主题是关于“民间游戏”的。

我正在设想这个活动怎么承办更好，有几个孩子又和往常一样，自由地走进我的办公室，看我在办公，一个说“园长妈妈，你怎么老是对着电脑……”另一个接着说：“我妈妈说，经常玩电脑，对眼睛和身体不好的。”还有一个说：“园长妈妈，你怎么不和我们做游戏？”听了孩子的话，我豁然开朗。对呀！同样是工作，我为什么不动静结合，在深入教职工的同时，进一步走进孩子的内心世界呢？

“教”得更灵动

于是，在开放活动展示的三节“民间游戏”中，其中一个就是我和孩子们原创设计的“老鹰捉小鸡”。为了创新，我和孩子们聚在一起讨论：这个游戏怎么样更好玩？孩子们议论纷纷，有的说，老鹰来抓了，要有东西可以躲起来。有的说，老鹰来了，怎么能没有声音？根据孩子们所提的第一轮问题，我们再展开讨论：老鹰来抓了，你们想躲在哪里？午睡室、大型玩具、垫子……这些都成了孩子们躲的地方，然后我鼓励孩子们去尝试。在尝试中，有一个孩子把眼光投向了箩筐，这个农具——箩筐，平时更多的是用来装皮球的。只见这个孩子一会儿缩成一团躲在箩筐里，一会儿蹲着双手举着箩筐罩着自己……这些举动成了孩子们的焦点，孩子们不约而同地走近他、看着他，并一起玩起来。于是，我们商定将箩筐投放到“老鹰捉小鸡”的游戏中。同时，加了游戏配乐——老鹰的叫声。

在展示中，孩子们绕着箩筐快速跑，一听到“老鹰”的叫声，立刻躲起来，躲得五花八门：有的三三两两躲在箩筐后面；有的两个合作将箩筐倒过来，罩着背对背蹲着的彼此；有的独自跨进箩筐内，缩成一团……观摩者的掌声响起，孩子们更来劲了——跑得更快、躲得更妙。孩子们还发出了令人难以置信的声音——“让我们挑战极限！”“再难，我们也可以”……听到这些声音，我就有意识地减少箩筐的数量，并让孩子们从随意躲到按要求躲，梯度提升游戏的难度，使他们始终保持着兴趣。

从那之后，孩子们看到我更喜欢了，远远地就“叽叽喳喳”叫：“园长妈妈，园长妈妈……我们喜欢和你做游戏。”还问我：“什么时候再和我们做游戏？”孩子们的话语让我满足的同时，给了我更多的动力。于是，我尽量抽出更多时间和孩子们游戏，无论是在日常生活中还是在展示活动中。这不，在我园四月份承办的区级活动中，我又积极报名参加课例展示，只因为孩子们喜欢。展示内容是我和孩子们一起选定的——在平时玩的民间游戏中选，怎么玩则是我和孩子们一起讨论的。在讨论中，孩子们给了我不少有趣、智慧的建议，如让我将教具从“纸板”换成“小竹匾”。他们说“纸板”轻，会被风刮走的，而且在抢占中，容易将“纸板”撕破……

孩子们的建议，让我更好成长——无论是“教”还是“保”。

“保”得更周全

自从局里文件下来，要求园级领导陪餐开始，我园就积极响应并实施。

我从大班开始陪餐，和孩子们一起自主取餐，然后和孩子们边吃边聊。有的和我说：“这个菜，我妈妈烧得更好吃！”“真的吗？”我接着问，“你妈妈是怎么烧的？”孩子得意地说：“明天请我妈妈陪小朋友吃饭，让她告诉你们……”话还没说完，我就认可了这个“点子”，接受了孩子的建议。然后在和班子成员讨论的基础上，推出了“家长品幼儿园伙食”“家长陪餐”等方案和制度，增进亲子情感的同时，又拉近了家园的距离，并让家长在品幼儿园伙食和陪餐过程中，提高家庭实施科学的保育和教育的水平。

餐后，和孩子们一起整理打扫。他们又说开了，有的说：“园长妈妈，这拖把太大了”；有的说：“园长妈妈，这扫把不好看，我家里的是卡通的”；还有的说：“园长妈妈，抹布能不能换得漂亮点”……根据孩子们的建议，我们组织调查了更多的孩子，然后选了部分孩子代表和老师一起在淘宝上选购了“漂亮的抹布”和一些孩子们喜欢的打扫工具。同时，师幼合作，制作了一批自制洁具，将它们投放到教室里，孩子们积极参与其中，餐后打扫时更主动、更快乐了。

一次，我没有轮到陪餐，在自己的办公室独自用餐。一个孩子跑进来既激动又羞涩地说：“园长妈妈，我想陪你一起吃饭。”“好啊……”我话还没说完，孩子就转身跑了。一会儿，只见他把盛好的饭菜端了过来，放下又立刻跑了出去，一会儿又拿来了椅子。见此，我微笑着走向他，和他面对面坐着，看着他说：“我们吃饭吧！”他激动地点点头。我们聊了很多，其间他告诉我，他不喜欢吃肥肉。每次吃肥肉的时候，都是把它藏在饭里面，然后闭着眼睛吞下去的……我认真地听他讲，然后一本正经地说：“这么不喜欢吃，那就剩着吧！”他高兴地一把抱住我：“园长妈妈，你真好！”接着又说：“下次让我帮你晨检”。“你会吗？”我问。他说：“不会的，园长妈妈可以帮我啊……”

然后，我带着这些“问题"，组织业务骨干研讨“如何减少剩菜剩饭”“怎样才能更好地让孩子不挑食”。经过教研组的精心策划，我们还推出了“小鬼晨检”，在充分尊重和保护幼儿好奇心和学习兴趣的基础上，以大班幼儿自愿、喜欢为前提，让能者先行（做强一批，再示范、带动一批），精心拟定大班幼儿可以晨检的项目与记录表，让其参与到晨检工作中，做老师的小帮手，服务同伴、发展自我。这在改进我们工作的同时，也作为经验、成果发表在《中国教育报》《山东教育》等报刊上。

幼儿园的这些改进和成果，离不开孩子们，我由衷地感叹：亲近孩子让我更好地成长。

备注：该文章于2019年7、8月发表在《山东教育（幼教园地）》。

亲近孩子实践简介与感悟

——小小孩子，话多点子多

自从做了园长，感觉和孩子亲密接触的次数和时间都少了，但我其实很喜欢和孩子聊天、座谈、做游戏，因为孩子天真、童言无忌，聊玩中，他们会把内心真实的想法告诉我，会让我有意想不到的收获。

还在孙端老园的时候，我的办公室就在班级中间，通常孩子们在走廊玩的时候，尤其是餐前或餐后，总有那么几个孩子走进我的办公室，和我说上几句、聊上一会儿。一次午餐时间，一个男孩站在我办公室门口，还偷偷看着我，我看了看，有点熟悉，因为这个男孩性格有点独特，几乎全园教师都有点知道。“怎么不去吃饭？”我笑着问他。男孩噘着嘴巴摇摇头。我对他招招手，示意他进来。谁知他一进来，就在沙发上打滚，还跳上跳下，我就坐着看他玩，一会儿，他走到我身旁说：“不想吃肥肉，老师让我吃光，我有一次藏口袋带回家了……”听他讲着，我大概知道老师为了减少剩菜剩饭，又或者为了让孩子们不挑食，就是简单地要求孩子们吃光，而没有考虑孩子的个体差异、饮食习惯等，“一刀切”让有些孩子接受不了。于是，我让男孩和我一起吃饭，没想到他立刻转身搬来了小椅子，又跑回去端来了饭菜，高兴地说：“我们吃吧！”我特地在他面前吃起了肥肉，还吃得津津有味，并告诉他自己以前也不要吃肥肉的，后来知道吃肥肉美容，而且不挑食可以让身体更棒……我还在说着，男孩已经在吃肥肉了。

那一刻，我想其实“改变”也没有很难。于是，会上我讲了这个案例，建议老师们开展餐前活动，可以合理安排关于“今日美食”的介绍，形式可以多样，在为孩子们搭建展示交流机会的同时，提升孩子们吃的兴趣。并强调这只不过是一个“案例”，我们更多的需要举一反三。

在这以后，我就时常和孩子们聊玩，偶尔还会座谈，其间，会让我有新的“知情”，知道保教中存在的新问题以及需要改进的新方面。我也会挤时间给孩子们上课，和他们一同游戏，去亲近孩子，让我进一步了解他们的兴趣和需求，从而和老师们携手促进孩子们更好发展，也让自己更好地成长。

爱，一直在路上

——记即将退休的钮根美园长

“只要有力气，我还想干下去……”即将退休的钮根美园长这样说。

18岁，钮根美踏入幼教岗位，成为一名幼儿教师。

1997年，为了让幼儿园有新的发展，钮根美自己出资，承办孙端镇中心幼儿园。

2003年暑假，走上正常发展轨道的孙端镇中心幼儿园重新归属集体所有。

2005年，为了满足幼教发展的需要，钮根美再次投资，开办孙端幼儿园，解决了当地幼儿的入园问题。

2013年暑假，为了让幼儿园走上规模化发展之路，钮根美主动提出，让中心幼儿园收购孙端幼儿园。2013年底，该园正式被中心园收购，改名“孙皇幼儿园”。她，不改“爱幼爱园爱教育”的初心，依旧留在了这所幼儿园。

在孩子眼里，她是最慈祥的“园长奶奶”，每一天，都会在幼儿园门口接送孩子们；在老师眼里，她是最亲切的“园长妈妈”，生活与工作都离不开她的帮助；在家长眼里，她是最尽心尽职的“园长老师”，每一次亲子活动都会有135%的家长应邀而来。钮根美，在幼教这一片净土上携爱而行，洒下一路繁花似锦。

一颗爱心，唤醒无数颗爱心

钮根美爱孩子，孩子们更爱钮根美。三十多年来，她每天都是早早来园，站在园门口，一脸微笑，一身阳光，迎接孩子们。傍晚，她依旧站在那里，送走一路欢笑，一路亲情。工作中的每一天，钮根美园长，在幼儿园门口，站成了一道最亮丽的风景。

那是一个冬日的早晨，飘着雪。对各镇村幼儿园例行巡视，我驾车来到孙皇幼儿园，未下车，就看到了笔直站在园门口的钮园长，雪花飞舞，飘在她的头上、脸上……天气很冷，尽管穿着大棉袄，站在寒风里的她，还是不时攥紧拳头，脸上却依旧是一脸春色，平时不化妆的她，今天涂了口红，显得格外精神。我凑过去，在她耳边说：“涂了口红，很漂亮！”她羞涩地说：“年纪大了，再加上天冷，这样能显得气色好点，孩子们都喜欢。”

刚入园的孩子爱哭闹。哭闹得特别厉害的孩子，一到她的手上，哭闹常常会瞬间平息，取而代之的，是“笑着玩聊”。老师们感到惊讶，她却笑着说，当了这么多年的幼儿教师，“接送”了一批又一批孩子，没有成果也有点经验。

她给孩子们上课，尽管普通话不太标准，但是准备充分、精神饱满。孩子们最喜欢的，就是和她一起玩民间游戏，“抬老酒”“打地鼠”“老鹰捉小鸡”……农村中的扁担、箩筐和竹筛这些常见农具，被她巧妙地运用到民间游戏之中，传承与创新间，孩子们玩得自主快乐。

看钮老师和孩子们在一起，看那一张张脸上洋溢的笑意，就能感受到那一份爱的传递。

一片教育深情，推动另一片教育深情

钮根美爱老师，老师们更爱钮根美。

她是园长，当老师们有困难时，无论是工作还是生活，她都能挺身而出，全力支持和帮助。老师们布置环境要用稻草，她傍晚回家，挨家挨户问，问了很多家。总算有了，她欢喜地借来手拉车，摸着黑，装上稻草，一口气拉到幼儿园。身上沾满了稻草，她却很开心："这样，老师们明天布置环境就可以用了！"

近几年分配来的公办教师，上班路都比较远。有一次，幼儿园搞活动，结束时已经快晚上6点了，再加上天气不太好，她便很不放心。联系了一个朋友，开车送这位老师回家，她自己也一起坐了上去。她说，我可以顺便感受一下，老师上班这条路到底有多远。当这位老师在孙皇幼儿园工作三年后要调回她所在的乡镇，钮园长说："我不舍，但更要祝福，贺老师这三年，上班真的是太不方便了……"她自己出钱，为贺老师送上离别礼物，贺老师感动得直掉眼泪："钮园长就像我妈妈一样！"

一个有教育情怀的园长，带动一批有教育情怀的老师。只要看孙皇幼儿园的环境以及老师们所组织的活动，就能感受到那一片爱意浓浓的教育深情。

一份家园亲情，牵动更多家园共育情

钮根美爱家长，家长们更爱钮根美。

只要是幼儿园开展活动，家长们就会百分百参与，甚至，一个孩子会来两个家长，这是家长们用行动表达对幼儿园、对钮园长的支持。

为了让活动内容丰富、形式多样，她自己上网搜索，借鉴姐妹园的相关做法，再结合自己幼儿园的实际情况，拟定活动项目，让每一个孩子都能自主选择参与活动，而且努力让活动一年比一年好，尽力让每个孩子都有更好的表现。为了让活动达到更好的效果，她总是很认真地组织骨干研讨，精心策划活动方案，细致地准备场地、安排活动材料，哪怕是一块舞台"台布"的摆放，她也要从好几个角度看，调整很多次，力求呈现最佳视觉效果。当家长雷鸣般的掌声或兴高采烈的欢呼声响起的时候，就是钮园长最为开心的时候。她说："就是在这一刻，我真切地感受到家长对教师和幼儿园的支持，就为了这一刻，我付出再多，都值！"

一位有教育影响力的园长，带动一批有教育自觉的家长，幼儿教育，始终都是幼儿园和家庭共同的事业。只要看亲子活动热火朝天的这一刻，就能感受到那一幕大爱无言的教育盛景！

德国著名哲学家雅斯贝尔斯在《什么是教育》中这样写道："教育的本质意味着，一棵树摇动另一棵树，一朵云推动另一朵云，一个灵魂唤醒另一个灵魂。"钮根美就是这样，用爱书写着她的教育之路。如今，将要退休的她，依然充满着爱的力量，"只要有力气，我还要接着干！"

钮根美园长的爱，一直在路上。

备注：该文章于2018年11月发表在《山东教育（幼教园地）》。

记钮园长实践简介与感悟

——因感动而写

我写过很多文章，但写人的少之又少。给我妈妈写过，给我儿子写过，另外就是给钮根美园长写过。为什么要给钮根美园长写上一篇呢？我想主要是她让我感动，也只有感动了，才写得出、写得好。

记得2012年暑假，我第一次见到钮根美园长的时候，她气喘吁吁地跑进我办公室，然后端正地站着和我说她刚从香港回来……我请她坐下，然后起身准备给她倒茶。她见我瘸着腿、走路不太方便，就立马站起来扶我坐下，然后说她自己来。还很直接地和我说：“早就听小学退休的王校长说了，新来的园长人漂亮，只可惜腿有点瘸，她还想给你介绍对象呢……”她说着，我却盯着她鼻子旁边那颗有点大的痣，看了好一会儿，因为我妈这个位置也有一颗。畅聊了大半天，她知道了我的腿是因为交通意外受伤的，目前在康复中。也知道我的年纪其实也不小了，儿子已经上幼儿园了。因为钮园长讲得比较多，所以我得到的信息量更多：不仅让我了解了她的办园经历，也让我初步知晓在孙端为什么公办民办的关系不融洽，而且从她的言谈举止，外加那颗痣，让我感觉她和我妈有点像，一样的直爽、一样的真诚、一样的要强……只是钮园长有过之而无不及。

尽管她当时经营着孙端镇最大的民办幼儿园——孙端幼儿园，其幼儿数量几乎是我们公办幼儿园包括教学点的总数，但她尊重我，支持配合我们的工作，当然，我也理解她、尊重她。2013年暑假，因孙皇幼儿园生源比之前有所减少，同时，钮园长也觉得自己年纪大了，也想轻松点，就主动提出让中心幼儿园收购孙端幼儿园。其间，她告诉我：当时向她收购的个体经营者有不少，他们给出的收购条件还是不错的，无论是一次性给出的金额，还是附加的条件等，但她想自己从18岁开始就当幼儿教师，1997年自己出资办幼儿园至今，真的也是因为喜欢这份工作，也想让自己辛辛苦苦办起来的这所幼儿园发展更好，所以就决定让中心幼儿园收购……

或许有些人不相信她说的话，但我信。因为我相信自己的眼睛、相信自己的耳朵，我看到她为幼儿园做的，听到她在园内园外说的，足以让我认可并感动，所以，在她退休前夕，我特地提笔为她撰写了一篇文章，以记录钮根美园长对幼教事业付出的青春与心血。

践行"百味·趣乐"课程的幸福教学

从鲁迅先生"幼者本位，尊天性、贵自然"的教育观出发，有效开发利用在地资源"鲁迅外婆家"——孙端，为幼儿全力打造亲自然的"百草园"课程基地，我园以"趣味体验·快乐自主·和谐共生"为理念建构"百味·趣乐"课程，尊重幼儿发展的个体差异，力求做到"目标梯度化、内容多样化、环创趣味化、践行自主化"，让孩子在践行"百味·趣乐"课程的幸福教学中快乐成长。

一、"百味·趣乐"课程的幸福理念

"百味"二字，源自鲁迅先生笔下的《百草园和三味书屋》，代表着幼儿园的两大区块——课程基地"百草园"和室内"味之园"；"趣乐"二字，则意味着孩子们在一日活动中因生活自主、游戏自主、学习自主而体验到自我情趣、自然情趣、社会情趣及活动快乐。

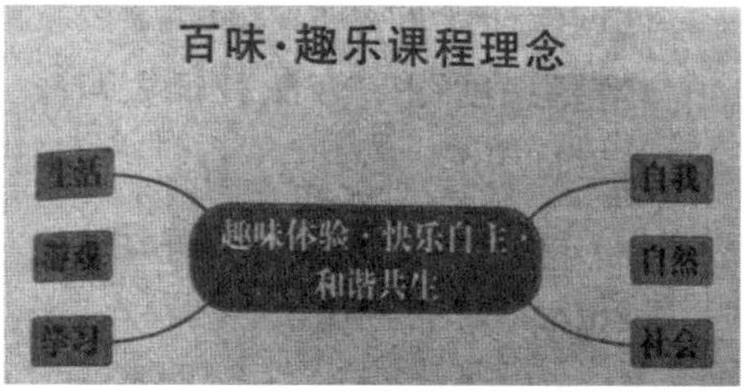

开发与实施"百味·趣乐"课程，把省编教材与幼儿园在地资源文化融为一体，实施科学的保育和教育，不断提升"百味"内涵——百种体验、百种玩法、百种评价，呈现出自主、百态、多元的幼儿教育态势。

二、"百味·趣乐"课程的幸福教学

幸福教学，是从幼儿的兴趣出发，借助有效观察与积极鼓励，挖掘幼儿潜能，推动其自主参与各项活动，引导其从原有水平向更高水平发展。

（一）目标梯度化

1. 纵横交织，确立总目标

从鲁迅先生的"立人"思想出发，倡导"以孩子为本位"的教育思想，结合鲁迅在创作和评论中提出的"幸福地度日，合理地做人"，依据《幼儿园教育指导纲要（试行）》和《3—6岁儿童学习与发展指南》，以培养"向阳、向善、向真、向美"的新一代儿童为课程总目标。

2. 品域对接，确立分目标

将"人格品质"与"五大领域"进行对接，拟定以各领域目标指向的分目标。以幼儿园周边"鲁迅外婆家"地方资源为依托，以幼儿发展水平为基础，通过直接感知、亲身体验和实际操作，促进其多领域核心经验的发展。（见附表一）

据此，强化一线教师对幼儿的观察与了解，针对其观察记录与反思，课程组进行审议、研讨，作为课程进一步拓展的依据。

附表一：课程具体目标

人格品质	领域指向	具体目标
向阳	健康	健康、活泼、愉悦，能主动积极参与“百味•趣乐”课程的各项活动，动作协调、灵敏，具有一定的力量和耐力等
向善	社会语言	关爱、合作、交流，在“百味•趣乐”课程活动中乐于倾听和表达，形成爱自己、爱他人、爱家乡、爱祖国的社会情感
向真	科学	探究、体验、发现，通过直接感知、亲身体验和实际操作等方式参与“百味•趣乐”课程各项活动，激发探究兴趣
向美	艺术	感受、表现、创造，多元化搭建并展示“百味•趣乐”课程资源，萌发并不断提升对美的感受和体验，丰富想象力和创造力

（二）内容多样化

坚持开放、灵活、整合、递进的原则，围绕“自我、自然、社会”三大主题线索，结合幼儿的年龄特点，为幼儿提供可根据其意愿选择的多样化内容。

1. 罗列幼儿感兴趣的事物

为了解幼儿对周围事物的兴趣，老师们集思广益，精心设计孩子能看懂的问卷，拟定座谈的问题，以绘画、座谈、问卷的方式展开调查。幼儿可根据自己的喜好，自主选择一种方式参与，对感兴趣的事物用自己的方式进行“记录”并讲述。

孩子们感兴趣的事物基本可以归为三类：一是玩的，如摸螺蛳、打年糕、划龙舟等；二是吃的，如糖画、南瓜花、臭豆腐、棉花糖等；三是看的，如变脸、美猴王、包公巡游、龙舟竞渡等。

2. 推出孩子可选择的内容

从孩子感兴趣的事物入手进行主题内容的拓展，由各班教师和孩子自主商定具体的活动内容。如对省编教材《生命与自我》中各年龄段主题活动内容进行审议，在小班主题“我自己”中增添了“亲子游树童部落”“我想做糖画”“陪爷爷奶奶打年糕”等内容，在中班主题“我的家”中增添了“外婆家真好玩”“外婆家的小吃”“外婆家有好看的”等内容，在大班主题“我的祖国叫中国”中则增添了“外婆家真好”“外婆家的小导游”“为外婆家带货”等内容。在省编教材与园本课程有效融合的同时，我们还针对同一个小主题拟定三种及以上的内容，一方面满足不同年龄段幼儿发展的需求，另一方面拓宽课程内容的选择范畴，满足各班老师和孩子自主选择的需要。

（三）环创趣味化

1. 环境有儿童味

尊重儿童意愿，为幼儿营造宽松、悦纳的氛围，教师以儿童的视角进行环境创设，最大限度地支持孩子成为环创的主人。如班级主题墙怎么布置，由孩子们互相商量决定，呈现的都是他们参与的痕迹。幼儿园logo、欢迎牌的设计等，都出自他们自主创作的作品。

2. 环境有地方味

如一楼报告厅外的“外婆家的小吃”，孩子们用身边的废旧材料制作臭豆腐干、棉花糖等，还有模有样地炸着臭豆腐，偶尔用绍兴腔吆喝几声；三楼的“社戏”专用室，孩子们利用轮胎、竹编簸箕、长凳等材料，再现了安桥头祝福文化节中“赛龙舟”的场景，进行合作创编表演，颇有“孙端地方味”。

3. 环境有挑战味

如“猴子上树”“小小消防兵”等攀爬主题情境设置，在为幼儿做好防护的同时，支持幼儿根据现场情境大胆挑战。又如“鲁班坊”中投放的部分操作材料，其使用和制作都有一定的挑战性，孩子们很感兴趣，专注地投入到制作中，或独立完成，或几个人合作制作。遇到问题，会自己协商解决，不时冒出新点子。“百草园”的兔子窝，就是由孩子们提议并集体设计、分工合作，最后制作完成的。

（四）践行自主化

1. 自主串玩

即打破班级与年龄段的界限，采用邀请函、门票和报名表等形式，让小、中、大班的课程实施区域和游戏路径串联起来，供孩子们自主玩。

每周开展一至两次串玩。串玩前进行摸排调查，了解孩子们的活动意向和游戏兴趣。串玩中，将“一园、一环、三廊、四梯、九室”的“趣乐”区域设置成课程践行密码“11349”，孩子们凭邀请函、门票、报名表自主选择参与。如一环内的“骑行区”，有不少孩子想规划新的路线，尤其想在百草园内进行骑行，教师和他们一起商量规划适宜的新路线，在游戏中自然经过“百草园”，满足了幼儿的兴趣和需求。串玩后，孩子们积极参与评价，向同伴述说在哪里玩了、看到了什么，分享交流自己的新体验、新感受，用自己的方式在“课程解密”手册上进行记录，并将手册带回家和爸爸妈妈分享课程故事。

2. 自主评价

（1）课程故事——反映幼儿过程变化

教师以课程故事的形式，真实记录幼儿在课程活动中的语言、行为等，反映孩子们在一段时间内的发展变化，并对此进行分析和反馈，最终形成反思性的评价，为课程的拓展奠定基础。

附表二：课程评价要素

评价要素	评价核心	主要评价内容
情感态度	1. 合作伙伴自主选择 2. 游戏规则自主协商 3. 参与情况自主评价	1. 孩子能根据自己的意愿选择游戏伙伴 2. 能积极参与讨论“玩什么”“怎么玩”等游戏规则的制定 3. 多角度自主评价游戏开展情况，如“遵守规则”“参与的积极性”“合作的度”等
方法技能	1. 玩法多，无论是独自玩还是合作玩 2. 在玩的过程中遇到问题或困难，会积极主动讨论或向老师、同伴寻求帮助	1. 想法各异、玩法奇特，不仅独自玩、合作玩得开心，还能向同伴展示自己的玩法 2. 遇到问题或困难，能积极主动向能干的同伴以及老师寻求帮助，清楚述说问题和困难，大胆地与同伴、老师交谈

（2）游戏记录——再现幼儿合作情境

在自主游戏中，教师运用照片、视频拍摄的方式，结合文字进行游戏记录，并对幼儿的活动进行过程性评价。评价要素主要是“情感态度”和“方法技能”，具体内容见附表二。

（3）作品分析——理解幼儿内心想法

对孩子的作品进行针对性点评。如有个孩子在一段时间内经常画兔子，而且把兔子涂成了黑色。教师从作品中得知孩子在想念兔子、为“兔子被野狗吃了”而难过，便走过去俯下身抚摸孩子的头，还适时牵着孩子的手去看“百草园”里新的兔子。孩子对着兔子看了许久，脸上露出了笑容，重新画了一只可爱的兔子。此刻他的内心是愉悦的。

从孩子们在“百味·趣乐”课程中呈现出来的自主、快乐的多元状态，我们体验到了“趣味体验·快乐自主·和谐共生”的幸福味道，感受到了源自鲁迅先生“幼者本位，尊天性、贵自然”的教育幸福。

备注：该文章于2023年1-2月发表在《山东教育（幼教园地）》。因写于2022年3月，且写的内容就是在“鲁迅外婆家”——孙端实践的经验成果，还参加了2022年“黄浦杯”长三角城市群“温暖的教学”征文，并获奖。为此，也将此文列入。

课程实践简介与感悟

——从“痛苦”到“幸福”

不是做课程就会让我和我们感到痛苦，而是做这个“百味·趣乐”园本课程，让我和我的团队感到有些痛苦。天时地利人和为三要素，它涵盖了成功之路的一切。而我们那时做这个“百味·趣乐”园本课程，对照这三要素，可谓“天时”就没来到，“地利”也没成形，“人和”还没提升，所以，有点“急功近利”。

2019年8月，我们搬入了异地新建的24个班级规模的新中心园，而搬入新中心园的是不同等级的幼儿园和教学点，以及收购的民办园，融合这些教职工就给我们带来了一定的压力和挑战。同时，作为全区单体规模最大的幼儿园，其专用室就有13间，楼梯有4道，公共区域又多又大，这些给“环创”增加的不仅仅是工作量，更多的是让我们左思右想，想着怎么布置、布置什么……而当时老园做的是关于“老农具”和“民间游戏”两项市级课题，尽管我们也在努力用课程观践行，但搬入这所外显欧式内又中气十足的“高大上”新园，我们都觉得在践行的课题即便课程化，也不太切合。于是，结合地域环境，以及从培养人的角度出发，我撰写了《“小鲁迅”生活课程的开发与实施研究》课程方案，也得到了大家的认可。

2021年9月初，新园南边那块让我们心心念念很久的地，在孙端街道办事处的大力支持下，不仅真的把这6亩地给了我们，同时，投入70万元帮我们打造了课程基地——“小鲁迅乐园”。因为理论与实践总是有差距的，所以这块地的设计与最终出来的面貌，也是存在着不少偏差的。其中也有不少问题，比如不够“原生态”、“种植区域”偏少等，但很多老师和孩子，包括家长都是认可及喜欢的。而作为园长的我，更多的是从全局出发考虑问题：11月就要创“省一”，这块地偏偏这个时候“半成形”，因为还没有投入使用，出来的样子也不是我们预想的，所以在我看来就是“半成形”的。这其实又给我们增加了压力和挑战，因为我知道在11月迎检“省一”的那一天，它必须“成形”，而且在专家看来，这个“形”与我们的课程是相匹配的。对此，我在暑假8月就花了整整一周的时间，结合“半成形”的这块地，以及之前做的课程，重新撰写了园本课程方案——《“百味·趣乐”课程》，把“小鲁迅乐园”改为“百草园”，将幼儿园视为“味之园”，让孩子们在一日活动中因生活自主、游戏自主、学习自主而体验到自我情趣、自然情趣、社会情趣及活动快乐，在“百味园”体现“趣乐”。

因为时间紧急，所以当时我撰写前，没有和业务骨干们讨论交流，所以，方案基本定稿好，我就在8月中下旬集中全体教师，围绕“百味·趣乐”课程给他们培训了好几次。在我看来，老师们若对这个园本课程不了解，那接下去周计划的制定、活动的安排、环创的跟进等，都没法有效改进，更不会体现课程特色。尽管第一次培训中，老师们的表情和状态明显比较痛苦，这个痛苦主要来自不懂，还云里雾里，但后面几次这个“痛”就有所减退，甚至脸上慢慢有了豁然开朗的感觉……

痛苦常常是幸福的前奏曲。当“痛期”过后，我们的老师、孩子在“百味·趣乐”课程践行中，也慢慢绽放了幸福美妙的味道。

家园篇

致家长——家庭教育篇		
序号	题目	备注
1	篇首语：“慧爱”成就家庭教育	
2	接纳儿子的“原生态”	
3	接纳“原生态”实践简介与感悟——尊重孩子发展进程中的个体差异	
4	三月，播撒希望的种子	
5	“播种”实践简介与感悟——让爱在孩子心中萌芽	
6	好习惯养成受益终身——家长如何让孩子“知环保、爱环保”	
7	“环保”实践简介与感悟——更是推而广之的生活实践	
8	小游戏，推进欣赏力	
9	“欣赏力”实践简介与感悟——在游戏中巧用生活资源	
10	聊，然后知不足	
11	“聊”实践简介与感悟——“聊”中隐藏着价值	
12	“吃相”非小事	
13	“关注吃相”实践简介与感悟——餐桌礼仪不容忽视	
14	帮一年级孩子减轻做作业的“累”	
15	“减累”实践简介与感悟——用心让累少一点	
16	感谢“半”文盲妈妈给我的内在动力	
17	“感恩”实践简介与感悟——重在思想引领	

篇首语："慧爱"成就家庭教育

家庭教育是教育学的第一篇章，在这篇章里，家庭是孩子第一所学校，父母是孩子第一任老师，让家庭教育开展顺利且有成效的，往往融入了家长更多的"爱"与"智慧"。

因为爱，才可以更好的理解和包容。《接纳儿子的"原生态"》，通过耐心倾听孩子的想法，知晓好动并不是多动症，更能尊重差异，帮助孩子找到其发展方向。去播撒希望的种子，在阳春三月，和孩子一起"播撒希望的种子"，以游戏的形式，通过给"希望"安一个"家"，亲子互动把家庭生活中的常见废旧物，动动脑动动手，将其"变废为宝"，之中，在增进亲子感情的同时知环保，让生活更美好。其次，借助游戏"希望，让我伴你慢慢长大"，为孩子创设丰富的家庭教育环境，让爱在孩子心中萌芽。

有了爱，就可以更好的亲近和互动。利用家中的生活资源，如家人穿的"衣服"、吃的"水果"、用的"厨具"，以及常见的"报纸"等，然后以"游戏"的形式，让家长和孩子一同参与。如在"衣服配对"中，让孩子观察其颜色、形状等，提升认知与审美。在"水果拼盘"中，通过亲子合作将多种水果创意拼盘，丰富其想象力和创造力，并用自己的方式去表现和创造美。在"厨房的声音"里，让孩子倾听和分辨各种声音，并大胆表达对音色、强弱、快慢的感受……也可以在饭后，和孩子来个牵手散步，边走边聊。聊学校里发生的事情、聊上学路上看到的、聊心情等，孩子津津有味地讲，大人全神贯注地听……显然"聊"可以成为亲子关系的润滑剂，更有家长会在和孩子"聊"中知不足，从而反思、改进。

懂得爱，才可以更好的关注和推进。爱是一种无私的情感，懂是一种智慧的表现。关注孩子在餐桌上的表现：遇到喜欢吃的忍不住用手抓，吃的过程中对着别人咳嗽，饭粒咳到别人的脸上、饭碗里，饭后剩菜剩饭也很多……"吃相"不是小事，餐桌礼仪是家教的重要环节，懂得爱的家长会关注这些细节，并动一番脑子，通过简明趣味的言行引导示范，培养孩子在餐桌上的好习惯。知道孩子做作业"累"，眼累手累，会思考——怎样帮孩子减轻做作业的"累"。为了减轻孩子眼睛的疲劳，有家长结合生活经验，将热水倒在容易导热的杯子，然后用双手捂杯子，再用热的双手轻轻敷在孩子的双眼上，重复三五次，以缓解孩子的眼部疲劳。也会利用学习和实践，采用绘画、游戏等方式，和孩子用"树枝""雪糕棍"等自然材料代替笔，在脸盆、鞋盒装的沙子上自主运作。又或用自己的后背给孩子作"黑板"，让孩子用手指头书写等，以此帮助孩子铺垫一定的前书写技能……

涓涓细流汇沧海，家教温馨励未来。爱是最好的教育方式，也只有爱，才会生发更多的智慧，家长的学历如何、文化水平多高不重要，重要的是拥有一种推动孩子积极向上发展的思想能力。让我们带着“爱”与“智慧”，去推进并成就家庭教育，促使大人小孩共成长。

家是最小国，国是千万家。《孟子》有言：“天下之本在国，国之本在家，家之本在身。”家是国的基础，国是家的延伸，“家”与“国”同声相应、同气相求，家好国才好，为了强国，就让我们携手做强家庭教育。

家庭教育，爱的传承，智慧的启航。

接纳儿子的“原生态”

儿子刚入小学不久，我兴冲冲跑到他班主任那里，问儿子的各方面情况。班主任第一句话就是：“你的儿子简直是‘原生态’！字不认识，算术只会做10以内的，还超会玩。昨天评估测试，你儿子全班倒数第二，要不是我们班有个智力障碍的，你儿子就是最后一个。你们两口子都是教师，自己的儿子怎么不多教教？”

一、听听一年级孩子的理由

老师接着又说了很多儿子的问题，如老师上课在黑板上写板书，儿子拿着水壶不是贴着老师后背就是看老师写，偶尔还会大声说话或大笑；下课了，老师说课堂作业做好的可以到外面玩，儿子不管三七二十一，听到下课铃声第一个“飞”出去，很多时候是没有完成课堂作业的；下课玩得也有点另类，不是在花坛边缘跳上跳下，就是在楼梯的扶手处滑溜或是在楼梯处走上去滚下来；上课铃响了，儿子才从最远的操场往教室跑……

带着老师的这个评价，我回到家先看了儿子的评估测试，“61”！让我不可思议的是后面基本上空着，我问儿子：“后面怎么没有做？”儿子说：“累了，准备回家做。”可见他根本没有考试这个概念。同时，以前幼儿园是没有作业的，我们又没有早早教他一年级的知识，一下子考试他当然接受不了。

我又问：“为什么上课了还在外面？”儿子说 “我听到上课铃响就跑回来了。”的确，操场到教室比较远，跑回去需要一些时间。如果要确保上课铃响后每个学生都能回到教室里，学校设计铃响时间时就要估计一下，在学校任何一个角落玩的学生跑到教室大概需要多少时间，要确保铃声停了每个学生都能入室，这样学生会放心大胆地进行课间活动，不用担心上课迟到。接着我又问：“下课怎么在楼梯上滚？”“好玩！”儿子说得很干脆……原来，这些被老师认为有问题的行为，一年级的孩子都有他自己的理由。

二、好动并不是多动症

我和他爸爸都比较忙，很多时候是爷爷奶奶去接他放学，班主任多次跟爷爷奶奶提议：带孩子去医院检查一下，有没有多动症……爷爷奶奶回来就急切地告诉我。我一口否决，并用事实证明：儿子在家尽管也很会玩，但在规定的时间让他完成一项作业，他完成得又快又好，智商应该没问题。遇到特殊情况，他还能沉稳应对，给大人提出意想不到的意见和建议。

记得我第一次开车，突然在上桥的半中间熄火了，重复好几次也上不去，反而往下滑，急得我脸上都是汗，呼吸的节奏也明显变了。这时，坐在后座上的儿子，身体靠近我，说：“妈妈，别急！慢慢来，好好想想再来！”儿子的话让我的紧张舒展开来，按照他说的做，车子就上去了，那时儿子才是幼儿园中班的孩子。

为了让他爷爷奶奶完全放心，暑假我带儿子去上海儿童医院看了专家，检查结果：高智商，没有多动症。这下，爷爷奶奶放心了，还自信、自豪地对别人尤其对儿子的老师说：我们没有多动症，智商检测是高智商。从此，班主任不再向我们建议查多动症，也开始认可我儿子智商确实很高。

三、尊重差异找到发展方向

班主任向我们反馈或诉苦较多的仍然是太会玩，管不住！当书法老师挑选我儿子参加校书法兴趣班时，班主任斩钉截铁地说：他去？不把墨汁打翻、涂得满地都是才怪呢！书法老师听了，也有点担忧地说：要不二年级让他参加吧？

没想到儿子对书法特别感兴趣，回到家对他爸说：我要学书法。我们都惊讶地盯着他看。说实在的，我们也感觉他太会玩，担心他静不下来。出于相信“兴趣贵在喜欢”，我们还是给他报了书法班。一年后他代表学校参加了“兰亭杯书法大赛”，是唯一一个获奖的低年级学生。得知这个消息，儿子的书法老师马上让他参加了校书法兴趣班，他的班主任不好意思地对他爸爸说：“真没想到，这么会玩的一个人，写起毛笔会这么静。”我想唯一能解释的就是孩子喜欢。只要是他喜欢的，学得都又快又好，无论是游泳、跆拳道还是乒乓球。看到我在众多杂志、报刊发表文章，儿子三年级的时候主动问我：“妈妈，我写得怎样？”我对他竖起大拇指，他说：“既然好，那我也要发表。”为了支持他的想法，进一步提升他写作的自信，我就帮他投了稿，到目前他也有很多篇小作文发表在《绍兴晚报》。于是，他有了下一个目标——和妈妈合作写本书！

我想对每一位家长、教师说：每个孩子都是一个独立的个体，各自的发展速度和到达某一水平的时间不完全相同，请多理解和尊重孩子发展进程中的个别差异，支持和引导他们从原有水平向更高水平发展，您若做到了，孩子发展的春天便来到了。

备注：该文于2016年5月5日发表在《中国教育报》。

接纳“原生态”实践简介与感悟

——尊重孩子发展进程中的个体差异

当儿子一年级的班主任和我说：你的儿子简直是“原生态”的时候，我第一感觉不是高兴，但也没有不高兴，而是在想怎么就“原生态”了呢？接着，听了老师那些关于儿子在校的“片段式”“情境式”的描述后，我才知道老师说的“原生态”其实是褒义贬用了。

那一刻，我的心情自然是有点不高兴了，还好，我不仅仅是一位家长，也是一名教师，学过心理学、教育学等专业知识。对此，傍晚回到家，我就问了儿子一些情况，想听听儿子是怎么说的。听下来，似乎觉得“没毛病”，而且还都有他的理由。然后，我就一个人静坐着回想儿子在幼儿园、在家里以及外出游玩的一些表现情况。印象最深的那些事也最先浮现了出来，如在幼儿园，老师告诉我，让他参加故事比赛，他不用死记硬背，全凭理解大胆讲述，语言表达连贯丰富，肢体动作自然大方；在家里，还时常拼搭乐高玩具，玩的基本都是超过他实际年龄的乐高玩具，他也能在比较短的时间内组装好；外出游玩，儿子也总能给我们意想不到的“点子”……所有这些叠加在一起，足以让我认可儿子的智商是没问题的，甚至觉得他是个聪明的孩子。至于班主任说儿子——简直就是“原生态”，那是因为他们班上很多学生，之前都被“雕琢”过了——识字、做算术、描红、拼音等，而我们没有，我的儿子真的只有幼儿园规定的那点“东西”。

有人说：这是不少幼儿园老师孩子的通病，因为在幼儿园就提倡让孩子玩，还强调不能“小教化”……那会儿听了，我其实也有点怀疑，是不是自己做错了？儿子读二年级的时候，也就是2012年，正好《3—6岁儿童学习与发展指南》（以下简称《指南》）颁布，当我看了《指南》的具体要求和指导意见后，我就觉得自己没有做错，那一刻，我已经接纳了儿子的“原生态”。

2016年，儿子要读小学六年级了，于是，我动笔写下这篇文章——《接纳儿子的“原生态”》，一方面作为送给“原生态”小学毕业生的特殊礼物；另一方面，结合《指南》的贯彻与落实，我想对每一位家长和教师说：请尊重孩子发展进程中的个体差异！

三月，播撒希望的种子

“微雨众卉新，一雷惊蛰始。田家几日闲，耕种从此起。”三月，节气之轴转至惊蛰、春分，天暖地气开，正是耕种的好时节。在这禾苗浅唱、杨柳轻扬的诗意三月，何不让我们的孩子也浸润于这绿意之中，用小小的稚嫩双手，播撒下希望的种子，让绿意在家中生长，让爱在孩子心中萌芽。

游戏一：给“希望”安一个“家”

在孩子播撒下希望的种子前，我们可以先让孩子为这份“希望”找一个家。让孩子想想：你的“希望”要住在一个怎样的理想之家呢？穿过的鞋子，用过的饭盒、鸡蛋壳……这些我们原本想舍弃的废旧之物稍加装饰，都能成为希望之家呢！而且这个家，真是与众不同，别有韵味，绝对独一无二呢！让孩子自己创设希望之家，不但能充分发挥孩子的想象力，还能引导孩子关爱地球：你看，这些我们认为的“垃圾”稍加美化，就可以有大用处呢！这样的“变废为宝”，是不是很环保呢？

小贴士：如何和孩子一起打造“鸡蛋壳之家”？

打鸡蛋的时候要从小头破起，先敲开口，倒出鸡蛋液，再把蛋壳一点点剥下来（外壳至少保留在三分之二的部分），然后再装入泥土，埋好种子，用图钉在鸡蛋壳底部敲两个孔。这样，一个“鸡蛋壳之家”就大功告成了！接下来要做的就是照顾好种子，慢慢等待它破土而出。

游戏二：“希望”，让我伴你慢慢长大

为种子找到一个温暖的小窝后，我们就可以陪着孩子一起玩“我来照顾小生命”的游戏了。家长们可以为孩子准备一些浇水的工具，让孩子给这小生命浇浇水，看着它一点一点地长大，还可以为孩子准备一张“爱心成长卡”。每次孩子为植物浇好水后，就让他在卡片上画上一个小小的爱心，看看在付出了多少爱心后，植物才会慢慢长大。这张爱心卡不但能培养孩子的责任感，还能让他懂得：每一个生命的成长都需要他人的关心和爱心，让孩子的感恩之心也同时萌芽生长。

游戏三：我是“希望”记录员

在陪伴植物成长的过程中，我们还可以让孩子做个小小观察家，每天和孩子一起观察植物的生长。今天，小小的它破土而出；几天过后，小小的它生出了小芽；再过几天，绿色的叶子就出现啦……让孩子记录这一切的美妙变化吧！可以让孩子试着画出这些惊喜，也可以帮着孩子用照相机记录这一切。到了花开烂漫的时候，我们还能出一本“xxx的花花草草”的大作呢！法布尔的《昆虫记》可也是在这样仔细地观察后写成的哦！有了善于观察的双眼，谁说我们不是小小科学家！

备注：该文章于2013年3月发表在《家庭教育（幼教版）》。

“播种”实践简介与感悟

——让爱在孩子心中萌芽

《三月，播撒希望的种子》这篇文章，是《家庭教育（幼教版）》编辑向我约稿的。当时责任编辑和我说了主题以及格式等要求后，我立马说：“没问题。”之所以回答得这么干脆，因为有“素材”。

这其实就是我们幼儿园“自然角”中，让孩子们在实践操作的那些事：设计创意花盆，给花儿浇水、种子施肥，再观察记录等。其中，有不少还是家园合作、亲子携手完成的。如“自然角”中的创意花盆，有的用“鞋子”，有的用“瓶瓶罐罐”，也有的用“蛋壳”加工改造而成。这些“创意花盆”，对于家长来说，做得更多的是材料收集的工作，很少和孩子一起参与制作，更没有延伸到后期的“观察”与“记录”……孩子在成长的过程中，离不开家长的陪伴，而这个“陪伴”是要有意义和价值的。《3—6岁儿童学习与发展指南》中强调：要珍视游戏和生活的独特价值，创设丰富的教育环境。这个教育环境自然也包括家庭教育环境。

对此，在这阳春三月，组织每个家庭开展“播撒希望的种子”活动，以游戏的形式，通过给“希望”安一个“家”，让亲子互动，把家庭生活中的常见废旧物，动动脑、动动手，将其“变废为宝”，在增进亲子感情的同时知环保，让生活更美好。并且借助游戏“希望，让我伴你慢慢长大”，让家长为孩子们创设丰富的家庭教育环境，如搭建种植饲养角，提供适宜的工具，可以和孩子在淘宝上一起选购，也可以亲子携手制作，让孩子用心仪的工具，用心照看动植物。另外，设计一些简单可操作的“记录卡”，当然也可以采用“拍照”的形式，又或孩子用“绘画”+“口述”的形式，家长在孩子的绘画旁用文字备注，帮助孩子争做“希望”记录员。家长还可以将这些“记录”，进行适当加工成册，这不仅是孩子在家庭教育中的观察记录，更是注入了孩子“爱”与“智慧”的成长册，散发着家庭教育和谐向上的幸福味。

高尔基曾说过：“爱孩子这是母鸡也会做的事，但要善于教育他们，这就是国家的一件大事了，这需要才能和渊博的生活知识！”希望每个家庭都能“播撒希望的种子”，让爱在孩子心中萌芽，有爱才有希望。

好习惯养成受益终身

——家长如何让孩子“知环保、爱环保”

环境是人类生存和发展的基本前提，每个人都有责任和义务去保护、美化环境。孩子若从小养成爱护环境的好习惯，不仅自己受益终身，而且对他人乃至整个世界都是有益的。今后走入社会、踏上工作岗位，无疑会受他人尤其是领导的另眼相看，还能影响身边的人，传播一种正能量。那么作为家长，该如何让孩子“知环保、爱环保”呢？

首先，家长要从身边的小事做起，为孩子垂范。

就家庭来说，环保可以从低碳生活开始。低碳生活是一种生活态度和生活习惯，家长要有节能减排的自我约束意识，在日常生活中从点滴小事做起，节约用水、用电，对垃圾进行分类处理，知晓并善于利用生活中的“废物”，具体可以怎么做呢？

节约用水从自身做起，改正用水的坏习惯，养成随手关水龙头的好习惯。平时直接用水龙头冲洗瓜果蔬菜不妨改用盆接水洗菜，洗漱时应及时关闭水龙头。在家中可用天然洗涤用品，少用化学洗涤剂。经实验证明，弱碱性的淘米水可以代替肥皂水，很适合清洗物品，并且洁净度适中，没有副作用，所以可用淘米水清洁瓜果蔬菜、擦地板和洗衣服等。

节约用电其实很简单，只是很多家长缺乏这方面的常识。如很多家长看完电视只用遥控器关闭，没有将插头拔掉，实际上电视机还处于待机状态，这其实很浪费电，所以家用电器用完一定要记得拔插头，不仅安全还省电。又如冰箱的使用，很多家庭还是处于随意状态，不曾关注、思考怎样能延长停机时间，减少开机时间及用电量等。为了使冰箱省电，在选用节能冰箱的基础上，在平时使用的时候要控制内放的食物量，以占容积的80%为宜，放得过多或过少都是比较费电的。食品之间、食品与冰箱内壁之间应留有1厘米以上的空隙。

垃圾分类处理有利于保持居家环境的整洁，对家人的健康和环境保护都有很重要的影响。家长在进行垃圾分类时，要注意区分可燃物与不可燃物，慎重处理有害垃圾，可回收垃圾请勿随意丢弃。处理一般垃圾的时候，可以用袋子盛放，装满后系住袋口再扔掉。重点应注意垃圾袋是否破裂，袋口是否扎紧，以免垃圾外溢。

对可回收的垃圾，如报纸、饮料罐、快递包装盒等，应整理好后再找时间统一处理。

对于生活中的“废物”，只要家长了解它们的特性和洗涤效果，就可以巧妙地使用，尽情享受健康的生活。如蛋壳的研磨力很强，可以用来清洁玻璃瓶、水壶等。又如茶叶渣，因茶叶中的皂角苷成分可以防止细菌滋生，对此，可以将茶叶渣沥干水分后装入小袋包好，放入冰箱、鞋柜和卫生间等需要清除异味的地方。

其次，推进亲子的互动，提升孩子认知。

生活中一些废弃的物品经过巧手改造，就能成为很好用的清洁工具，而且价廉物美。对此，家长何不与孩子合作，一起制作简单好用的清洁工具？让彼此在制作中，在开发脑力、提升手的灵活性的基础上，进一步提高环保意识。在生活中，牙刷、袜子、衣架、筷子等使用频率都比较高，丢弃的现象也较多见。那么，就和孩子一起，以这些物品为原材料，自制简单好用的清洁工具，如自制小刷子只需旧牙刷和橡皮筋。通常牙刷每3个月就要更换一次，更换下来的旧牙刷不要丢弃，可以制作成小刷子。用橡皮筋把2支旧牙刷背对背固定，一个简易的刷子就做好了。若觉得2支旧牙刷不够，也可以根据需要，将多支旧牙刷进行组合，清洁的效果很好。又如自制静电刷只需铁丝衣架、毛巾、旧长筒丝袜。将家中生锈或变形的铁丝衣架从中间拉直，然后用毛巾缠绕在衣架上，把缠好的毛巾棒塞进旧长筒丝袜内，并将剩余的部分缠绕好，一个简易的静电刷就做好了。

有了自制简单好用的清洁工具，接下来就和孩子一起运用这些自制的清洁工具，分工或合作打扫。因为这些清洁工具是孩子和家长亲手制作的，所以孩子对参与打扫更感兴趣，轻松培养了孩子爱劳动的好习惯。在打扫的过程中，一方面，可以见证这些自制清洁工具的实用性，如在打扫楼梯、窗台的时候，角落里的灰尘、垃圾就可以用旧牙刷制作的刷子来帮助处理；天花板上的蜘蛛网和灰尘以及厨房瓷砖上的油垢，可以用自制的静电刷帮助清洁。另一方面，在打扫的过程中，家长往往会运用一些家庭常见的环保清洁工具、辅助工具，如常见的报纸，在家庭清洁中能起不小的作用，可以用来擦拭布满油污的碗碟，清洁天花板或擦窗子。又如有些家长在打扫过程中，为了防止手受到损伤，就将旧的或损坏的棉袜当手套戴上。因棉袜纤维粗，可以借助其摩擦力滴上洗涤剂直接清洁，孩子看在眼里，会因好奇、好玩而主动尝试，这就拓宽了孩子对废物利用的感知。在清扫过程中，家长对清洁工具的清洗也可以作为影响、教育孩子的一个环保点。如藏污纳垢的抹布也有清洁的窍门。有些家长会直接将抹布放进水池清洗，这不仅增加了清洗的难度，而且浪费了更多的水。不妨尝试一下用刷子来清除抹布上的脏东西，头发或灰尘以及细小的颗粒垃圾都会被除掉，之后再放入水池清洗，既方便，又能节约用水。这些细节无疑会潜移默化地影响孩子，并使其自然养成一种好的生活习惯。

最后，对孩子的言行进行督促，为孩子导航。

教育家陈鹤琴说过：教育的本身是一种生活，而生活的本身也是一种教育。对此，家长在日常生活中，就要关注孩子的言行，努力使孩子的行为朝着好的方向发展。如在吃饭时，关注孩子有没有剩菜剩饭、对垃圾的处理有没有分类等。在入厕洗手环节，教育孩子正确洗手的同时，提醒孩子及时关上水龙头。尤其是孩子洗澡的时候，习惯性让水一直流，这也有待提醒与改进。外出游玩，家长要提醒孩子不要乱扔垃圾，不要随意践踏脚下的花草等。家长在自律中时刻约束自己的同时，又督促了孩子的举动，让“知环保，爱环保”深入孩子的心田。

环保的有机生活，不仅是一种理念上的追求，更是推而广之的生活实践。请家长用环保的理念来思考和行动，并教育影响下一代，让孩子从小养成环保的好习惯，利己利民。

备注：该文章于2016年2月发表在《家教世界（现代幼教）》。

“环保”实践简介与感悟

——更是推而广之的生活实践

环境保护是当今世界面临的重大挑战之一，严重影响着人类的生活质量和未来发展，而培养孩子的环保意识，则是保护环境的根本。

对此，我们幼儿园时常会开展关于环保主题的活动，其形式主要通过绘画、制作、加工等方式，在“变废为宝”、践行节约中，力求让孩子们“知环保、爱环保”，很多时候，在这项活动开展中，会强调环保、凸显环保，但活动结束，又会松懈或忽视。为此，一方面，幼儿园要加强持续关注和推进，因为意识的提升、习惯的养成，不是一朝一夕的；另一方面，要和家庭教育相结合，确保同向的基础上，再形成合力，避免“5+2=0”的现象发生。而且在我看来，培养孩子环保的意识和习惯，其家庭教育更为重要。因为在幼儿园，无论是教师还是孩子，在比较合理、科学的保教下，在环保方面的做法基本差不多，大致可行、有效。但在家里，因为家庭成员不同的收入、认知、习惯以及素养等，其做法“五花八门。有随地吐痰、垃圾乱扔、水电不及时关的，也有把公共草坪自作主张浇成水泥地的，还有把剩菜剩饭等倒到河里的……在这样的生活环境中，我们的孩子还会“知环保、爱环保”吗？我想，不带坏已经不错了。

教育家陈鹤琴说过：教育的本身是一种生活，而生活的本身也是一种教育。“环保更要结合生活，对此，告知家长朋友，不管有钱没钱、之前的行为习惯如何，从现在开始，和孩子一起在生活中“讲环保、知环保、爱环保”，这不仅可以净化我们的生活，更可以美化我们的心灵。另外，确实对孩子以后的生活以及自身发展是有影响的，在“凡进必考”的时代，环保问题作为面试中的“不老”话题之一，早知晓早积淀，会有种赢在起跑线的欣喜。

于是，那时我写了《好习惯养成受益终身——家长如何让孩子“知环保、爱环保”》的文章，尽管现在回过头去阅读，感到写得比较稚嫩，但出发点和意图从一开始就是向上向阳的，只为家园共育，让孩子在生活中实践“环保”，养成好习惯。良好的习惯是孩子所储存的资本，会不断增值，而人的一生就在享受着它的利息，足以让生活更美好。

小游戏，推进欣赏力

美育的一个重要内容是培养孩子的审美能力。美的欣赏能力比美的创造能力更重要，一个不会欣赏美的人，很难想象他能创造出美的事物来。欣赏力不是与生俱来的，而是需要后天的培养。对此，家长要抓住时机，努力挖掘孩子的生活资源，多以游戏的形式，培养孩子发现美的眼力，倾听美、欣赏美的耳朵，创造、表现美的双手，培养孩子的欣赏力。

游戏 1：衣服配对

做法：提供4~5 套配对服装，将其打乱放在桌上，或是逐一挂在衣架、裤架上，并将其挂在一条绳子上面或平放在桌面、床上，出示两个娃娃，对孩子说：他们要去参加生日聚会，你给它们穿上漂亮的衣服吧！让孩子按自己的意愿，为娃娃搭配服装。

提醒：

1. 游戏对象：4~6 岁的孩子。

2. 游戏重点：家长应根据孩子年龄大小、自理能力强弱，确定提供的配对服装数量、款式等。

建议：孩子在给娃娃穿衣的过程中，遇到困难时家长应该给予适当的帮助，以提高孩子的信心，但也不能包办代替，丧失游戏的价值。家长需适时提醒孩子联想平时自己和小朋友的服装搭配，促使孩子回忆并运用已有经验。

游戏 2：水果拼盘

做法：提供橘子、小番茄、猕猴桃等水果。将橘子剥开，一瓣一瓣分开，猕猴桃横切成片，小番茄切开成形，分别放在盘中，让孩子根据自己的创意需要，拿取水果，并将其在碟子上拼出漂亮的图形。

提醒：

1. 游戏对象：3~6 岁的孩子。

2. 游戏重点：针对三四岁的孩子，家长可以说水果的名字，也可以说一下水果的显著特点，让孩子帮助拿取，认识水果；让五六岁的孩子一起参与讨论：水果的形状怎么切，怎么摆放等。

建议：为了提高孩子参与的热情，家长最好让孩子参与整个过程，包括可以和孩子商量讨论选择哪些水果进行拼盘，甚至可以一起去市场采购。

游戏 3：厨房里的声音

做法：在厨房，让孩子边看边听锅、碗、瓢、盆等物品的碰击声，然后，孩子离开厨房，家长碰击这些物品，让孩子根据厨房里发出的碰击声猜测物品。

提醒：

1. 游戏对象：4~6 岁的孩子。

2. 游戏重点：把握让孩子倾听的距离。碰击这些物品的时候，不要拿捏得太紧，否则发出的声音不是很明显，影响孩子的听辨。

建议：听力出色的孩子，家长可以碰击两种及两种以上的物品，提高其听辨难度。

游戏 4：撕报纸

做法：父母先带着孩子撕贴报纸，制作各种花、树等作品，并让孩子说说作品表达的内容、意思；再让孩子创作——将报纸撕开贴在白纸上。可以引导孩子将报纸撕成一个圆形的小人头、一个长方形的身体、两条又粗又长的腿和两条又细又长的手臂，并将其不规则地贴在白纸上，一个完整的小孩形象就撕贴好了。

提醒：

1. 游戏对象：3~6 岁的孩子。

2. 游戏重点：要用欣赏的眼光看待孩子的作品，鼓励为主。多倾听孩子的心声及表达的意蕴。

建议：提醒孩子用胶水要适量。

备注：该文章于2015 年3 月发表在《莫愁·家教与成才》。

“欣赏力”实践简介与感悟

——在游戏中巧用生活资源

欣赏力，指的是对美丽和卓越的欣赏，对不同的人和事务都有发现美的一面。赏美丽和卓越指的是一个人拥有发现美和赞美美的能力，其精髓在于欣赏平凡，在于看得见平凡里的不凡。

欣赏力不是与生俱来的，而是需要后天的培养。每个幼儿心里都有一颗美的种子。而“美”对于孩子来说，是抽象的，美育的任务就是要将其具体化、丰富化。在幼儿园，教师会精心布置环境，包括室内区角的建构，以及走廊等公共区域的布置，让孩子欣赏环境美；也会带孩子亲近大自然，感受和欣赏美丽的景色和好听的声音，让孩子欣赏自然美；还会结合艺术教学，用肢体动作、绘画等方式，帮助幼儿一起发现美的事物的特征，感受美、表现美和创造美，以此来提升欣赏力。

在园中，可以多种措施提升孩子的“欣赏力”。那么在家里，家长可以怎样来帮助孩子提升欣赏力呢？显然，家长不可能像幼儿园老师那样，去精心环创，又或比较专业、有计划有目的地去提升孩子的欣赏力，毕竟很多家长要工作、要照顾孩子的饮食起居等，所以，向家长推行的可以提升孩子欣赏力的做法，不仅要考虑取材方便，而且具体操作也要简单易行。对此，将家人穿的“衣服”、吃的“水果”、用的“厨具”，以及常见的“报纸”等，作为对孩子进行家庭美育的物质资源。

然后以“游戏”的形式，让家长和孩子一同参与。如在“衣服配对”中，让孩子观察其颜色、形状等，提升认知与审美。在“水果拼盘”中，通过亲子合作将多种水果创意拼盘，丰富其想象力和创造力，并用自己的方式去表现和创造美。在“厨房里的声音”里，让孩子倾听和分辨各种声音，并大胆表达对音色、强弱、快慢的感受……

这些小游戏，只不过是例举。家长朋友可以在参考借鉴的基础上，举一反三、不断创玩。在创玩中积极挖掘日常生活中的资源，充分发挥大人的智慧、小孩的创意，将其有效融合，在游戏中通过亲子合作互动，推进孩子的欣赏力。

聊，然后知不足

习惯在晚饭后，牵手儿子一起散步。我们边走边聊，而我更多的则是一个倾听者，听儿子讲学校里的事情；又或是儿子提问，我回答。

有一次，儿子说："妈妈，今天老师让我们上台说一说、评一评自己的妈妈。"我很好奇，急着想知道，就问："你怎么说的？"儿子俏皮地说："想知道啊？那我就一五一十地告诉你吧！我说我的妈妈很漂亮、很有才，我有不懂不明白的，问妈妈，妈妈都知道……妈妈的缺点就是脾气暴躁。在给我检查作业的时候，发现错题多了，妈妈就会生气，然后说出来的话就像狂风暴雨一样，打在我身上，我好难受。于是，就无声地流泪哭泣，妈妈却说，一点儿不像男子汉。其实，妈妈不理解，那是因为我内心接受不了，对我这么好的妈妈，这会儿怎么变得这么凶了……"

听了儿子的评价，我顿感惭愧，情不自禁地一把抱住儿子，在儿子耳边轻声且郑重地说"对不起"。儿子有点不好意思地紧紧抱住我，开怀大笑说："没关系，我爱妈妈。"然后像小兔子一样，朝前蹦跳了一段，又转身对我说："妈妈，记住哦，以后不能这样了。"

这些话始终荡漾在我耳边，萦绕在我心里，以至于让我从儿子的评价中深刻反思，查找引发脾气的根源。我觉得儿子的评价客观真实，确实很多时候我会对着儿子发脾气，主要表现在儿子错题泛滥的时候。为什么会发脾气？真的是因为这些错题吗？其实不然。有几次，儿子作业错得多的时候，我也能心平气和甚至面带微笑地给儿子讲解，那为什么有时候面对儿子的错题就会发脾气呢？经过追忆和思考，让我知道错题只不过是火上浇油的"油"，而我原本就有"火"。

导致"火"的原因又有不少，如手头工作繁多、身体不适、心情不佳等，这种状态下，错题给原本忙的自己增添了更多的工作量，而指导与讲解又给原本精神不佳的自己增添了额外的累，于是，脾气就来了，对着孩子发泄。孩子感到莫名委屈，就只好默默地哭泣。长此以往，自然对其身心不利。

如何控制？首先，在努力提升自制力的同时，合理安排手头工作。在给儿子检查作业或陪伴儿子的时候，就将自己整个儿交给儿子，心里、眼里都只有孩子，包括手上干的，也是和儿子有关的事项。其次，根据自己的身体状况，有效分解落实家庭教育任务。知道自己身体吃不消，就不要硬撑，可以把检查和指导等任务，交给家庭中的其他成员，共同合作完成对孩子的家庭教育，并让家庭教育更合理、更有效。

之后，儿子在和我聊的时候说道："妈妈你更漂亮了！"我知道这个"漂亮"是什么意思，它更多表达了儿子对妈妈的认可与喜欢，主要源于我对儿子的家庭教育方式方法为其接受。

家长朋友们，请尽可能多地抽出时间和孩子沟通、交流，在彼此聊的过程中，反思自己、提高自己。

备注：该文章于2017年5月4日发表在《中国教育报》。

“聊”实践简介与感悟

——“聊”中隐藏着价值

之前，我在和儿子一起散步中，也会和儿子聊，不过这个“聊”，更多的是儿子在讲他的，我在想我的。于是，一会儿用“哦”回应，一会儿用“嗯”敷衍，然后，让儿子不高兴的同时，他还反问我：“妈妈呀！你到底有没有听我说？”我不好意思地对儿子说：“听的，就是不够认真，下次好好听！”说完，儿子噘着的小嘴瞬间就舒展开了，还蹦跳着向前，乐着招呼我快点跟上……

从那以后，和儿子聊天，我就认真多了。而在和儿子认真聊的过程中，让我知道了儿子喜欢上哪个老师的课，以及为什么；也让我了解了儿子的“死党”是哪几个，他们都有哪些“臭味相投”；更让我知晓了儿子对妈妈的评价……我在和儿子聊中，思考聊的那些话的同时，也在反思：怎样和儿子更好地聊？把他不对的想法及做法，通过“聊”给自然而然的“扭”过来。而关于他聊的那些正向的点子及推崇的，通过“聊”给豁然开朗地打开来。就这样，在不断聊的过程中，让我深深地体会到了“聊”的意义和价值。

儿子愿意和我聊，且越聊越开，说明儿子还是信任我的，信任才可以无话不谈。

谈不明白的、谈开心的、谈向往的……这样的“聊”让我们亲密无间。其间，通过“聊”，不仅有利于孩子打开心扉，而且“聊”中传达着孩子的主观意识和态度，以及对某些人和事的看法及评价等，当然也包括对我们为人父母的看法与评价，这些无不折射了孩子的认知与品质，其中，您若觉得是积极正向的，那就顺势而为，再推波助澜；反之，则积极引导，以转海回天。

“聊”是一种艺术，需要我们用心去倾听、表达和回应，只有通过不断地学习和实践，才会有意识地去关注和孩子“聊”的内容，以及“聊”的方式方法，更会在“聊”中知不足，反思自己、提高自己。

那就让我们在陪伴孩子成长的过程中，与孩子好好地“聊”，不断提高自己“聊”的能力，让“聊”成为亲子关系的润滑剂，助力大人小孩在“聊”中共成长，让家庭生活更加和谐美满。

“吃相”非小事

过年孩子最开心的事情之一就是有好东西吃，但有些孩子在餐桌上的表现却让家长感到既尴尬又无奈。

有的孩子不懂规矩，大人还没落座他就忙着坐下，大家还没开始吃他第一个动筷子，遇到喜欢吃的忍不住用手抓，吃的过程中对着别人咳嗽，饭粒咳到别人的脸上、饭碗里，饭后剩菜剩饭也很多……

孩子的“吃相”确实是个问题，但绝不是孩子一个人的问题。餐桌上蕴含着丰富的教育资源，家长平时就要全面而细致地关注孩子在餐桌上的表现，至少要注意到卫生、礼仪及习惯三个方面。

卫生方面，有的孩子急着吃饭，常常忘记饭前洗手；吃的过程中，打喷嚏、咳嗽时面朝饭桌或对着别人；吃完饭以后，桌面、地面较脏，饭菜到处洒落。

礼仪方面，最显著的问题是长幼失序，没有家人集体分享的意识，往往是孩子抢在长辈之前入座，专挑自己喜欢吃的（即使是按人数配备的菜）下筷，吃完饭碗一放，招呼也不打就自顾自离开，不考虑别人的感受。

习惯方面较为凸显的问题集中在坐姿和饭量上。比如不少孩子吃饭时胳膊肘占据一大块桌边空间，筷子使用的随意度较大，很容易碰到旁人的脸上。不管是孩子自己盛饭，还是大人给盛的，孩子的那碗饭往往又满又实，一餐饭既喝饮料又吃菜，超过孩子的饭量，导致剩菜剩饭比较多。

这些“吃相”问题需要家长动一番脑子，引导要有趣味才有效。比如教孩子如何做到胳膊肘占据空间要适宜，全家可以一起寻找“最美支撑点”，将家庭成员吃饭时胳膊肘所占位置拍下，饭后大家一起评议——谁的支撑点最美。孩子很容易发现：最美支撑点取决于两个要素，一是胳膊肘靠在桌边的距离和自己的身体差不多宽，二是支撑点大概就在肘关节和手腕的中点。这样形象地展示之后，孩子就知道朝这个方向去做了。

“吃相”不是小事，餐桌礼仪是家教的重要环节。家长一定要从细节做起，培养孩子在餐桌上的好习惯。

备注：该文章于2017年2月12日发表在《中国教育报》。

“关注吃相”实践简介与感悟

——餐桌礼仪不容忽视

吃相，也称“食相”，就是吃喝时的姿态、样子。我为什么会去关注“吃相”？

因为我园自2013年开始，就在关注并研讨幼儿午餐环节中存在的问题，其中发现的主要问题之一，就是忽视对幼儿用餐情绪及礼仪的关注。

观察幼儿进餐时，保教人员更多关注的是幼儿有没有吃完分发的那一份饭菜，有没有将饭菜掉地面、桌面上，其他涉及的幼儿用餐情绪及礼仪等，则忽视了。针对存在的问题，我们查阅资料，发现目前国内各园就午餐方面，普遍关注吃什么，成人怎样为幼儿服务等，对如何改进午餐环节中的这些问题，没有系列方法。于是，我们依据《3—6岁儿童学习与发展指南》，对幼儿园“餐文化”给予了全新的诠释：不仅仅指需要营造良好的用餐环境和氛围，更应关注幼儿午餐的每个细节，包括餐桌礼仪等。

对此，我就特别关注孩子们的“吃相”，无论是在幼儿园、家里、还是外面的聚餐等。关注以后，发现孩子的“吃相”确实是个问题，有不讲卫生的，也有不懂礼仪的，还有用餐习惯不好的，而这些其实家长都看在眼里，然后通常有两种应对方式：一种是“笑笑作罢”，另一种是“现场教育”。“笑笑作罢”，或许是家长碍于亲戚朋友在，也只能暂且“苦笑”应对。“现场教育”，或许是孩子在饭桌上的表现，让家长实在看不过去了。而这两种方式，我个人都是持否定态度。你想，孩子在饭桌上的表现，是瞬间生成的吗？他在这张饭桌上这样，那他在家里的饭桌上估计也是这样的。那作为孩子的家长，平时关注到了吗？又是怎么做的呢？孩子的餐桌礼仪和行为习惯等，都不是一蹴而就的，而是在日常生活中，通过不断地温馨提醒和言传身教等，慢慢知晓和习得的。所以，我在那时尽管看到了不少认识的和不认识的孩子不太理想的“吃相”，在那一刻我也只能先“笑一个”。

之后，我和老师们在改进本园孩子“吃相”的同时，我还写下《“吃相”非小事》这篇文章，告知家长：“吃相”不是小事，餐桌礼仪是家教的重要环节。望每个家长都能关注孩子的“吃相”，更重要的是让孩子有一个好的“吃相”，相信好的“吃相”，能助力孩子更好发展。

帮一年级孩子减轻做作业的“累”

孩子刚入小学，与幼儿园相比，明显多了不少作业。孩子在不习惯的同时，感到做作业累：手累，眼睛累。于是不少孩子做作业比较慢、拖拉，有的还完不成，说起来理由就是一个“累”字。孩子为什么会累？家长怎样帮孩子降低累的程度呢？

阳阳刚上小学一年级，他妈妈说他做作业不自觉，总是磨磨蹭蹭的。让他做得快点，孩子说：“我很累的呀！以前幼儿园都没作业的，还是幼儿园好。”无奈，妈妈只好盯着、催着孩子做作业，同时观察到孩子做作业的确吃力：握笔握得很紧，像抓大老虎似的，一笔一画，偶尔还会用手揉揉眼睛……

做作业让刚上小学的孩子不习惯，也不喜欢。因为累，所以孩子很多时候就会拖拉，拖到不得不做了才去做。不同的孩子感到累的时间点不一样：有的做了一点点就感到累了；有的一开始不觉得累，做到一定的时候才感觉累；有的差不多把作业做好了才感到有点累。但几乎所有孩子感到累的原因都是一样的：手累，主要是因为握笔握得太紧，手部肌肉处于紧张、发硬状态，时间越长越感到累；眼累，主要是眼睛紧紧地盯着笔尖，时间长了自然就累了。

幼升小衔接过程中出现的累，虽说也算正常，但处理不好就可能影响孩子下一步的学习兴趣，做家长的不妨用一些游戏活动来减少孩子做作业时感到累的程度，比如“给玩具穿衣”“用树枝画沙画”和“猜猜什么字”等。

锻炼孩子手部肌肉精细动作发展的方法有多种，最省事的方法是平时让孩子动手做自己能做的事情，比如穿脱衣服、扣纽扣等。为了提高孩子参与的兴趣，家长可以带着孩子给其喜爱的玩具做衣服，并且尽可能多地设计一些扣子，让孩子在给玩具穿衣的过程中，锻炼手部肌肉，加强手眼协调能力，为自然握笔、写字奠定良好的基础。

孩子大多喜欢玩沙子，对画画也很感兴趣。家长可以用脸盆或用汽车轮胎（封住一面）装上沙子，让孩子从身边寻找随处可得的树枝或雪糕棍等自然材料，在沙上自由作画。刚开始先让孩子随意画，想画什么就画什么。一段时间后，家长可以有目的地逐步引导，比如在树的上面画一个太阳，并提示孩子按照顺时针方向画光线；又如在房屋的对面画一条河，并提示孩子从左往右画……画得熟练了，书写就有了有效的铺垫。

“猜猜什么字”是充满互动趣味的亲子游戏。家长将自己的后背作为黑板，让孩子用手指“写字”，家长来猜。猜对了，则由家长在孩子的背上写字，孩子来猜。在写与猜的过程中，家长不仅能知晓孩子书写的笔顺是否正确，孩子还能在轻松的游戏中提升对字体结构的把握。

为了减少孩子做作业的累，家长就要做有心人。孩子做作业前，可以和孩子一起简单做做“石头剪子布”“数数”等手指游戏，自然而然地活动手部关节、肌肉，利于手对笔的把握。

为了减轻眼睛的疲劳，可以将热水倒在容易导热的杯子，然后用双手捂杯子，再用热的双手轻轻敷在孩子的双眼上，重复三五次，孩子的眼睛会觉得轻松，明亮，能有效缓解眼部疲劳。

备注：该文于2015年11月13日发表在《中国教育报》。

“减累”实践简介与感悟

——用心让累少一点

当我听到刚从幼儿园毕业的孩子，说一年级作业多，而且还说做作业累，手累、眼睛累，那时，我想：上小学了，肯定没有幼儿园轻松，相比幼儿园，小学作业多、做得累，也天经地义。之后，在幼小衔接活动中，现场去观摩了一年级孩子做作业的情况，然后，我回来就在想——怎样帮一年级孩子减轻做作业的“累”。

“累”，肯定是有原因的。主要是幼儿园没有作业，迈入小学就有了。这其间跨度有点大。尽管在幼儿园，尤其是大班孩子，也会在记录本、绘画纸上书写自己的姓名，但这个“写”很多时候，是有点偏向“画”。《3—6岁儿童学习与发展指南》（以下简称《指南》）建议：在绘画和游戏中做必要的书写准备。这让我想到了之前做过的关于“前书写”的课题，在绘画中有意识地培养大班孩子必要的书写技能，通过写画游戏，培养毕业班孩子一定的运笔技能。

让孩子单一地在写画中，提升其运笔技能，显然枯燥、乏味，其效果也不理想。以游戏的形式，循序渐进地培养孩子的运笔技能，孩子就会“乐着学”。

根据《指南》建议，我们可以准备供幼儿随时取放的纸、笔等材料，也可利用沙地、树枝等自然材料，满足幼儿自由涂画的需要。用树枝、雪糕棍等自然材料代替笔，让孩子在户外的大沙坑上自主运作。也可以让孩子从家里带一些材料，如鞋盒、小脸盆等，在这些物品里装上沙子，让孩子在室内、室外根据自己的意愿，选定适宜的空间自由写画。其间，教师进行有目的地指导，分层推进，从直线到曲线，从简到难。直线练习，如画树桩、小河，但是画的时候，要提醒孩子，树桩应该由上至下画，小河要由左至右画，以帮助幼儿学习由上至下、由左至右的运笔技能。曲线练习，如画太阳、小船，画的时候，提醒孩子按顺时针方向画，在关注孩子运作过程的同时，还要关注孩子的坐姿以及握笔的姿势，发现问题适时介入和适当指导，促使孩子的手眼协调能力得到加强，从而提高孩子对这些物体的结构、形体的把握，为书写技能的提升做有效的铺垫。铺垫好了，这些孩子去上小学一年级，自然就会减轻做作业的“累”。于是，写下这篇文章，望我们的老师和家长做个有心人，用游戏、绘画等方式，有意识地去培养孩子的前书写能力，让孩子们到了小学做作业的时候少一点“累”。

感谢“半”文盲妈妈给我的内在动力

我的妈妈是个“半”文盲。如果说文盲指的是不识字或识字但缺乏思想能力的人，那我妈妈只能算为“半”文盲，因为妈妈虽然不认识字，但不缺乏思想能力，甚至比识字的同龄人更有前瞻意识，在我的人生打下了非常重要的烙印。

记得我8岁那年的一个周日，中午12点多了，妈妈还在田里劳动。因为担心妈妈肚子饿，所以从来没有做过饭的我，就模仿着平时看到妈妈做饭的样子做了一顿饭，然后和比我小一岁的妹妹，歪歪扭扭地抬出去。也不知道妈妈劳动的田在哪里，一路问过去，不知道走了多久，停停歇歇、走走转转至少十个来回，总算找到了妈妈。妈妈看到我们送饭来，大为惊讶，一副不可思议的表情，接着转身激动地大声告诉周边劳动的人们：我的孩子会给我做饭送饭啦！

可惜吃饭的时候我们发现忘了拿筷子，唯一的菜里鸡蛋又是生的。妈妈见我低着头不高兴的样子，微笑着说：“这个好办！”说着上前走了几步，折了两根芦苇，一双自制的芦苇筷子就出现在我们面前。我又盯着那个生蛋，妈妈说：“田里有的是草，来！我们一起搭个灶。”于是，在妈妈的指导下，我们一起用石头搭了个“过家家”式的小灶，真好玩！一会儿蛋就熟了，妈妈吃得津津有味，还边吃边夸我们。

过去了那么多年，这件事在我脑海里依然清晰如昨。每次回放，不仅内心再次体验到母爱的温暖，而且时常激励自己遇到问题要像妈妈那样想办法解决。走上工作岗位后，我在舞蹈编排和自制教玩具方面凸显的优势、取得的成绩，和妈妈给我的最初的教育是分不开的。我编排的原创舞蹈，如《好收成》《听爷爷讲海涂昨天的故事》，以及自制的教玩具，如“种子跳棋”“土箕拉车”，创作素材都是妈妈提供的，创意中的大胆和自信也是被妈妈用欣赏和鼓励培养出来的。

妈妈虽然在我的学习上帮不了直接的忙，但是间接起到了很重要的作用。我每次碰到问题，妈妈都说好好看书，书就是老师，有不会的、不清楚的，肯定是哪个地方没仔细看或理解错了，再看看书就懂了。于是，每每遇到不懂、不会的，我就再仔细看书，在书里寻找帮助、寻求答案。久而久之，我养成了自学的习惯，很多同龄人读本科选择函授，我则选择了自考，因为我有自学的习惯和能力，即使大家都不看好、不相信我，我依然坚持，因为妈妈给了我很多自信。当我三年内取得浙江大学中文专业自考本科毕业证书，同时获得中文学士学位的时候，我第一个想感谢的就是妈妈。

我还记得刚开始不会写作文，妈妈说写文章最简单了，只要把一件事写清楚。我按照妈妈说的做，努力把事情写清楚就行了，但是分数不高。妈妈又说，要想分数高，就不光是写清楚那么简单了。就好比人与人之间说话，要吸引对方听你讲，首先看你讲什么事情，然后看你怎么讲……听了妈妈浅显易懂的比方，我似乎找到了那么一点写作文的感觉。每次我写完作文，妈妈都让我读给她听，听完后妈妈说得最多的一句话就是——比上一次好！还可以更好！

在妈妈的点拨和鼓励下，我的文章开始得到老师的好评，并让我读给全班同学听，之后还代表镇里参加小学生现场命题作文大赛。记得那次比赛的题目是《意外》，我得了一等奖。当我把这个好消息告诉妈妈的时候，妈妈还是那一句——很好！还可以更好！

走上教育工作岗位后，写作能力让我获得了很多成果和荣誉。当然，最能鼓励我的，就是妈妈的信任和要求。我很欣慰我可以做得“很好！”更期待自己“还可以更好！”

每个孩子在成长的过程中，都离不开妈妈的教育。妈妈的学历如何、文化水平多高不重要，重要的是拥有一种推动孩子积极向上发展的思想能力。在这一点上，我的“半”文盲妈妈给了我一生用不尽的内在动力。

备注：该文于2016年3月10日发表在《中国教育报》。

“感恩”实践简介与感悟

——重在思想引领

我之所以写这篇文章——《感谢“半”文盲妈妈给我的内在动力》，自然是为了感恩，感谢妈妈对我的鼓励和信任，并为妈妈的坚强和智慧点赞。

妈妈上过几年学，且那时成绩很好。但不幸的是外婆去世得早，妈妈又是家里的老大，兄弟姐妹多，就果断放弃读书，帮外公分担压力，照顾弟弟妹妹，所以，就没认识多少字。尽管字几乎不认识，但妈妈有思想。从小到大，我有不会的、不敢的，在妈妈的点拨和鼓励下，就会了，也敢于尝试和挑战了。如文中所提到的“写作”，从不会写到写了但写不好，再到会写且写好了，是妈妈用浅显易懂的比方、充满积极向上的话，帮助我逐步提高的。还有跳舞也是妈妈的功劳。记得小时候我长得有点胖，还“前凸后翘”的，这个样子似乎跟跳舞有点扯不上边，但妈妈却说：“跳舞难道只看样子的吗？跳得好才好！”听了妈妈的话，我不管自己样子好不好，反正就是喜欢音乐，只要音乐一放，我就跟着起舞，而且这个“跳”和“舞”都是自己随意编的。偶尔妈妈看到了，还会打趣说：“样子不好，跳的蛮好！”这是鼓励，但也是真的。从幼儿园开始，一直到师范，只要是学校要排大型舞蹈去参赛，我都是最先被挑出来的，一是学得快，二是跳得好。虽然，每次参与跳舞，总要自费买一些服饰，且这些带回家，也就基本作为“藏品”而已，但妈妈很支持，还说：看看也好的，要是你以后当了老师，或许也用得着……

果真，我一踏上工作岗位，领导就让我编排舞蹈参赛。而那个时候，其实已经有一个大合唱在编排中，负责编排的还是外请的专家，集合了全镇中小幼唱歌有点好的教师，我也被列入了这个大合唱队伍……当我把这个事情和妈妈讲的时候，妈妈说：“那就好好想一个排一个，有要求和领导讲。”然后，我就和领导说了人员要求：我需要教师和孩子各16个，孩子都可以在幼儿园挑，但幼儿园的教师我只能挑选8个。然后领导立刻让我去镇小挑选教师……在妈妈的鼓励、领导的支持下，编排的原创节目《好收成》，确实获得了“好收成”。

家园篇

致家园——合作篇		
序号	题目	备注
1	篇首语：家园智育共成长	
2	孩子有选择班级的权利	
3	“择班”实践简介与感悟——孩子的选择简单但可行	
4	优化新生家长培训的四要素	
5	“家长培训”实践简介与感悟——做好家长工作事半功倍	
6	家园共话儿童学习与发展《指南》	
7	“共话《指南》”实践简介与感悟——推进家园科学保教的度	
8	幼儿园使用家校通应注意的“点”	
9	“家校通”实践简介与感悟——新事物的使用更需关注和改进	
10	家园共“眠”：让孩子快乐入睡	
11	“共眠”实践简介与感悟——让孩子在园睡个好觉不容易	
12	火灾隐患	
13	“安防”实践简介与感悟——不可感情用事	
14	通讯：家长品幼儿园伙食	
15	家长品幼儿园膳食的做法与实效	
16	“品膳”实践简介与感悟——“品”前要考虑的真不少	
17	请家长和孩子一起写评语	
18	“写评语”实践简介与感悟——亲子参与写评语大有裨益	
19	家庭教育需要环境评估	
20	“环境评估”实践简介与感悟——在改进优化中共成长	

篇首语：家园智育共成长

记得自己曾经在《宝贝成长手册》中写过卷首语，其中写到“孩子，从你迈入幼儿园的那一刻起，你不仅是爸妈的孩子，也是我们老师的孩子，你是最幸福的，因为你是我们家园共同的宝贝”。要让宝贝幸福成长，自然需要家园智育。

在家园同心智育中，作为实施科学保育和教育的主要机构——幼儿园，自然要起引领辐射作用。于是，在不断的实践中，进行合理、科学的改革。如赋予孩子选择班级的权利，孩子的选择尽管简单，但很多时候都是出于“喜欢”，而喜欢，它本身就是一个理由。针对新生入园，其家长因为知之甚少，也可能茫然不知所措，对此，家长是既高兴又担忧。为此，我园倡导并践行“优化新生家长培训四要素”，在不断改进和优化家长工作中，推进家园合作成效。开展“家园共话儿童学习与发展《指南》”，为后续进一步提升家园科学实施保育和教育能力服务。

随着家园保育和教育工作的科学实施，改进及落实取得了明显成效。如《幼儿园使用家校通应注意的“点”》，老师们在提升自身使用家校通质与效的同时，携手家长一起关注并改进家校通的使用，促使家校通使用更合理更有效。在午睡方面，幼儿园号召“家园共眠”，加强家园培训，让教师、家长知晓午睡对孩子的重要性及意义，同时，从幼儿园、家长、孩子三个角度融合推进，以达到让孩子快乐入睡的状态。在保育的另一个重要环节“午餐”方面，推出“家长品幼儿园伙食”，认真思考与“品”相关的每个细节，在这基础上加以具体落实，在工作中不断跟进、调整，有效提升了家长、社会对幼儿园的关注度和满意度。与此同时，幼儿园还对毕业班的孩子进行“家庭教育环境评估”。《3—6岁儿童学习与发展指南》中强调：要理解幼儿的学习方式和特点，要珍视游戏和生活的独特价值，创设丰富的教育环境。但这似乎只是幼儿园在跟进实施的，对于广大家庭来说，很少去关注和改进孩子在家庭教育中的环境。通过家访不少毕业班的孩子，觉得家庭教育环境需要指导改进，然后本着“做强一批，再宣传、带动一批”的原则，同时，也是为了提升大班幼儿入小学的适应度，以及推进家庭教育在幼小衔接中的进程和质量，就组织了业务骨干和大班教师，利用暑期上门探望毕业班孩子，以座谈、参观、指导、合作等形式，在自然而然的交谈中，审视孩子的家庭教育环境，并以适宜的方式向家长指出存在的问题，并告知改进的建议。关注“家庭教育环境评估”的一些家庭，尤其是将评估前后进行对比，其家庭教育环境的改进还是比较明显的，有的甚至已经迈入了“优化”阶段。可以说该活动不仅让孩子和家长在家庭教育环境改进优化中成长了，而且也推动了我们教师和幼儿园共成长。

经过一系列的家园互动，让家长们通过参与活动，逐步了解孩子学习与发展的基本规律和特点，在这基础上，幼儿园又推出了“请家长和孩子一起写评语”。家长的文字评价和孩子的口头评价，自然会给教师提供有效的参考，从而让评价更具个性化。家长参与对孩子的评价，不仅拉近了家园的距离，更重要的是潜移默化地提升了家长的育儿理念。

带着理念、家园共育——让孩子在双重陪伴中开启人生新篇章！

理念提升、家园智育——让孩子在大手牵小手中幸福成长！

孩子有选择班级的权利

开园前，时常有家长朋友来找我寻求关照：“能不能给孩子安排一个好的班级？”我也经常听到姐妹园园长在说：“有些家长真麻烦，要选班级。怎么办？”

每当遇到这种情况，我总会不由自主地想起刚毕业的时候，一个刚入园的中班新生选我做她老师的故事。

那天，我布置好了教室，站在窗台上哼着歌擦着窗。只见一个小女孩拉着妈妈的手，走进我们教室看了看，又朝我笑了笑说：“你就是我的老师！”我当时很惊讶，还没分班呢，怎么说我是她的老师呢？小女孩对着我笑啊笑，转头又对她妈妈说：“妈妈，我就要这个老师。”果真，我成了这个小女孩的老师，还是班主任。因为小女孩妈妈很尊重自己的孩子，当天就和园领导去说了，她的孩子很喜欢这个老师，恳求园方分班的时候，尽可能给孩子分到这个老师所带的班级。

那时，我有点想不明白：妈妈怎么会听从孩子的意愿？后来这位妈妈告诉我，孩子小班时的老师是拜托园长给安排的，但孩子不喜欢，说太凶。因为觉得凶，孩子感到害怕而不自在，还时常小便解出……于是，妈妈才会顺从孩子的意愿，觉得让孩子选择自己喜欢的老师很重要。

之后，我和小女孩一起度过了那段幼儿园时光。孩子的喜欢提升了我的自信，我给予了她更多的关注，支持和引导她从原有水平向更高水平发展。孩子得到了认可和支持，变得更活泼、更快乐、更自信。

这件事尽管过去 16 年了，但我仍记忆犹新。当了园长后，遇到家长朋友拜托我给孩子安排班级时，我就把这件事讲给他听，并告诉他让孩子选择老师的理由。首先，园里老师业务能力方面确实有强弱，领域偏差也是有的，但同一年段各班的老师，是从均衡、互补等方面综合考虑后安排的。其次，从尊重孩子的角度出发，孩子有权选择自己的老师（班级）。家长可以带着孩子参观教室的环境及布置，让孩子和班上的小朋友们玩一玩、说一说，和班级教师进行互动交流等，孩子自然而然会做出一个倾向性的选择。

为了让家长更支持孩子的选择，打消家长的后顾之忧，同时提升孩子的人际交往能力和对环境的适应能力，我们还推出“同年龄段跨班级体验周活动”。同一个年龄段的孩子，可以打破班级限定，到其他班级去体验一周的生活、学习和游戏。

当然，有这个需求的孩子必须提前报名，然后合理安排，以保证在各班班额合理的基础上，促使其体验活动有条不紊地进行。而体验中，家长可以观察孩子的半日开放活动表现，以便让家长对比孩子平时在班级半日开放活动中的表现，从而得出更全面、更具体的评价。

备注：该文章于2017 年1 月15 日发表在《中国教育报》。

“择班”实践简介与感悟

——孩子的选择简单但可行

虽然《孩子有选择班级的权利》这篇文章是我2016年年底撰写的，但这种意识和做法，在我做园长的时候，也就是2012年，已经形成并开始实施了。

每次招生，我就对负责的老师说：家长若有分班要求，先备注，在考虑各班性别、年龄等均衡的同时，尽可能满足家长的要求。而且，与老师们分享了两则案例：一则是自己刚参加工作，一个中班的女孩子选我做她的老师，而且小小年纪就说服了自己的妈妈，她妈妈主动向园长申请……然后，我就成了小女孩的老师。之后，我们师幼度过了愉快的两年幼儿园生活。其间，还一起携手成长。后来，小女孩毕业去了“鲁小”上小学，也不知道她哪里打听到我生病住院了，居然哭着打电话给我，要和她爸爸妈妈一起来看我。而那个时候已经晚上10点多了，等他们到的时候，已经快12点了。我对她笑，她也笑。笑着笑着，她哭了，我也哭了。再后来，小女孩在学校或代表学校去参加歌唱、舞蹈等节目，我还是她的老师，因为小女孩还是选择我做她的老师。另一则是我儿子上一年级时的班级选择。因为我先生就在儿子就读的小学当老师，且还是校领导。我想他对学校及老师的情况肯定知晓，他选的班级不会错，而且肯定是好的……我这样想，很多家长也是这样想的，所以，不少家长，尤其是家境比较好的，不管做生意的还是有点“小头头”的，基本跟着我们选到了这个班级。事实呢？我觉得选错了，不少家长也发出了类似的声音。不是说这个班主任老师不好，我只能说该班主任的教育观及教育的方式方法等不太适合我儿子，以及和我儿子差不多的孩子们。

案例讲完后，我在教师大会上强调：不要随随便便参与分班，更不要帮家长、孩子简简单单选择班级，因为你选的未必是家长满意、孩子喜欢的。或者说你选的老师实施的“教”，不一定适合孩子“学”的需求。

对此，当家长朋友来找我寻求关照：给孩子安排一个好的班级时，我也是将上述两则案例讲给他们听，并建议他们——让孩子选择班级。起初，不少家长朋友不认可，还会去托别的老师或领导，推荐好老师好班级，但在“鲁迅外婆家”——孙端，我做了十年园长的地方，家长托关系为孩子选择班级的情况，几乎不存在了。一方面，因为家长有需求，我们备注尽力满足了；另一方面，我们倡导并践行“让孩子选择班级”。孩子的选择尽管简单，但很多时候都是出于“喜欢”，所谓“喜欢”，它本身就是一个理由。

优化新生家长培训的四要素

面对孩子即将进入幼儿园，家长肯定既高兴又担忧。高兴的是孩子进入了人生的一个重要起点；担忧则多些——孩子刚上幼儿园会不会哭闹？老师对孩子好不好？幼儿园伙食怎么样？……因为家长知之甚少，也可能茫然不知所措，所以担忧。

为此，很多幼儿园对新生家长进行培训。笔者觉得，优化首次新生家长培训很重要，首次培训不但当场见实效，而且也将影响到后效——家长培训的参与率与好评度。

一、安排适宜的时间

许多幼儿园在安排新生家长首次培训的时候，更多思考的是培训的内容，对时间的安排比较随意。其实，对新生家长进行首次培训，时间的安排需要讲究。为了提早减少新生家长的担忧，拉近家园距离，并借助家长的辅助作用，让新生幼儿更好地缓解入园焦虑，笔者认为，将首次新生家长培训安排在开园前更为有利。而这个“前”最好离新生入园前一周及以上，以便家长有足够的时间准备、调节。

二、选择理想的地点

聚焦新生家长首次培训的地点，以幼儿园居多。笔者也认为，首次新生家长培训，其地点还是在幼儿园更理想，因为家长在正式参与培训之前或之后，可以借此机会参观幼儿园，尤其是孩子的教室、午睡室。

选择了幼儿园之后，还应考虑具体安排在幼儿园哪个地点进行培训方为最佳。幼儿园教室是为孩子专门设计的，其布置、格调的考虑都是以孩子为中心；而幼儿园多功能厅，相对为孩子设计的东西少一些，因此选择多功能厅培训更理想。若幼儿园没多功能厅，那么就选择孩子的教室。但该教室要进行简单的整理与布置，如布置主题墙布，张贴与培训相关的内容向新生家长宣传知识，以及小班孩子午睡、午餐等在园的一日生活活动照片等。

三、照顾不同的家长

在家长培训中，大都表现以幼儿园为主导、教师为主角，家长则是配角。很少或几乎没有考虑家长的需求，导致家长处于被动状态，他们的任务就是倾听和配合。这种太“乖”的表现对促进家园互动十分不利。为了提升家长工作，幼儿园应该以家长为中心，拟定多层次、多样化的培训形式和培训内容，让只负责“听”的家长真正互动起来，让培训出成效。

以家长为中心，就要关注、照顾不同家长。新生幼儿家长参与培训的层次不一，主要体现在年龄和文化方面。参与培训的家长一部分是父母，另一部分则是祖父母。这两个群体，除了在年龄上存在的显著差异外，更多的则是有着明显的文化差异。对于父母群，他们习惯通过网络等便捷的方式与教师交流，分享教育资讯,探讨教育问题，他们文化素养普遍较高,有自己的教育观点、主张,但缺乏实践经验；而与祖父母群的交流,更适合面对面的交谈、问答等方式。幼儿园有必要将培训形式、内容菜单化，让家长根据自己的实际情况进行选择。

四、拟定实际需要内容

家长想知道的或者是幼儿园想告知家长的内容都有很多，那么应该安排哪些内容在首次家长培训中? 此前，要对参培家长进行一次问卷调查、征求意见，结合幼儿园与家长的共同需求拟定为首次家长培训的内容。

(一)拟定的依据

一是依据经验。在问卷中拟定本次培训的多项主题内容，让家长根据自己的意愿，从中选择3~5项，以便幼儿园采用多数家长选择的问题作为培训内容。二是依据家长需求。在问卷最后，笔者让家长用文字的形式提出建议，提出“除了上述内容,还想知道的其他方面内容”，针对此，幼儿园根据该需求量和需求度，作适宜安排、穿插。

(二)实际需要的内容

1. 孩子刚入园会有哪些表现

教师可以借助照片，向家长图文并茂地介绍“哭闹”“逃跑”“不肯吃饭和午睡”“不愿交往”“尿裤子”等典型情况，以及对此情况，播放教师、保育员是如何采取科学、有效的方法的视频片段给家长看。

2. 幼儿园一日生活有哪些环节

从孩子入园到离园这之中的每个环节，教师详细地分时段记录并打印分发给每个家长，以便家长看着这份“单子”，听得轻松的同时，能跟上教师讲的步调。另外，对平时注重收集图片资料的幼儿园，还可以选择各个时段对应的孩子的照片，向家长初步展示各时段孩子的表现。

3. 家长如何帮助孩子做好入园准备

有了以上两项的铺垫，再来推出如何帮助孩子做好入园准备,就显得轻松多了。根据之前看到的、听到的，以及了解到的，家长之间互动、交流、碰撞思想，而教师则适时介入、引领，从而让家长自己理出头绪——怎样帮助孩子做好入园准备。

4. 家长接送孩子时应注意什么

根据以往家长在接送孩子时存在的突出问题,教师委婉地对家长进行提醒。为了让家长能自主、自愿接受幼儿园的建议，其用意或出发点应该紧紧地围绕“为了孩子”。如“尽量在规定时间接孩子离园，若接得太早,孩子就不能完整地结束在园的一日活动；若接得太迟，则影响孩子的情绪”。如此一来，家长因为心中有孩子，通常就会注意并乐意做到。

备注：该文章于2014 年9 月12 日发表在《浙江教育报》。

“家长培训”实践简介与感悟

——做好家长工作事半功倍

当我刚到“鲁迅外婆家”——孙端的时候，整个中心园也就3亩的占地面积，全园5个班级，只有一间专用室，就是类似教室的多功能室。全园幼儿135名，是民办园孙端幼儿园的四分之一……

面对这样的状况，我坐在办公室正想着什么的时候，负责家长工作的老师进来对我说：开学第二周或第三周，我们要开新生家长会……听她讲着，我想自己刚来，情况还不是很了解，那就按照他们原先的开展。

新生家长会那天，虽然不用我讲，但我还是去看了。小班新生也就2个班级，一班新生家长在多功能室，另一班新生家长在教室，且出席率不是很高。各班班主任拿着事先准备的稿子，在向家长讲。从内容来看，也不是很适宜。都已经开学第二周了，一个重在讲“家长如何配合幼儿园稳定孩子情绪”，一个主要讲“家长需要配合的事项”。再看看家长，有的隔代的跷着二郎腿在和旁边的聊天，有的爸爸妈妈在看手表几点了，也有的眼睛在看外面，或干脆走出去，到教室里去看看自己的孩子，认真听的还真不多。

为什么会这样呢？我走到自己办公室，一直在想这个问题。我觉得：首先，讲的内容不是家长实际需要的。其次，没有照顾到不同层次的家长。另外，安排的时间和环节等也不太适宜。同时，我想中心园都这样，那下面的村幼、教学点可能问题更多、情况更不理想。于是，结合本次家长会中存在的问题，以及需要改进的地方，和相关教师围绕“怎样开好家长会”“家长会上讲哪些内容更好”“如何优化家长会的环节安排”等，让她们发表自己的看法和见解。其间，我也向她们说了家长工作的重要性，尤其是当时的孙端，民办园的实力大大超过了公办园，公办园的生源远远少于民办园，在这样的情况下，更需要认真对待家长会、家长培训等活动，因为把家长活动搞好、做好家长工作，不仅仅可以得到这些家长的认可和满意，而且可以通过这些家长进行“活传播”，提升家长、社会对幼儿园的好评度，生源自然就会滚滚而来。

后来，分管家长工作的教师、各班教师对家长工作确实用心了。一方面，幼儿园将家长参与活动的出席率以及反馈等，纳入了考核；另一方面，在2014年初区域调整后，孙端归属越城区了，老师们知道在这每年都有关于“家长满意度”的测评，因此，老师们会更多地结合家长的需求，选定一个适宜的时间，将自己认真安排的几个环节，本着平等、尊重、合作等原则，与家长进行有效对话、沟通、互动，切实提升了家园合作的进程与实效。

这些努力取得了这么多成效，尤其是2013年的生源大增，折射出家长对孙端公办幼儿园态度的改变，尤其认可中心园。可见，做好家长工作，对提高幼儿园的影响力和知名度的意义有多大。于是，我将所做所想梳理，撰写成文——《优化新生家长培训的四要素培训》，以此为例，在不断改进和优化家长培训工作中，推进家园合作成效。

家园共话儿童学习与发展《指南》

自从教育部颁布《3—6岁儿童学习与发展指南》（以下简称《指南》）以来，全国各地幼儿园掀起了一系列学习《指南》、解读《指南》、宣传《指南》、贯彻《指南》的活动，幼儿园和家庭围绕《指南》实施科学教育，促进幼儿身心和谐发展，让其度过快乐而有意义的童年。然而，在现实中，教师、家长在学习和贯彻《指南》过程中最大的问题是什么？又有哪些困惑？近日，绍兴市越城区孙端镇中心幼儿园邀请家长进园访谈，试图了解家长对《指南》的认识。

对照《指南》，教育孩子有章可循

"一边学习《指南》，一边对比自己孩子的成长，看看哪些达标了，哪些更好了，哪些还需要改进，很多东西都给了一个参考，也让我们知道很多需要做的事情。"在访谈中，一位来自中班的家长对该园教师说，在这个阶段，孩子出现一些奇怪的行为也就不足为奇了，因为在《指南》上能找到她需要的答案。

家长胡妈妈对此十分赞同："另外，对比自己的家庭教育方式，发现自己有很多需要改进的地方，首先就是鼓励幼儿做力所能及的事情，不论幼儿做得好坏都给予适当的肯定，不因做得不好或做得慢而包办代替，以免剥夺他发展自理能力的机会。"她告诉记者，她的孩子动手能力明显跟不上《指南》中5~6岁幼儿的目标，在今后的生活中，她会多鼓励孩子做力所能及的事情。

该园教师反映，从这次家长访谈来看，通过学习《指南》，再加上幼儿园多形式地为家长宣传《指南》，效果十分明显。一是让家长的教育理念、方式与《指南》接轨，并有了更明确、更细化的目标与指导策略；二是在家庭教育中，与《指南》相违背的做法开始减少，甚至消失。

"看了《指南》之后，才意识到自己对孩子的教育方式存在很大的问题，我们总是一味地满足他的要求，比如玩游戏、买玩具、看动画片……《指南》教会我应该引导孩子在玩乐中学到更多有益的知识。"一位家长如是说。

作为家长，一定要树立正确的教育观

此前，孙端镇中心幼儿园通过多种形式向家长宣传《指南》，并下发《指南》让家长学习。在访谈中，许多家长都聊到一点共同的感受，就是"教育的艺术不在于传授本领，而在于激励、唤醒和鼓舞"。

“很多家长只盲目于‘传授’，而对‘激励、唤醒和鼓舞’置若罔闻。其实，心理上的教育比行为上的教育更容易被孩子接受，家长在不同阶段对孩子进行正确、健康的教育和引导能够帮助孩子提高心理素质，健全人格。”在蒋爸爸看来，生活中不能用生硬的态度来教育孩子，应该用平等的态度去对待孩子，与孩子耐心相处。

现场，金妈妈给教师与家长叙述了一件事：“在孩子3岁的时候，我发现一个只比她大一点的小朋友竟然能认识好多字了，当时我心急如焚，生怕自己的孩子输在起跑线上，赶忙到书店买了一本《识字书》，一有空就教孩子识字。终于，我家宝贝也认识很多字了，但她并不喜欢甚至有点讨厌识字。事实上，我教得也很累……”她感悟到，作为家长一定要树立正确的教育观，现在她在教育孩子时，总是会参考《指南》上的内容，不实施“拔苗助长”式的超前教育和强化训练。

理念与行动，总是处于矛盾中

金妈妈的这番话引起了不少家长的共鸣，而也有家长提出：尽管更新了教育理念，行动却迟迟跟不上步伐。

顾爸爸坦陈：“说实话，很多道理我都懂，可有时实施起来比较困难，如控制自己的情绪。孩子犯错了，家长也耐着性子引导了，可下次还是犯错，那该怎么冷静？再如孩子的动手能力比较弱，总是依赖家长，由于工作忙，时间上也不允许孩子慢慢来，久而久之就家长包办、代办，遇到这样两难的局面又怎么办？”

“不错，我们的想法与行动确实处于矛盾中。社会上开设了很多培训班，如幼小衔接班、学前加速班等，眼看别的孩子都参加，自己犹豫了很久还是给孩子报名了。”陈妈妈说。

与此同时，还有一些家长困惑于如何评价孩子在成长过程中的各种表现以及评价标准。活动当日，参与访谈的一位教师分析，家长们之所以会出现这些问题，是因为家长急着想按照《指南》去培养、评价孩子，从而导致收效甚微。《指南》的落实，不是短时间内就能见效的，它是一个循序渐进的过程。

备注：该文章于2015年8月28日发表在《浙江教育报》。

“共话《指南》”实践简介与感悟

——推进家园科学保教的度

2012年10月，《3—6岁儿童学习与发展指南》（以下简称《指南》）由教育部正式颁布，这一文件旨在指导幼儿园和家庭实施科学的幼儿保育教育。

当我们幼儿园老师已经学习和贯彻《指南》有一段时间、一定经验的时候，我们就本着家园共育，在了解老师们在贯彻实施《指南》中的问题和困惑后，从帮助家庭提升保育教育的科学性出发，在我的脑子里就蹦出了一个点子——邀请家长围绕《指南》进行访谈，试图了解家长对《指南》的认识，以便我们家园更好携手落实《指南》。

根据这个“点子”，立马开始行动。先是以多种形式，向家长朋友宣传了《指南》。然后，把幼儿园领取的《指南》，让各班家长自主借阅。一段时间后，让各班班主任在“家长群”，就之前拟定的几个问题抛给家长，让家长根据对《指南》的学习和了解，并结合自己的家庭教育情况，谈看法、表意见。接着，老师们把班上家长较典型的反馈列出，打包发给了我。我看后设计了一份关于《指南》的调查问卷，让各班抽取不同背景、不同层次的家长若干，让这些家长配合并如实填写。之后，老师们在看了自班家长填写的问卷后，将汇总的情况表交给了我。

我将这些问卷一一看后，再结合之前一些家长的看法和意见，就以电话咨询、座谈等方式，在其职业是教师、公务员、医生的家长中展开了“家园共话《指南》”活动，之后也对其他工作的家长进行了关于《指南》的对话。凭借记忆、依靠记录，基本可以将家长对《指南》的认识和看法分为三类：一类是认可《指南》，觉得教育孩子可以对照实施；另一类是与《指南》的有些观念对不上，暂时还不能接受；还有一类是看《指南》的时候，觉得有道理，具体做的时候，又与《指南》相违背了。

对此，我把这些对话罗列汇总，与业务骨干们交流。她们有的说观念的改变哪有这么快，有的说理念与行动是有距离的，还有的说《指南》的实施是一个循序渐进的过程……

本人觉得这次“家园共话儿童学习与发展《指南》”还是有意义的，于是，将其梳理写了下来。一方面是作为对《指南》的贯彻与落实的资料；另一方面是为方便后续推进家园科学实施保育和教育服务。

幼儿园使用家校通应注意的“点”

家校通是适应时代而生的新的家校联系方式。因为新，具体使用时出现了不少问题。归纳起来，有如下几个方面。

内容：出现错别字或病句。对发送的内容，有的教师不仔细校对、反复修改，而是快速编辑完立马就发出去，导致有时发送的信息出现错别字或病句。

频率：信息量过多。家校通因为“太方便”了，很多要求家长配合的事项，如安全提醒、活动安排、一周菜谱等，甚至孩子在园的一些个性化表现，教师都以短信群发的形式告知；明明一条短信能把事情说明白的，也要发上好几条。有时一天发10条左右的短信，对家长而言某种程度上已属于一种“骚扰”。

效果：基本上是单向通。由于是以教师的事务性通报为主，家长只是一个相关信息的被告知者，因此很少有家长积极对信息加以回复或反馈。

要使家校通使用得更合理、科学、有效，幼儿园应根据自己的实际情况加以规范。可以由专人负责，最好由主班教师与家长联系，明确班主任负责制。在发送内容和时间上作出明确要求，适当控制信息量。在此基础上，幼儿园管理层面落实一名总管，定期或不定期检查各班主任发送的信息，做好记录（见附表一），并将其列入教师月度考核内容。具体使用时应注意如下几点：

编辑的内容：“告知”与“关怀”同行。发送的短信在避免错别字、病句的基础上，我们进一步提倡“告知”与“关怀”同行。短信不应只是告知孩子在园的活动安排、需要家长配合的事项，而应多些人文关怀，如天气变化的温馨提醒，安全手拉手倡议……若教师有心的话，还可以结合每日观察，有针对性地向家长发送短信。如：带药的孩子中午服药后，教师可以发一条短信给家长：您的孩子已根据您的“服药委托记录”，在教师的提醒、协助下服药，请放心。这样的短信家长看了很舒心。

发送的时间：“调查”与“实践”同行。教师发信息，一般都是自己在什么时间段方便就在什么时间段发送，没有考虑家长在哪个时间段查阅信息更适宜。为此，幼儿园可以向家长发放调查问卷（见附表二），了解家长在什么时间段查阅信息最为便。在这基础上，少数服从多数，确定适宜的发送信息时间段，便于家长及时查阅。从大多数家长的实际需要出发来安排发送短信（除个别紧急通知外）的时间，那信息的发送与接收之间，将匹配得更和谐、有效。

信息的量：“精”与“实”同行。家校通信息的发送，在数量上也应相对控制。发送多了家长反感，发送少了家长又觉得虽然开通了家校通，但作用不大。对此，我们也进行了调查，结合实践，我们发现每天向家长发送的信息控制在2条左右为宜。信息不在字数多，在于“精”；信息不在条数多，在于“实”。

附表一：

幼儿园每周使用家校通考核记录表

序号	班级	使用家校通各项指标记录（以文字形式）			总评（10分）	备注
		编辑内容	发送时间	信息量		
例1	大一	内容严谨，并具关怀性	17：00，该时间段家长接收短信比较方便	12条，比较适宜	10分	

检 查 人__________

检查时间__________

附表二：

查阅家校通信息最佳时间段调查表

亲爱的家长：

您好！

家校通作为家园联系的桥梁，给我们带来方便的同时，我们也在思考您什么时间段查阅信息最方便。为此，请您认真填写下表，我们尽可能在您方便查阅的时间段发送信息。

班级		幼儿姓名	
电话		家长姓名	
查阅信息最佳时间			
备注			

备注：该文章于2013年7月发表在《早期教育（教师版）》。

“家校通”实践简介与感悟

——新事物的使用更需关注和改进

“家校通”在那时作为适应时代而生的新的家校联系方式，具有一定的积极能动作用，其特点主要体现在“方便快捷”上，但新事物也不是完美的。

关注“家校通”的使用情况，了解到各班教师发送的次数有多有少，多的一天十多条，少的一天也就两三条，甚至有几天发送的条数为“0”。再看老师们发送的内容，有些像一篇短文，比较长、看着嫌麻烦。而且看下来，还不知道要告诉家长什么东西。有的则过于简单了，没有把要告知的事项或情况说清楚。询问老师们一般在什么时候给家长编辑推送家校通，有的说空班时间，有的说孩子午睡时，也有的说晚上……总之，老师们基本根据自己“有时间了”“方便了”，然后，为家长朋友编辑信息，并经过“家校通”推送……

在了解这些情况后，我觉得幼儿园使用“家校通”需要规范。于是，我找负责“家校通”管理的老师，进一步了解了相关情况，如家校通对一条短信字数有无限定，家校通编辑好的短信有没有定时发送的功能，等等。知晓后，我主要围绕“编辑的内容”“发送的时间”“信息的量”等情况，进行了比较深入的思考。然后，找了个别教师进行座谈，把自己对幼儿园使用家校通的看法和建议等，讲给她们听，让她们结合使用情况以及个人想法，进行讨论交流反馈。

最后，根据自己深入思考的，再整合大家讨论交流的，我又进行了梳理和改进，并向老师们强调了“幼儿园使用家校通应注意的点”，以便提升教师使用家校通的质与效。自我感觉该做法还可以，于是，将其撰写成文，该文《幼儿园使用家校通应注意的“点”》获得了全国论文评比二等奖。接着，又在格式、表述等方面进行修改后，在《早期教育（教师版）》刊出。望被姐妹园、幼教工作者关注，一起关注并改进“家校通”的使用，促使家校通使用更合理、更有效。

家园共“眠”：让孩子快乐入睡

幼儿园必须把保护幼儿的生命和促进幼儿的健康放在工作的首位。

——《幼儿园教育指导纲要（试行）》

保证幼儿每天睡11~12 个小时，其中午睡一般应达到2 小时左右。

——《3—6 岁儿童学习与发展指南》

午睡是根据幼儿的年龄特点和身体需要而设置的，对促进幼儿身体正常发育和机能的协调发展、增强体质至关重要。让幼儿在园养成良好的午睡习惯，对幼儿身心健康具有重要作用，也是我们幼儿教师日常工作的重要内容。

一、案例背景

在幼儿园，经常可以看到：各年龄段的个别家长，不厌其烦地在午餐后将自己的孩子接回家。等到幼儿起床后，他们又兴冲冲地将孩子送过来。遇到大风大雨天，没办法，就恳请老师让孩子坐在教室里，画画或是写字、看书，或坐在午睡室的床上。是家长没事干、不怕麻烦吗？是家长不知道午睡对孩子的好处，还是对参与管理午睡的教师表示怀疑？

二、案例呈现

妈妈，中午来接我……

早上明明到园后，和往常一样，“妈妈再见！”“再见！”没等妈妈转头，他就跑上去拉着妈妈的手，用祈求的眼光望着妈妈：“妈妈，中午来接我……”“好的”，妈妈毫不犹豫地答应了。吃完午饭后，当孩子们在走廊看书或下棋时，往园门口张望，就可以看到明明妈妈撑着伞，顶着烈日的身影。一会儿，明明也看到了，赶紧收起玩具、学具，和老师道别后，拉着妈妈的手，高高兴兴地回去了！

午睡起床后

下午，孩子们起床后，明明妈妈又撑着伞，大手牵着小手，向教室走来。老师走过去，对明明妈妈说：“现在天热了，就让他在幼儿园午睡吧！”明明妈妈微笑着说：“他在家不睡午觉的，睡不着。而且，幼儿园孩子多，你们老师照顾不过来，容易感冒的……”

三、原因分析

孩子不想参加幼儿园的午睡，要求妈妈中午来接他，而妈妈也爽快地答应，可见妈妈也不怎么想让孩子在园午睡。原因可能是多方面的，就孩子而言：

（一）没有午睡的习惯

有的孩子从记忆开始，似乎在家从来不睡午觉，其生活不太有规律。到了幼儿园，一下子要改变孩子的这种生活规律、习惯，确实有一定的困难。

（二）陌生的环境不适应

尽管有些孩子在家午睡，但是到了幼儿园，其睡觉的环境变了：不是自己熟悉的小床，床上没有自己经常抱着的玩具，不是自己温馨的卧室……孩子不喜欢，自然就不能马上适应。

（三）不睡觉可以玩

孩子不参加午睡，那么这两个小时干什么呢？——玩。孩子一般都不喜欢午睡，要是能不午睡，午睡的时间让孩子玩，他当然是最开心、最喜欢了。而家长中午将孩子接回家，一般都是让其在家里自由玩或是随意涂鸦。

就家长而言：

（一）不清楚：孩子为什么要午睡？

很多家长不明白孩子为什么要午睡，而且午睡时间还要达到2小时左右。于是，有家长提议：天冷了，能不能不要午睡了？也有家长要求：可不可以缩短一下午睡时间？甚至有个别家长，那些隔代的、年纪大的，觉得老师累了，孩子睡觉的时候，老师可以稍微休息一下。

（二）不信任：那么多孩子，老师管得过来吗？

家长不想让孩子参加午睡，还有一个主要原因就是“不放心”：幼儿园孩子多，每间午睡室，参与管理的教师也就那么两个，能照顾得过来吗？孩子的穿衣、脱衣时间长了，一定会感冒的。有的甚至想：老师不可能每时每刻关注着自己的孩子，孩子睡姿差，要是不小心将被子掀了，或是蒙住头了，可就麻烦了！另外，若孩子午睡时要上厕所，怎么办？穿上裤子、外套，会不会来不及，等会儿尿出了怎么办？不穿的话，肯定会着凉的……

于是，他们就有了将孩子接回家的想法和行动。不管刮风下雨、日晒雨淋，每天如此。实在雨大风大，就恳请老师让孩子坐在教室里，写字、画画等。但是坐在教室里，谁管呢？要是让其坐在午睡室的床上，或是搬个小椅子坐着，别的孩子就会受到影响，到时不午睡的孩子就会增多，于是老师没办法，只能让家长接回去。因而，每学期这样的现象都有，开学初是这样，学期结束了，还是这样，一直不曾改变。

或许，我们老师对这种现象“视而不思”，只是简单地答应家长的要求，或是平铺直叙地让孩子留下，若家长坚持将孩子接回家，她只是无动于衷地和孩子、家长道别，却没有分析、反思这背后折射的保教缺陷，没有感觉自己保教工作的不足。要是我们的午睡环境能迎合孩子的年龄特点、心理需要，我们老师能及时向家长讲述、宣传为什么要午睡，午睡对孩子的好处，同时加强午睡管理，每位老师就像妈妈一样，精心去呵护每个孩子，那我们家长就会放心，孩子就会舒心，与此同时，孩子就会高兴地主动参与幼儿园午睡，家长就会安心。

四、有效建议

（一）理念支撑、转变观念，家园共“眠”

午睡是幼儿一日生活中的重要环节。午睡时身体各个部分及神经系统都在进行调节，利于恢复疲劳，其质量直接影响幼儿的生长发育、身体健康和学习情况。为此，幼儿园要认真做好家长工作，争取家长的理解和支持。少数家长认为午睡容易使孩子感冒、得病，觉得不必午睡。对此，我们可以请有关专家向家长做“幼儿午睡好处多”的讲座，或利用宣传栏，张贴午睡有益的知识，也可在家长会、晨间谈话或是半日活动开放中，向个别不怎么支持午睡的家长，进行面对面的交谈，让家长深刻意识到孩子午睡的重要性，对幼儿园午睡制度给予理解和支持。

（二）合理布置、积极营造，生生乐“眠”

室内布置要得当。工作十多年，通过调查、观察发现：很多幼儿园午睡室环境的布置表面看来整齐、美观，有的甚至内容丰富、色彩艳丽，很具有观赏性，但实用价值不高：不能很好地促进孩子的睡意。午睡室的布置应给孩子一种温馨宁静的感觉，如星星、月亮、摇篮等易于稳定孩子情绪，使其尽快入眠。

光线要柔和。幼儿午睡室的光线会直接影响幼儿的入睡速度。午睡时曾有老师做过实验，观察发现，光线过强时幼儿普遍入睡较慢，而且近年来不断有科学证明，睡眠时光线过强会引起视力下降，长期在这样的环境中睡觉还会引起免疫功能的下降。因此，教师要全面考虑幼儿的各种因素，为午睡室配置合适的窗帘，考虑其厚度、亮度、颜色等，以保证午睡室的光线适宜。

空气要新鲜。新鲜的空气对于幼儿身体和脑部都有积极的影响。新鲜的空气能安抚神经并让幼儿有更恬静和美好的睡眠。为保证午睡室的空气质量，我们必须每天定时通风，孩子午睡时，也不要把所有的窗子关上，根据天气及温度，把持开窗度。温度高时，建议让孩子的鞋子脱在午睡室外面，确保午睡室室内空气清新。

温度要适宜。幼儿睡觉时室内温度以25度左右为宜。温度较低、较高都不利于幼儿的睡眠，教师要保证午睡室温度的适宜。例如天热时，进入午睡室前半小时就打开空调，确保幼儿一进入就感到舒适。起床前20分钟，就可以关闭空调，以使孩子走出午睡室，更好地适应外面的温度。

（三）严格监控、加强管理，师师巡“眠”

为确保幼儿午睡质量，防止意外事故发生，每个幼儿园都应该根据自己的实际情况，针对性地推出午睡管理新举措，加强幼儿午睡管理，要求全体教职工务必高度重视午睡管理工作，切实增强工作事业心和责任感，严格执行午睡管理坐班制和责任追究制，绝不能麻痹大意或存有任何侥幸心理。要规范行为，确保各项制度、措施落实到位。每天安排的各班级午睡管理教师要按时到岗，时刻巡视，要有敏锐的观察力，切实关注孩子的一举一动。

值周老师对全园进行巡逻、察看，协助午睡管理教师做好孩子的安全管理等工作，认真、细致地记录相关情况，并进行反馈。园领导身体力行，亲自督查，掌握情况，并及时向有关人员提出管理、整改意见，使午睡管理更趋合理、规范、科学。

另外，我们也可将其纳入日常教研，探讨“如何有效提高幼儿午睡质量”“怎样使幼儿更快入睡”“午睡室环境与睡眠的关系”等，通过系列研讨，切实提高幼儿午睡质量，提升保教内涵！

备注：该文章于2014年7-8月发表在《家教世界（现代幼教）》。

“共眠”实践简介与感悟

——让孩子在园睡个好觉不容易

英国戏剧家、诗人莎士比亚说：“舒服的睡眠才是自然给予人的温柔的令人想念的看护。”由此，关注幼儿在园一日各环节中的午睡，尽管它常规且普遍，但不得不让我们感慨：让孩子在园睡个好觉不容易。

自从孩子上了幼儿园，就每天需要在园睡2小时左右。或许，一开始实施的时候，有些幼儿园和老师也只知道：这是《3—6岁儿童学习与发展指南》中规定的，里面说到“保证幼儿每天睡11~12个小时，其中午睡一般应达到2小时左右。”而对于幼儿为什么要午睡以及午睡的重要性等，可谓知之甚少。当有些家长午饭后，要把孩子接回家时，不少老师则是简单应对，都不问问为什么要接回去，直接让家长将孩子接回去了。有几个还会问下“怎么了”或“为什么”，而这些家长都有自己的说法：有的说孩子不喜欢午睡；有的说午睡容易感冒；还有的说孩子多，怕老师照顾不过来。然而，针对这些家长说的，很多老师也就“哦”的一声，没下文了。接着，就是眼巴巴让家长把孩子接回家……

或许，这些在一线老师眼里，似乎觉得是正常的。但作为管理者，尤其是作为园长的我看了，就觉得不正常且不太好。从家长向老师们说的“接回理由”不难看出，家长是对孩子在园午睡不放心，不是担心感冒了，就怕老师照顾不过来。因为有了这点想法，哪怕幼儿园规定要午睡，家长还是支持孩子不喜欢或不要午睡。长此以往，一方面，会让不参加午睡的孩子多起来；另一方面，会让家长、社会对幼儿园的管理不认可，甚至持否定态度。

对此，从合力让孩子自觉参与午睡出发，加强家园培训，让教师、家长知晓午睡对孩子的重要性及意义。同时，从幼儿园、家长、孩子三个角度出发，围绕“同心共眠”考虑，罗列并梳理能让孩子在园好好午睡的点，然后融合推进，以达到让孩子快乐入睡的状态。

以案例的形式撰写成文——《家园共“眠”：让孩子快乐入睡》，无非是想让大家加强关注午睡环节中生发的不和谐、不可取的言行，用科学、有效的方式方法应对，让家园“同心共眠”，促孩子更好成长！

火灾隐患

案例描述：

傍晚离园时，雯雯妈妈拉着孩子的手，走到老师面前说：“你们幼儿园有蚊子，我家孩子腿上有好几个包，能不能在教室里点一下蚊香？”老师说：“不好意思，我们幼儿园严禁使用蚊香，因为不安全。我们已经采取一定的措施，安装了纱窗，加强卫生、消毒工作，还给每个班级配备了‘宝宝金水’等，在这个基础上，我们还会继续加强的。”第二天早上，雯雯妈妈将自己家里带来的蚊香交给主班老师，请求老师在孩子的教室里点上（因为幼儿园地处农村，前后有树、田等，天热的时候，教室里会有蚊子），并拜托老师午睡的时候，将蚊香带到孩子睡觉的地方点上，起床后，再将蚊香带到教室点上。老师见雯雯妈妈再三请求，就给点上了。其中一名幼儿，将点心的包装袋放在点着的蚊香上，另一名孩子觉得好奇，嘴里无意识地喊着：“着火了！”老师立刻赶过去，掐灭蚊香……

案例分析：

家长缺乏消防安全意识，认为孩子在教室里、午睡室里有老师在，点一下蚊香没关系的。幼儿教育心理学家告诉我们：一方面，幼儿的思维和行为活动具有明显的随意性，而且控制、调节自己心理活动和行为的能力很差；另一方面，幼儿又缺乏生活经验，对周围环境中潜在的不安全因素判断力差，为确保幼儿人身及幼儿在园一日活动中的各项安全，幼儿园制定了各项安全管理制度，并按要求严格执行。但老师从人情出发，还是违背了制度，幸好有惊无险。针对案例中出现的情况，幼儿园为保障幼儿身体健康，首先应该建立安全防护制度，并积极采取有效措施，化虚为实。同时，加强与家长的耐心沟通。另外，要多渠道地收集相关案例，有针对性地结合幼儿园收集的火灾案例，充分利用多种形式，如家长会、家校通、家园联系栏等，向家长宣传消防安全育儿知识，提高安全意识，促进家园携手，消除火灾安全隐患。

指导策略：

《国务院关于当前发展学前教育的若干意见》中第六条指出：强化幼儿园安全监管。幼儿园要提高安全防范意识，加强内部安全管理。在国内，自从 2001 年 6 月江西南昌某艺术幼儿园火灾特大伤亡事故发生后，幼儿安全问题已经成为教育部门和有识之士们关注和探讨的热点问题。而幼儿园使用蚊香导致火灾的案例很早就有，近几年也时有发生。对此，结合上述案例，就家园如何有效配合，消除火灾安全隐患，可以从以下方面做起。

一、多角度培训，优化教师消防安全意识和能力

采取“请进来”“走出去”相结合的方式，积极组织各园负责人举办消防安全集中培训班，对幼儿园消防安全管理人及教师定期讲授消防安全知识，组织防火救援演练等。对灭火器的使用，在口述操作的基础上，现场进行模拟演习。另外，以问卷、案例分析等形式，定期对保教人员进行消防安全知识掌握抽测，在此基础上，及时地总结、分析、反馈，切实提高保教工作人员的消防安全意识和能力。

二、全方位宣传，提升家长消防安全意识和能力

为进一步做好幼儿园消防安全工作，加大消防宣传教育力度，幼儿园可以利用家长半日开放活动、家校通、家园联系栏等，开展以“消防”为主题的各项活动，努力提高家长消防安全意识和能力。

（一）利用家长半日活动，推出快餐式消防趣味活动

根据参与家长的年龄、文化水平、个性等差异，幼儿园可以推出快餐式消防趣味活动，如消防趣味运动会、消防知识竞赛、消防安全讲座、消防宣传贺卡现场制作大赛等，让家长从自己的意愿出发，选择感兴趣的、适合的活动参与，通过让每个家长参与活动，推进家长对消防重要性的进一步认识。

（二）借助家校通平台，推送温馨短信提升消防意识

找个适宜的时间，向我们的家长推送温馨短信，让我们的家长时刻铭记消防安全知识及其重要性，切实提高安全意识。温馨短信如：春节临近，请家长朋友及时清理家中阳台、楼道、疏散通道可燃物，谨防消防安全。一方面起到及时提醒的效果，另一方面也是宣传教育的作用，一条温馨短信，拉近了家园的距离，减少了消防安全隐患的发生率。

（三）构建家园联系栏，加大消防宣传教育力度

幼儿园以“防灾减灾日”“科技活动周”“119 消防日”等消防宣传日为契机，利用家园联系栏，进行消防主题式布置。将平时育儿中家长在消防方面存在的问题、消防宣传重大事项、在排除消防隐患方面需要家长努力配合的情况等，认真罗列出来，分块分层进行构建布置，让家长学习、掌握并宣传。

在这里，主要以教育每一个孩子为出发点，通过孩子带动每一户家庭，家园携手排除消防隐患，最终影响整个社会，促进全社会消防安全。

三、多形式活动，提高孩子消防安全意识和能力

根据孩子的特点开设消防安全知识讲堂，以游戏、观看短视频、展示火灾案例图片等适宜的方式，指导孩子们加大对消防安全的认识，着力抓好孩子的消防知识培训。比如：

①加强孩子离园前一分钟消防安全教育，如浓烟逃生要贴地，毛巾打湿捂口鼻。

②举办一学期一次的以消防为主题的幼儿现场绘画活动。让幼儿结合经验，大胆创意，以画画的形式，展示孩子对消防的认识。

③评选“消防宣传小天使”“消防知识能手”等系列活动，推动孩子对消防知识的掌握与宣传。

备注：该文章于2015年5月发表在《幼儿园的50个安全管理问题》。

“安防”实践简介与感悟

——不可感情用事

《火灾隐患》这篇文章，是经一个编辑联系，说他们社要编辑出版一本关于幼儿园安全管理方面的书，要求以“案例”的形式，并且说我的名字和单位，仍然会在文前或文后写上，但版权就归他们所有，还要求签订“授权书”……我听着，觉得这些其实也无所谓了，那时，我想的更多的是，咱们幼儿园涉及安全管理方面的案例有哪些？写什么案例更具典型性呢？

想着想着，在傍晚，我就找了中心园的年段长，以及其他园区和教学点的个别教师，让他们说说园内曾经发生的安全案例，或幼儿园存在较大的安全隐患等，老师们结合已经发生的以及根据自身的工作经验，讲述了不少安全案例，如“吃鱼卡喉咙”“珠子进鼻洞”“蚊香着火了”等。当她们说了这些事后，我们也对为什么会发生这些事，以及怎样有效预防，进行了讨论。最后，我让讲述“蚊香着火”案例的老师留下，对相关问题又进行了追问和了解。因该教师不是事发的当事教师，有些情况她也说不清讲不明，于是，我又把当事教师叫了过来，在和她聊中，知道了“着火”的起因和经过，并且她还进行了自我反思和检讨：幼儿园是规定不可以点蚊香的，一开始自己是坚持的，但后来还是感情用事，在家长的不断要求下，给点上了，还好有惊无险……

在对该案例进行详细了解后，开班子会的时候，我向大家讲述了“蚊香着火”案例，然后大家进行分析，也围绕“指导策略”进行讨论，并结合上述案例，就家园如何有效配合，消除火灾安全隐患方面，也发表了各自的意见和建议。

铲除杂草要趁小，整改隐患要趁早。既然已经发现了“火灾隐患”，我们在有效改进的同时，加强安全教育和培训，并切实强调“不可感情用事”，遵章守规一时，幸福平安一生。

考虑到该案例可能出现在“案例分享”中，能提升读者的安防意识和觉悟，并起到警示作用，我将该案例梳理撰写成文，并列入《幼儿园的50个安全管理问题》，供姐妹园参考借鉴，且希望大家能举一反三。

通讯：家长品幼儿园伙食

近日，绍兴市越城区孙端镇中心幼儿园在借鉴其他省、市学校做法的基础上，拟定了《家长品幼儿园伙食》的践行方案。

为了提高家长参与这一活动的主动性、积极性，幼儿园通过家校通发出邀请信息，让有意品尝的家长在各班班主任处登记。幼儿园从这些志愿者中随机抽取，记录每次活动情况。

为了尽量不影响孩子就餐，学校将家长安排在离各班教室较远的教工餐厅，这样做有利于家长之间讨论、交流，从而提高评价的合理性。

幼儿入园前都经过健康体检，教职工也是，餐具每天都在消毒。但是，学校不能保证来园品尝的每个家长都是健康的。对此，食堂准备了专供家长的餐具（餐桶、餐盘、筷子等），品尝后由食堂工作人员与幼儿、教职工的餐具分池清洗、消毒。

邀请家长品幼儿园伙食，广泛听取家长的意见、建议，加强了监督，促使幼儿园食堂经营更透明，在质、量、鲜、色、香、味、搭等各个方面验收更严，守护了学生的“胃”，保证了学生的健康成长。

备注：该通讯于2014年3月21日发表在《浙江教育报》。

家长品幼儿园膳食的做法与实效

自从越城区教育局在区属学校食堂工作会议上提出：要进一步加强食堂检查力度，对食堂蔬菜配送质量以及学校饭菜质量进行监督检查，同时全面启动家长品学校膳食活动以来，我们孙端镇中心幼儿园为了积极响应、贯彻推进食堂工作成效，特召开班子成员会议。我园结合实际工作情况，在借鉴其他省、市学校做法的基础上，拟定了切实可行的《家长品幼儿园膳食的方案》，并认真落实，取得了实效，现将具体的做法进行简单介绍、交流。

一、品的对象：自愿报名，随机抽取

尽管是家长品幼儿园膳食，但是为了提升家长品的主动性、积极性，幼儿园将家长品幼儿园膳食邀请信息，通过家校通发给家长，让有意愿品尝的家长先在各班班主任处登记，幼儿园则在这些家长中随机抽取，作为品的对象，并记录每次品的情况。

二、品的数量：适当限定，保持常态

每次家长来园品膳食，其人数我们根据自己的实际情况，作了适当规定。一方面，有利于负责每日定菜的老师，根据具体人数订购菜的数量。另一方面，有利于食堂工作人员的每日工作量相对固定，促使其工作有条不紊地进行。

三、品的地点：选定场地，促进评价

为了让我们的孩子就餐时能像往常一样规范、有序，尽量不让家长影响到孩子就餐，我们将家长安排在离各班教室较远的食堂教工餐厅，一方面，保证孩子的一日生活安排最大限度地不受影响；另一方面，家长聚在一起品尝，没有其他人员的介入，有利于其讨论、交流，从而提高评价的合理性。

四、品的工具：备用餐具，确保安全

幼儿入园都经过健康体检，我们的教职工也都是经过健康体检的，但是，来园品尝的家长，我们不能够保证其每人都是健康的，尽管餐具每天都在消毒。对此，我们专门准备了为家长品尝用的餐具（餐桶、餐盘、筷子等），品尝后由食堂人员清洗、消毒，但与幼儿、教职工的餐具必须分池清洗，做到防患于未然，确保师幼安全。

五、品的内容：推出三品，提高实效

与“品”对应的往往就是菜的口味。我们邀请家长品膳食，其涉及面更广，除了“口味”，还有“质量”“组合”。

（一）品口味

虽说“众口难调”，学校的炊事员难做，因为人多。但是我想，同一个区域的人，其口味应该大致相同。对此，我们在“口味”一栏，拟定了三项评价指标：“可口”“尚可”“一般”，供品尝家长，针对品尝实况，在其对应栏打“√”评价。

（二）品质量

“口味”的好坏，一方面，体现了食堂人员的基本功，一定程度也能了解其操作时的态度；另一方面，也能显现菜的原形：新鲜与否，质量如何。因此，我们在“质量”一栏，拟定了三项评价指标：“好”“较好”“一般”，供品尝家长根据品尝情况，结合经验，在其对应栏打“√”表示。

（三）品组合

菜的色、香、味，很多时候与其组合有关。如萝卜，炒萝卜与萝卜烧肉的味道就完全不同，这就是菜的搭配问题。要使组合优化，一方面，需要食堂主任在定菜的时候，事先酝酿好——什么菜与什么菜搭配，怎么烧；另一方面，食堂人员在具体操作时，要在了解、知晓搭配的基础上，再进一步加工，尽可能发挥菜的优化组合效果。我们在“组合”一栏，拟定了三项评价指标：“优”“良”“一般”，供品尝家长结合自身实践经验，在根据品尝所得，在其对应栏打“√”评价。幼儿园中餐品尝情况记录表见附表。

六、品的实效

（一）加强监督

让家长品幼儿园膳食，一方面，为了广泛吸取家长的意见、建议，促使其幼儿园食堂工作做得更好；另一方面，则为了加强监督，让家长趁此对幼儿园膳食进行全面监督，根据幼儿园公示的以及通过家校通发送的“每周菜谱”“每日采购”等进行对照，促使幼儿园食堂更透明。

（二）提升质量

1. 验收更严

幼儿园为了让品尝的家长给其满意的评价，首先会严把进菜关。一方面，验收菜的“质”是否新鲜等；另一方面，验收菜的“量”是否足，促使幼儿园在原有的基础上，进一步加强验收这一程序。

2. 组合更优

为了让品尝的菜色、香、味俱全，食堂主任定菜的时候，则会花更多的时间，去思考菜的组合问题。食堂人员在具体操作的时候，也会多一点心思，在刀工上下功夫，尽可能根据孩子的年龄特点，切得小一点、细一些，促使各菜组合优化。

3. 口味更佳

因有了之前两项的铺垫，往往能达成其第三项“口味”之佳。这也体现了食堂工作人员的基本功，以及操作时端正的态度，如注意烧的时间，尽量根据不同的菜把控时间，确保菜熟的同时，保持最佳的“色”，从而促进整个菜的口味。

（三）增强体质

在幼儿园食堂主任、食堂工作人员的努力下，在广泛采纳家长意见、建议的基础上，促使菜的搭配丰富、形式多样，一定程度上吸引了孩子的“胃”，使孩子食欲大增，开心就餐的同时，促进了孩子的健康成长，增强了孩子的体质。

（四）推进满意度

幼儿园工作是保教的结合体。在保的一个重要环节“午餐”方面，我们推出“家长品幼儿园膳食”，并努力达成每一个评价指标的满意度。幼儿园认真思考与“品”相关的每个细节，在这基础上加以具体落实，在工作中不断跟进、调整，有效提升了家长、社会对幼儿园的关注度、满意度。

附表：幼儿园中餐品尝情况记录表

提供品尝单位：					品尝时间：			品尝菜名：			
品尝家长：					家庭住址及联系号码：						
类别	菜品情况	口味			质量			组合			其他
		可口	尚可	一般	好	较好	一般	优	良	一般	以文字描述
幼儿餐											
教师餐											

注：在评价“口味”“质量”“组合”时，请在对应评价栏打“√”。

备注：该文章于2016年6月发表在《家教世界（现代幼教）》。

"品膳"实践简介与感悟

——"品"前要考虑的真不少

当我看到越城区教体局下发的关于食堂工作的文件，仔细阅读学习后，就通知中提到的"家长品学校膳食活动""饭菜质量""监督检查"等关键词，特别关注，尤其是让"家长品伙食"，觉得新鲜、有点意思。

于是，第一时间把该通知给了后勤主管，让她认真学习，学习后主要围绕"家长品幼儿园伙食"，大致想好怎么开展，然后，让她和我们再交流。没想到后勤主管，上午看了文件后，当天下午就来了我办公室好几趟，一会儿问："让所有家长都品吗？到哪里去品？"一会儿又问："品的餐具呢？品后让家长怎么评价？"可见后勤主管对该项工作很重视，立马学习后在思考了，但思考的基本停留在表层，只是想到了"问题"，而没有从这些问题出发，以"方案"的形式，去深入跟进。

对此，我想：一方面，这是一种新的尝试，具有创新性和挑战性；另一方面，要做好确实需要考虑很多问题，我"一言几句"也说不清说不全，况且，后勤主管这样进进出出我的办公室，一会儿问这一会儿问那，也影响我做其他事。同时，她的一些问题，确实也引发了我更多的思考。于是，我和她说："你再去好好想想，我也好好想想，咱们明天下午再细细说。"然后，后勤主管走出我办公室后，我就关上门，开始思考"品伙食"需要考虑的点，并以提纲的形式先列出来，主要六大点：品的对象、品的数量、品的地点、品的工具、品的内容、品的实效，然后围绕这六点再进行具体思考，尤其是就"品的内容"，还推出"三品"——品口味、品质量、品组合。而就"品的实效"，又从"加强监督""提升质量""增强体质""推进满意度"四小点，进行了更细致的思考。以此同时，还设计了一份"幼儿园中餐品尝情况记录表"，将这些问题都考虑差不多的时候，我就根据想的，起草了一份《家长品幼儿园伙食》方案。第二天下午，在与后勤主管交流前，我就把这份方案给她，她一看就说："怎么想得这么全这么细，那我就根据这个去落实了。"然后，就根据该方案去实施推进了。

因为做在先，且具有一定的借鉴参考意义，于是，根据方案和实际做的，撰写了一则关于"家长品幼儿园伙食"的通讯，立马在《浙江教育报》刊出。之后，又将做的梳理，撰写成文——《家长品幼儿园膳食的做法与实效》。

请家长和孩子一起写评语

一般来说，对幼儿的评语，起草者往往是幼儿园里的带班教师。在这个过程中，幼儿是被评价的对象，家长则担当了“看客”的角色。然而，一方面这导致教师的权威过于集中，对评价对象的尊重度有待提升；另一方面，没有发挥家长的作用，他们只停留在简单的反馈上。为了更全面、更有效地评价幼儿，绍兴市越城区孙端镇中心幼儿园倡导“写评语，请家长和孩子同参与”。

家长是孩子的第一任教师，即使孩子上了幼儿园，他们更多的时间依然是和家长度过的。相较而言，家长比教师更了解孩子，邀请他们一同参与对孩子评语的拟定，十分合乎情理。与此同时，孩子在园期间几乎都是和同伴一起学习、生活和游戏，孩子们参与同伴互评的积极性很高。

那么，如何让家长和孩子参与评价？

第一，让家长、孩子担当“评价者”。为了了解家长对孩子的评价，幼儿园可以设计一份“家长对孩子的评价卡”，让家长结合孩子在家的表现，多角度进行评价，如身体状况、语言表达、社会交往、自理能力、文明礼貌等方面。其中，每个项目包含四个选项，分别是“进步大”“进步较大”“进步不明显”“没进步”，家长根据孩子的实际情况进行打“√”。另外，再让家长结合具体事例对自己的孩子进行文字评价。在家长对孩子评价的基础上，教师再给予孩子针对性的评价。对孩子来说，口头评价的方式则更为合适。在对同伴评价时，教师应该作适当的引导，让孩子先找找同伴的优点，再说说同伴的缺点，以便让被评价的孩子乐于接受；在知晓自己不足的同时促进孩子们的友谊持续升温。

第二，让家长、孩子担当“反馈者”。以往，教师的评语由孩子交给家长，于是，家长就成了“看客”，孩子就成了“倾听者”。对此，我们建议教师拟定给孩子的评语后，先发给家长，请他们看一看，并读给孩子听听。针对教师给孩子的评价，家长可以提出合理的意见、建议，并以文字的形式写在“反馈表”上交还给教师。当教师起草的评价与家长对孩子的心理评价产生碰撞时，双方都应该值得庆幸，因为在碰撞中彼此都会去寻找一个更真实的孩子。在日后的保育教育中，孩子会更受家园的关注，教师、家长的观察则会更细、更全，促使评价更具实效。

经过一段时间的实践，笔者发现，请家长、孩子共同参与评价大有裨益。首先，能够提升评价的实效性。家长、孩子的反馈意见无形中给了教师压力：针对孩子个性化的评价，教师要关注每个孩子，并适时记录（文字记录、拍照片等），以便在起草评语时分析对孩子的个性化评价是否切合。家长的文字评价和孩子的口头评价也给教师提供了有效的参考，这无疑扩大了三者评价的交集。其次，能够促进幼儿身心全面协调发展。评价更多以孩子自身为参照物，并注重领域之间、目标之间的相互渗透与整合，支持和引导孩子从原有水平向更高水平发展。最后，推进家长实施科学保育工作。让家长参与对孩子的评价，不仅拉近了家园的距离，更重要的是潜移默化地提升了家长的育儿理念。对此，教师应注重挖掘家长育儿过程中存在的问题以及欠缺的方面，利用“家长咨询台”“家长半日开放活动”等形式帮助家长解决育儿过程中的问题，以弥补家长育儿中的短板。

备注：该文章于2015年11月27日发表在《浙江教育报》。

“写评语”实践简介与感悟

——亲子参与写评语大有裨益

我一直都比较关注且重视对孩子们的评价，尤其是对孩子们的“评语”。

以前，我还在绍兴县马鞍中心园工作的时候，因为担任副园长，主管业务工作，所以会加强对老师们各项工作的检查，而每学期孩子们要拿回去的“评语”，自然列入检查的重点项目。这不检查不知道，一检查吓一跳，问题不少：如语句不通、有错别字，没有结合孩子的个性特征写，一开头就写孩子的缺点、问题等，于是，我就把问题进行梳理，然后再酝酿改进策略，并将其撰写成文——《期末评语“改革”简策》，发表在《幼教博览》。那时，教研员还结合这篇文章，围绕有效撰写期末评语，为全县相关教师作了培训。

当我到了“鲁迅外婆家”——孙端后，尤其是自己角色的转变，从副园长到园长，我肯定更关注这个“评语”。在我看来，“评语”不仅可以折射老师对孩子的了解与关爱，更可以间接反映幼儿园的管理与文化。于是，结合之前撰写的文章《期末评语“改革”简策》，根据老师们写评语中存在的问题，讲述“如何写好孩子们的评语”，让老师们知道写评语中应该注意什么，要怎样写才能更好体现孩子的个性发展……在这个基础上，先让老师们起草好班级孩子的评语，再让同年龄段各班互检，主要检查语句是否通顺、有无错别字等。然后，我和业务主管、年段长进行抽检，并把存在的问题及需要改进的地方一一记录，再集中教师进行反馈，有则改之，无则加勉。

老师们写评语有明显提高后，为了更全面、更有效地评价幼儿，从“多元多维”的评价观出发，我们倡导“写评语，请家长和孩子同参与”。尽管该做法在当时只是在中心园个别班级践行了，但经过一段时间的实践，我们发现，请家长、孩子共同参与评价大有裨益，如增进了家园互动及情感，提升了家园科学实施保育和教育的质量。

也许，在不少教师看来，“写评语”教师包办会更简单更方便，但家长和孩子一起参与写评语，一定更合理更科学，因为这让评价更立体多元，自然能让评价促进孩子的个性化发展。

家庭教育需要环境评估

“爷爷奶奶坐在沙发上看电视，我背对着电视，坐在小板凳上，弯着双腿、趴在茶桌上写字……”这是一个幼儿园毕业班孩子“我的家庭学习环境”绘画作品的介绍，相信大家听了，眼前都会浮现出一幅不和谐的画面，同时油然升起一股不舒服的感觉，为什么？因为这个环境不适合孩子的学习，自然就达不到学习的效果，甚至严重影响了孩子良好学习习惯的养成。

孩子的大部分时间是在家里度过的，环境也具有造就人的作用。为了让家庭教育环境与孩子的成长更匹配，为了引领“做强一批，再宣传、带动一批”，同时提升大班幼儿入小学的适应度，推进家庭教育在幼小衔接中的进程和质量，我们组织业务骨干和大班教师，利用暑期上门探望毕业班孩子，以座谈、参观、指导、合作等形式，现场察看孩子的家庭教育环境，指出存在的问题，提出改进建议。对个别留守儿童家庭，还积极参与家庭环境整改与布置，家园携手为孩子营造布局合理、舒适的学习空间。

上门家访，熟视无睹中有问题

走进亮亮家，迎接我们的是亮亮的爷爷奶奶。看到幼儿园老师大热天上门，老人家很激动，第一句就是：“你们老师真负责，孩子都毕业了，还这么关心！”一进门，只见亮亮耸着肩膀在饭桌上写东西，见老师来了，就放下笔高兴地跑到老师跟前。只听“砰”的一声，“什么东西？”老师问。爷爷说：“没什么，是他脚下垫的小凳倒了，桌子高，他够不着。”“亮亮在写什么？”老师边问边走上前看，原来孩子在写拼音，在一张白纸上写得歪歪扭扭的。“认识吗？”老师问。孩子羞涩地笑了笑，奶奶马上说道：“我们年纪大没文化，拼音不认识，晚上他妈妈在教他的。”老师又问：“妈妈在哪里上班？”爷爷说：“在印染厂上班。”“爸爸呢？”老师追问。“在义乌做饰品生意。”老师微笑着把亮亮叫到身边问：“妈妈晚上都教你什么？”“读拼音、写拼音，还有做算术题。”亮亮清楚地说道。“你喜欢吗？”亮亮沉默了一下，又摇了摇头。

晚饭后，我们又来到了亮亮家。一家四口都在客厅里，爷爷奶奶坐在沙发上看新闻，妈妈坐在亮亮旁边，手上在加工饰品，一会儿问亮亮拼音抄好没，一会儿停下检查亮亮做好的计算题。亮亮则坐在单人沙发上，身体伏在茶桌上，两条腿绷直搁在茶桌横档上，不太情愿地做着，还时不时地看几眼电视。电视机和他的距离估计只有一米半，而且整个客厅的灯光也比较暗……

具体指导，转变思想和行动

从亮亮家回来，我们开了座谈会，逐一梳理分析，觉得需要改进的问题主要体现在两个方面：孩子所处的家庭教育物质环境、家长实施家庭教育的思想和方式方法。

由于家长教育思想的滞后，亮亮的家庭教育物质环境主要存在三个问题。

一是写字画画用的桌椅高度不适合孩子。《3—6岁儿童学习与发展指南》中建议：椅子的高度以幼儿写画时双脚能自然着地、大腿基本保持水平状为宜；桌子的高度以写画时身体能坐直、不驼背、不耸肩为宜。而亮亮用的桌椅高度与他的身高不匹配，不是够不着就是太矮，影响他写画的正确坐姿以及握笔的姿势。

二是孩子(包括大人)与电视机的距离太近，对眼睛不好，一般看电视时需要保持三米左右的距离。

三是灯光太暗，整个客厅的光线不够亮，这样孩子的眼睛容易近视，同时影响孩子的精神状态。

另外，亮亮家长的教育思想不够科学、方式方法不够合理。比如，孩子做作业时，爷爷奶奶在旁边看电视，显然对孩子的学习是有影响的；而妈妈在一旁做着手工活，偶尔去看看孩子的作业情况或给他布置新的任务，只关注结果——有没有抄写好、计算对，实施的是“拔苗助长”式的超前教育和强化训练，不关注孩子是怎么写、如何思考的，更不会去思考怎样创设丰富的教育环境，支持和满足孩子通过直接感知、实际操作和亲身体验去获取经验……这些都需要我们去指导，引领家长转变思想和行动。

后来我们又一次上门，和家长促膝长谈，把这些家庭教育中存在的问题一一告知家长，还耐心地告知这些问题对孩子的成长与发展有哪些不利，该如何有效改进。爷爷奶奶听了，紧紧握着老师的手感激地说：“我们真的不懂，谢谢老师告诉我们，我们会改的，不懂的再请教老师。”亮亮妈妈也表示，以后会更注重孩子的学习过程和学习兴趣。

整改创新，点燃家长教育智慧

一周后，亮亮妈妈给我们发了几张照片，只见亮亮坐在和小学一年级一样的桌椅旁看书，而且是在书房里。房间里还装上了新的窗帘，妈妈说特地选了偏绿色的，这样有利于孩子的眼睛。书桌对面还放着一盆绿植，妈妈说孩子眼睛疲劳的时候，可以看看绿色放松一下。

另一张照片更吸人眼球，是亮亮小房间里挂的“钟”。记得我们第二次去的时候，就给亮亮送了一个自制的钟，一方面想让亮亮进一步认识时钟，另一方面希望亮亮有时间观念。没想到亮亮的爷爷也给孙子做了一个钟，而且很有创意，钟面是竹筛，时针和分针是废旧牙刷做的，用一颗螺丝固定在竹筛中央，竹筛周边一圈则是12个扇贝，分别写着1~12的数字，爷爷还时常拨动牙刷，问亮亮几点了，亮亮喜欢这个钟，马上就能说出几点几分。

看着这些整改后的照片，以及家长生发的创意，我们在微信里由衷地为他们点赞，同时回复：希望我们在家庭教育环境整改中共成长！

备注：该文章于2016年9月1日发表在《中国教育报》。

“环境评估”实践简介与感悟

——在改进优化中共成长

孟子的母亲最了解一个良好的环境对人的重要性，所以才有“孟母三迁”的故事。《3—6岁儿童学习与发展指南》中强调：要理解幼儿的学习方式和特点，要珍视游戏和生活的独特价值，创设丰富的教育环境。但这似乎只是幼儿园在跟进实施，对于广大家庭来说，很少去关注和改进孩子在家庭教育中的环境。

幼儿园一般在学期初或学期末，会安排家访活动，而家访中，一般都是教师将孩子在园的一些情况告知家长，然后，顺便询问孩子在家的一些表现情况，很少甚至几乎不会去关注孩子在家的环境状况，哪怕看到或发现了不对的地方，也就这么看了就过了。

有一年，我也参与了家访活动，对象是大班毕业班的孩子。而当我和班级教师走进孩子的家时，老师就和家长聊着孩子的在家在园情况，我却被孩子家里贴满墙壁的“拼音识字”“计算”图吸引，而且这些像挂历纸一样大小的图，都比较破旧了，显然张贴的时间有点长了。过了一会儿，我把孩子叫过来，指着墙壁上贴着的“拼音识字”和“计算”，问孩子：“会吗？”孩子立马蹲下来，盯着看。虽然是白天，但光线还是比较暗。一会儿之后孩子干脆跪倒在地上，掰着手指头，很不容易地出了一个数字。孩子能简单认识上面的几个字，但普通话不标准，拼音更是不准加拗口……“谁教你的？”我问。孩子说：“爸爸妈妈、爷爷奶奶……”可见，谁有空谁就是“家庭教师”。

参与家访了几个毕业班的孩子后，老是在我脑海里浮现出不和谐、不舒服的画面，于是，我就生发了一个点子——开展家庭教育环境评估。然后，我围绕这个想法，简单写了一个实施方案，因为对象是大班孩子，所以，我集中业务主管和大班教师，把这个想法告诉了她们，大家都觉得是个“金点子”。于是，就开展落实了。在当时，没有对大班毕业班所有孩子进行家庭教育环境指导，而是有代表性地落实分层指导，本着“做强一批，再宣传、带动一批”，同时，也是为了提升大班幼儿入小学的适应度，以及推进家庭教育在幼小衔接中的进程和质量，就组织了业务骨干和大班教师，利用暑期上门探望毕业班孩子，以座谈、参观、指导、合作等形式，在自然而然的交谈中，审视孩子的家庭教育环境，并以适宜的方式向家长指出存在的问题，并告知改进的建议。

关注“家庭教育环境评估”的一些家庭，尤其是将评估前后进行对比，其家庭教育环境的改进还是比较明显的，有的甚至已经迈入了“优化”阶段。可以说：该活动，不仅让孩子和家长在家庭教育环境改进优化中成长了，而且也推动了我们教师和幼儿园共成长。

“爱”

——写在后面的话

是什么让我如此执着，要将在“鲁迅外婆家”——孙端工作十年的实践感悟汇编成书，我想了又想，最终将其归结为一个字——爱。

爱是什么？梵高说：“爱之花开放的地方，生命便能欣欣向荣。”歌曲《爱的奉献》中唱道：“只要人人都献出一点爱，世界将变成美好的人间。”可见，爱的力量有多强大。

我很幸运，因为很多人给了我爱的力量，我的家人、我的同事、我的朋友，以及叫不出名字的，可以称之为“陌生的人”。

贾谊的《新书》中有句话：“福往者福来，爱出者爱返。”我在接受他们对我爱的同时，我也在努力释放爱，哪怕是一点点且微不足道，因为这样，会让人觉得更幸福，而幸福的种子是感恩。

从小到大，在我生命成长、专业水平提升的过程中，要感谢的人真的太多太多了。

即使小时候或那会儿觉得有点不顺心，甚至有点痛苦的事情，日后也会成为你感谢的人和事。比如撰写文章，我也不是一开始就会写的，其实也是被逼出来的。那时，对幼儿园年底的考核中有文章发表要求，数量好像是五篇，园长对我说：“其他老师也不会写，你是业务园长，这个任务只有你去完成了。”于是，我就连着写了五篇，然后投到不同的杂志，没想到，四篇被采用了。后来，我就经常写，当然这个“写”离不开“做”，做中写、写中悟，文章、案例发表多了、获奖多了，然后我就成了人家眼里写作有点好的了，所以，我要感谢我的园长，同时，说上一句——让你感到痛苦的，未必是一件不好的事情，或许也会有精彩。

要感谢的人那么多，无法一一表达，我都深深记在心里。

首先，感谢我的家人。感谢我家先生对我的支持和包容；感谢儿子对我的理解和认可，尽管我忙于工作，尤其是忙于写作，几乎没有时间好好陪伴他，直到他读高中，也只有高三那年，我才去陪伴了他整整一年。有一次晚自修回家后，儿子开心地抱着我说：“我知道妈妈也是爱我的，妈妈辛苦了……”儿子原本就阳光，说出来的话、做出来的事更“阳光”。儿子认可我、感谢我，我认可感谢我的妈妈。是我妈让我坚定地做一名教师，因为在我妈眼里，两种工作最好，一是医生，二是教师，所以，在2013年，即使有机会去政府机关工作，我也毫不犹豫地拒绝了。除了我妈认可教师这份工作，我自己也越来越喜欢这份工作了，而喜欢也让我更投入。还有我的家公，也是我以前的小学老师，经常在饭桌上给我们讲历史故事、名人故事，时刻提醒我们要做一个大方、有度量的、能帮助他人的人，宁可吃亏也不要占他人便宜。家公、家婆还包揽了我们的家务，让我们有更多的时间花在工作上，家公常说：“这些事情我们会做的，你们把工作做好。”每次我的文章发表了，将杂志、报纸样刊拿回家的时候，家公都会很认真地阅读，然后当宝一样收藏起来。有一次，看到《中国教育报》上我写的一篇文章——《感谢“半”文盲妈妈给我的内在动力》，谁知家公看完，一本正经地说：“给我也写一篇。”我愣了一会儿，还不自觉地笑了，但之后，其实我有很多次动笔想写，可就是写不出来，或者写不好，于是，在这里把家公从家人中拎出来，单独写上几句，以弥补“给我写一篇”的空白。

其次，感谢我的同事。一群可爱的、纯朴的孙幼人，给了我最大的拥护和配合。我曾说：“单独看我们，谁也不起眼，组合在一起还是可以的。”虽然我们资质平平，“三个臭皮匠”也顶不上一个诸葛亮，但勤能补拙，再加上我们团结一致，“三个”不行，就四个、五个、翻倍，足以赛诸葛。所以，才有了各篇中不少被认可的，具有前瞻性、推广度的做法和经验，这些归属我们。我们的事能做成做好，当然离不开与我们一同做事的领导。感谢“鲁迅外婆家”——孙端的镇领导和村干部，感谢越城区教体局的领导，给了我们最大的支持和帮助，让我们可以安心工作、好好工作。

再次，感谢我的导师。朱宗顺院长是我“浙派名园长”培训中的一对一导师，无论是课程的实施，还是该书的架构，以及平时遇到问题的咨询和请教等，导师都会尽心尽责对待，着实让我敬佩。

另外，感谢我的新同事。他们有着和孙幼人一样的纯朴、一样的可爱，他们是“诚朴勇毅、知行合一”的阳明幼教人。感谢姐妹园园长，感谢所有关心和帮助过我的朋友，即使原先是陌生的，因为帮过我，我也把你纳入了朋友的范畴，装进了我的心里。

最后，用歌曲《爱》的开头结尾：“把你的心、我的心串一串，串一株幸运草，串一个同心圆，让所有期待未来的呼唤”——在“爱”中呈现。